大谷翔平

超一流の名言

365

Shohei Ohtani Top Notch Quotes 365

桑原晃弥

はじめに

スポーツの世界には、たくさんのスター選手がいますが、時にそのスポーツを代表するアイコンとなり、世界が注目するスーパースターが現れます。バスケットボールのマイケル・ジョーダンなどはまさにそうですが、大谷翔平を見ていると、エンゼルスのスター選手がロサンゼルス・ドジャースに移籍して、史上初となる「50本塁打・50盗塁」を達成し、チームを世界一へと導いたことでMLBを代表するスーパースターとなり、今や野球というスポーツを世界に広める存在になりつつあります。

2025年2月に開かれたドジャースのファン感謝イベントで、監督のデーブ・ロバーツが大谷についてコメントしています。打者だけでなく、投手としての復活も期待する一方で、「彼はドジャースとロサンゼルスを背負っている」と、チームの勝利だけでなく、同年1月に発生した山火事によって、甚大な被害を受けたロサンゼルスの人々の期待を背負っていると語りました。これまでも野茂英雄やイチローなど、MLBで活躍した日本人選手は何人もいますが、大谷ほど高い注目度を集めながら、その期待を超え続けてきた選手は他にいません。さらに、さまざまな慈善活動や、ロサンゼルス消防署の訪問などで示された人間性も大谷の魅力となっています。

小学校2年生で本格的に野球を始めた大谷少年は、一体どのようにして世界のスーパースターに成長することができたのでしょうか？　その答えを知りたくて企画されたのが本書です。大谷の「子ども時代」「花巻東高校時代」「北海道日本ハムファイターズ時代」「ロサンゼルス・エンゼルス時代（WBC含む）」「ロサンゼルス・ドジャース時代（2024年～）」の5つのステージで、大谷は何を考え、何を実行し、そして両親や恩師たちから何を教えられたのかを「大谷翔平の言葉」を通すことで、大谷の成長の軌跡を追っています。

大谷の言葉はどれも魅力的なものが多いのですが、「先入観は可能を不可能にする」「誰もやっていないからこそ、やっている」「期待は応えるものじゃなく、超えるもの」などの言葉を高校生の頃から口にし、そして実践し続けてきたことにはただただ驚くばかりです。それと同時に、高校生の頃から数々のケガや故障に苦しみながら、「今できること」に集中し続けた結果が、不可能と言われていた投打二刀流につながっているというのも、大谷が素質だけでなく、圧倒的な努力によって成功を手にしたことを教えてくれます。

2025年シーズンに大谷がどのような活躍をするかは大いに楽しみですが、同時に大谷が口にした多くの言葉にも注目してみてはいかがでしょうか。野球に限らず、「好きを貫く」うえで大切なことや、「高い目標を掲げて努力を続ける」大切さを教えてくれるものがたくさんあります。今という時代は目標を持ちづらい、生きにくい時代ですが、だからこそ自分の可能性や伸びしろを信じて努力することが大切なのです。本書が皆様にとって少しでも生きる力の助けになれば幸いです。

本書の執筆と出版には、株式会社かや書房の岩尾悟志氏と飯嶋章浩氏にご尽力いただきました。感謝申し上げます。

桑原　晃弥

C o n t e n t s

第1章

大谷翔平の少年時代

1994年～2010年

超一流の名言

001～024

大谷翔平は 1994 年 7 月 5 日、岩手県水沢市（現・奥州市）で 3 人兄弟の末っ子として生まれました。父親の徹は岩手県北上市で生まれ、県立黒沢尻工業高校で野球部に所属、右投げ左打ちの強打者として鳴らしています。その後、神奈川県横浜市にある三菱重工業横浜に入社、25 歳まで社会人野球で活躍し、同じ三菱重工業横浜の実業団チームのバドミントン選手だった加代子と結婚しています。選手引退後は社業に専念していましたが、長男の龍太誕生後に関東自動車工業（現・トヨタ自動車東日本）に転職し、長女・結香誕生後の 1993 年 7 月に、生まれ故郷に近い水沢市に引っ越します。

大谷翔平が生まれたのはその 1 年後ですが、それがその後の大谷にとって幸いでした。大谷は、岩手県という地方で生まれたことで、子どもの頃からずっと楽しく野球をすることができたと話していますが、もし神奈川県で生まれ育ったとすれば、神奈川県という高校野球の激戦区でもまれ、甲子園で優勝することができたかもしれません。しかし、野球に関する考え方や生き方は、今と違ったものになったことでしょう。

もう一つの幸いは、父親の徹が早い時期から大谷を指導すること

第1章

大谷翔平の少年時代 1994年～2010年

ができたことです。長男の龍太が生まれた頃の徹は社業に忙しく、十分に野球の指導ができなかったといいます。そのことへの心残りもあり、早くから大谷とキャッチボールをしていました。そして、当初の右投げ右打ちから、自分と同じで指導しやすい現在の右投げ左打ちに変えています。大谷は子どもの頃からバドミントンや水泳、サッカーなどいろいろなスポーツに親しんでいますが、一番得意で一番好きなスポーツということで野球を選び、小学校2年生の時に硬式野球の水沢リトルリーグに入り、父親の徹も元社会人野球選手としてコーチを務めるようになります。

当初は同学年の子より背は少し高いものの、身体が細く「らっきょうみたい」と評された大谷ですが、めきめきと力を付け、中学1年生のある試合では、18個のアウトの内17個の三振を奪い、ホームランも打てる選手へと成長します。リトルやシニアの全国大会に出場したものの、勝つことはできませんでしたが、子ども時代に選手として大きく成長しながらも、一度も野球を嫌いにならなかったこと、それが今も楽しそうに野球をする大谷の姿につながっているのではないでしょうか。

「野球が好きだから」

『道ひらく、海わたる 大谷翔平の素顔』P50

大谷翔平は小学校2年生で野球を始め、非常に早い時期から「野球選手になりたい」と口にしていました。日本ハムファイターズ時代の監督だった栗山英樹によると、プロ野球選手になることというのは、単なる憧れから「野球選手になってみたいなあ」くらいの思いではダメで、「野球選手になる！」と決めてかかるくらいでないと難しいと言っています。大谷は早くから「なりたい」と思い、「なる」と信じて疑わなかったようです。

では、なぜ大谷は野球選手になりたいと思ったのでしょうか？　周囲の大人たちから「何でプロ野球選手になりたいの？」と聞かれた大谷の答えは「野球が好きだから」でした。多くの子どもたちは「憧れの選手がいるから」とか、「好きなプロ野球の球団があるから」と答えるものですが、大谷少年は「小さい頃に日本のプロ野球の試合を生で見たことはほとんどなかった」といいますし、テレビで野球を見ることもほとんどなかったようです。テレビのプロ野球も見ないし、憧れの選手やチームがあるわけではないけれど、とにかく野球が好きで、打つことと投げることが大好きだった。

大谷にとって野球は「大好きなもの」であり、だからこそプロ野球選手になって野球をやりたかったのです。そして野球が好きだから、日本のプロ野球よりも、もっとレベルの高いメジャーリーグでやってみたかったのです。

002

「基本は自分の決断のもとで行動してきました」

『道ひらく、海わたる 大谷翔平の素顔』P100

成功したアスリートの中には、親と子が小さい頃から一緒になって懸命にトレーニングを重ね、そして大成するという話がよくあります。中には親が鬼コーチとしてスパルタ的な特訓をすることもあれば、親が嫌がる子どもに無理矢理やらせるケースもありますが、大谷翔平の場合、リトルリーグやシニアリーグの監督やコーチをしていた父親は厳しくとも、家で叱ることはほとんどありませんでした。当時のことを大谷はこう話しています。

「父親には、やりたければやればいいし、やりたくなければ自己責任という感じで接してもらいましたし、母親にも『勉強をやりなさい』と言われたことがなかった」

厳しすぎもせず、かといって甘やかすでもなく、大谷の自主性に任せたうえで、支えるべきところはしっかりと支え、言うべきことは言う。それが大谷家の子育てでした。大谷は子どもの頃からバドミントンや水泳など、他のスポーツもやっていますが、「やりたい」と言ったのが大谷なら、「もういいや」と言ったのも大谷です。いわば、いつも自分で決断し、実行してきたわけです。そのお陰で大谷は、一つひとつの行動に責任を持つとともに、納得することができたと言っています。

親や上司に言われて何かをやると、「言われたからやる」になりますが、自分で考えて、自分で決めたことには責任が伴い、それが続けるという意思にもなるのです。

003

「サッカーは遊び。野球も遊びですけど、僕の中での野球は一生懸命、真剣に取り組むものだという感覚がありました」

『大谷翔平 野球翔年 I 日本編 2013-2018』P256

大谷翔平は、子どもの頃からさまざまなスポーツをやっています。YouTubeには大谷が野球の練習の合間と思われる時に、サッカーボールをリフティングする動画があがっています。それを見る人の感想は「サッカーもうまいな」というものでした。ロサンゼルス・ドジャースでワールドシリーズを制覇した後、同僚のムーキー・ベッツの自宅にあるバスケットコートで妻の真美子とシュートに挑戦する映像も話題になっています。

運動神経抜群で、何をやっても上手だったようですから、野球以外を選んだとしても、かなりのレベルにはなれたのではないかというのが大方の見方です。大谷の小学生時代、サッカー熱はそんなに強くなかったようですが、ボール1個でできることもあり、昼休みや放課後にはサッカーをやることが多かったといいます。大谷にとって「サッカーは遊び」なのに対し、「真剣にやっていたのは野球」でした。

父親が社会人まで野球をやっており、7歳上の兄・龍太も野球部に所属し、母親も姉も兄の応援に行っていたことから、大谷の周りには幼い頃からサッカーではなく、野球が身近にありました。小学校2年生で水沢リトルリーグに所属して初めて団体で野球をやったところ、とても楽しくて、面白かった。以来、大谷にとって野球は一生懸命、真剣に取り組むものになっていったのです。

004

「世の中にそういう存在（自分よりうまい子）がいるんだということは、同い年や年上の子がいる団体の中で野球をやってみて初めてわかることですから」

『大谷翔平 野球翔年Ⅰ日本編 2013-2018』P258

「才能ある若手にこそ、挫折を経験させなければならない」は、20世紀を代表するサッカーの名選手にして名監督だったヨハン・クライフの言葉です。才能ある若手はその年代では群を抜く存在ですが、クライフは有望な若手は年長のチームなどに入れ、挫折を経験させながら、挫折を乗り越える術を自分で考える選手へと育てることを信条としていました。

大谷翔平は小学校2年生で野球を始め、早くからリトルリーグに入って硬式野球を始めています。当時から足も速く、強いボールを投げることができたものの、さすがに「年上のお兄ちゃん」たちは大谷よりもキャッチボールがうまくて、大谷の球もいい当たりで打ち返します。大谷はそんなお兄ちゃんたちにライバル意識を燃やし、「負けたくないな」と思いながら懸命に練習に取り組みます。当時をこう振り返っています。

「打たれて悔しかったのかな。でも、悔しさよりも次の週末が待ち遠しいという気持ちのほうが強かったと思います」

やがて大谷は年上の子どもたちと互角に渡り合うようになり、徐々に子どもとしては「規格外」の力を発揮するようになります。自分よりうまい、もっとすごい選手の所に飛び込むこと、それは大谷にとって自分を成長させるためには欠かせない環境でした。大谷がメジャーを目指した理由も同じことなのです。

005

「初めから、周りよりはできるという自信はありました。最初の自信というのは大事でしたね」

『大谷翔平 野球翔年 I 日本編 2013-2018』P259

「勝つ楽しさをスタート段階で味わえたのが、モチベーションにつながって良かったのかもしれません」は、将棋の七冠・藤井聡太の言葉です。藤井が将棋と出会ったのは5歳の時です。自宅の隣に住む祖母が孫たちと遊ぶために用意していた「スタディ将棋」に興味を示した藤井は、ルールも覚束ない初心者の祖母とゲームのようにして遊ぶうち、すぐに勝てるようになり、将棋が大好きになったと話しています。

大谷翔平は小学校2年生で水沢リトルリーグに所属しました。周りは年上の「お兄さん」たちばかりでしたが、物心つく頃から大谷は父親や兄、母親とキャッチボールをしていたお陰で入団当初からある程度は投げられるし、打てるというレベルだったといいます。もちろん体力的な差はありましたが、それでもしばらくすると大谷は年上の子どもたちと互角以上に渡り合えるようになります。

みんなが助走をつけて、ワンバウンド、ツーバウンドでやっと届くような距離も、大谷は助走なしのノーバウンドで投げられるようになり、みんなより打球も飛ぶようになります。大谷によると、周りよりはできるという最初からあった自信が、その後も継続して積み重なることでさらなる自信になり、もっと上手になりたいという気持ちにつながったというのです。子どもにとって、最初の自信はとても大切なものなのです。

006

「個人的には、子どもの頃に楽しく、のんびりと野球ができたことは良かったと思っています。楽しくできたお陰で、一度も野球を嫌いになることはなかった」

『道ひらく、海わたる 大谷翔平の素顔』P100

大谷翔平は両親がアスリートだったこともあり、子どもの頃からスポーツに親しんでいます。母親と一緒にバドミントンをやっていたこともありますし、スイミングスクールに通ったこともあります。サッカーもできるし、バスケットも上手ですが、何より好きなのが野球でした。「小さい頃は週に2回くらいでしたけれど、本当に次の週末になるのが楽しみでしょうがなかった」と振り返っています。

さらに、関東や関西などの厳しい指導者のもとで、徹底的に鍛え抜く「高校野球みたいな少年野球」ではなく、岩手という環境の中で野球に出会えたことが良かったとも考えています。前者のような環境でやるチームは確かに強く、早くから世界大会などに出場することもあるほどですが、大谷自身は、「個人的には、子どもの頃に楽しく、のんびりと野球ができたことは良かったと思っています」と振り返っています。

理由は「楽しくできたお陰で、1回も野球を嫌いになることはなかった」からです。

一方で、全国にはもっとすごい選手がいるんだろうなと思いながら、「もっとうまくなりたい」「まだまだやることがある」という向上心を失うことはありませんでした。プロ野球選手の中には高校時代を振り返り、「2度と戻りたくない」と言う人もいますが、大谷にとって野球はずっと楽しく、自分を成長させてくれるものだったのです。

「子どもはそこだけを目指して打ってもいいくらいでしょう。遠くへ飛ばすのは僕も楽しいし、見ているほうも、どこまで飛んだのかなって眺めるのは楽しいじゃないですか」

『野球翔年 II MLB 編 2018-2024 大谷翔平ロングインタビュー』P106

大谷翔平のホームランが見る人を驚かせるのは、その飛距離にあります。「これは外野フライかな」というような打球がスタンドにまで運ばれてホームランになることもあれば、選手や監督が「あそこまで飛んだのを見たことがない」とあきれるほど遠くまで打球を飛ばすこともあります。

水沢リトルリーグに所属していた大谷は、2006年に東北地区の6チームが集まって開催された大会で、本番前に開かれたホームラン競争に参加します。各チーム1人ずつが参加、15スイングずつ打って、外野に設置された70メートルの柵越えを競います。中学1年生の5人は力一杯スイングしても1本か2本しか打てなかったのに対し、小学6年生の大谷は実に11本を打って圧勝します。

大谷の飛距離は圧倒的で、水沢リトルのグラウンドで練習すると、1球800円のボールがライト後方の川まで飛ぶため、「引っ張るな」と言われたこともあるほどです。結果、大谷は今でもそうですが、レフトへのホームランも打つようになります。飛距離へのこだわりを持つ大谷は子どもたちに対しても、「子どもはそこ（飛距離）だけを目指して打ってもいいくらい」と言い切っています。遠くへ飛ばすことは、打つ人にとっても、見ている人にとっても、とても楽しいことなのです。

008

「周りの大人たちの前で、声を張って言える子どもが、実際、プロ野球選手になってるんだと思います」

『大谷翔平 野球翔年Ⅰ日本編 2013-2018』P126

「僕は将来、甲子園に出場し、プロ野球にドラフト1位で入団します。そして100億円プレーヤーになります」は、松坂大輔が小学校の卒業式で、父兄を前に宣言した言葉です。この時、父兄は「所詮は子どものたわごと」と思ったのか、大爆笑したようですが、松坂はその言葉を見事に実現しています。

「そんな夢みたいなことを」という言い方があるように、子どもの夢は親や周りの大人から一笑に付されることもしばしばです。しかし、「人生に目標があるなら、堂々と口に出して言うべき」が大谷翔平の考え方でした。大谷は野球を始めた小学校2年生の時から、自信を持って「僕はプロ野球選手になるんだ」と言い続けています。

そして、それをただの一度も疑ったことはないと話しています。理由は「そうやって、周りの大人たちの前で、声を張って言える子どもが、実際、プロ野球選手になってるんだ」という考えからです。

子どもから大人になるにつれ、人は子ども時代の夢を忘れ、より現実的な生き方を目標にする傾向がありますが、たとえ笑われたとしても自分の夢を堂々と口にして、その夢を追い続けた人だけが夢を叶えることができるのです。口にして、努力する姿がやがては周りの大人を本気にしていくのです。

009

「息子である自分が試合に出るためには圧倒的な実力がなければいけない」

『道ひらく、海わたる 大谷翔平の素顔』P89

「親の七光り」という言い方があるように、人気や実力、地位のある親を持つと、その子どもが同じ道を歩むのはなかなか大変なことです。何をやっても「親の七光り」と言われ、やっかみの対象にもなりやすく、たとえある程度の成果をあげたとしても、「親のお陰」と実力が正当に評価されないという、そんな辛さを味わうことも少なくありません。

大谷翔平の父親・徹は三菱重工業横浜で、社会人野球の選手として25歳まで活躍した後、トヨタグループの関東自動車工業に就職し、地元の岩手に帰っています。社会人野球の経験者だけに、大谷が所属した水沢リトルリーグでは父親が監督を務め、一関リトルシニアではコーチを務めています。親子ではあっても、父親は大谷を特別扱いすることはせず、大谷自身も「同じぐらいの子が自分の息子と同じ実力だったら、息子ではない違う子を試合で使わなければならない」ことをよく理解していました。

「息子である自分が試合に出るためには、圧倒的な実力がなければいけない。チームのみんなに納得してもらえる実力がなければいけない」と幼いながらに覚悟を決めた大谷は、仲間の選手の何倍も練習することで、圧倒的な実力を付けていきます。

その結果、ある試合で18個のアウトの内17個を三振で奪うほどの力を付けるわけですが、そこにあったのは父親や周囲の期待に応え、信頼される選手になりたいという思いだったのです。

010

「3つの教えは基本的なものですが、今でも覚えています。それは、いつどのステージに行っても言われ続けることだと思います」

『道ひらく、海わたる 大谷翔平の素顔』P93

大谷翔平にとって、父親は最初に野球を教えてくれた人であり、少年時代には監督やコーチとしても指導してくれた人です。リトルリーグ時代、親子は交換日記のように「野球ノート」を書き続けています。

父の徹が監督として、その日の評価やアドバイスを書き、大谷が試合での反省や今後の課題を書き込みます。特に大事にしたのが、「悪かった時に、次に何をすれば課題を克服できるのかを考え、行動に移す」ことでした。ビジネスの世界でも言われることですが、失敗をした時に大切なのは責任追及以上に、その原因を探り、2度と同じ失敗をしないための対策を考え、それを実行することです。

そしてもう一つ大切なのが「失敗の記録をつける」ことです。失敗はとかく「叱って終わり」になることが多いのですが、それではダメです。大谷親子は「それらを字で書き残すことによって、しっかりとやるべきことを頭に入れる」ようにしていたのです。

さらに、ほとんどのページには「大きな声を出して、元気良くプレーする」「キャッチボールを一生懸命に練習する」「一生懸命に走る」の基本的な3つが書き込まれていました。この3つの教えについて「それは、いつどのステージに行っても言われ続けることだと思います」と話しているように、今でも大谷の根底に残り続けているのです。

011

「お父さんから怒られたのは、グラウンドでの野球の時だけですね。家に帰ってからはほぼなかったと思いますよ」

『道ひらく、海わたる 大谷翔平の素顔』P74

大成したアスリートが子どもの頃からお父さんやお母さんから熱血指導を受けて、泣きながら練習をしているという映像を見ることがあります。親としては「子どものため」なのでしょうし、子どもも親の厳しい練習や叱責に耐えながら「なにくそ」という気持ちで成長していくのでしょう。

大谷翔平は父親が社会人野球の経験者であり、リトルやシニアのコーチや監督だったこともあり、野球に関しては厳しく指導されることもあったようですが、家に帰ってからは怒られたことはほとんどなかったといいます。

両親の記憶によると、大谷が泣き喚(わめ)いたのは、映画『ハリー・ポッター』のキャラクターの描かれたノートの表紙が少し剝がれたことや、お気に入りの絵本の端っこが折れた時に「誰が折ったんだ」と感情的になることはあっても、両親が本気で怒らなければならなかったことは、ほとんどなかったといいます。悪いことをして怒ったこともないといいますから、「反抗期という反抗期はなかった」というのが本当のところのようです。

実際、大谷自身も両親から怒られた記憶はほとんどないといいますから、大谷がどれほど風通しの良い、穏やかな家庭で育ったかが想像がつきます。大谷の人懐こさや優しさはこんな環境が影響しているのかもしれません。

012

「子どもの頃と一緒なんですよ。ホームランを打ちたい、あのフェンスを越えられるようになりたいと思って練習して、それができるようになった時のあの嬉しい感じ。僕は今もそういう感覚で野球をやっています」

『野球翔年 II MLB 編 2018-2024 大谷翔平ロングインタビュー』P108

メジャーリーグを代表する選手となった今でも、大谷翔平のことを「永遠の野球少年」と呼ぶ人がいますが、確かに大谷は野球を始めた小学校2年生の時から現在に至るまで、大好きな野球を全力でやりたいと願っているだけなのかもしれません。

子ども時代の大谷は、身長はそれなりに高くても痩せていて、見た目にはパワーがあるようには思えませんでしたが、小学校3年生の頃にはリトルリーグ用に外野に設置された70メートルの柵を越える力を持っていました。水沢リトルリーグの創始者・浅利昭治によると、小学校3年生で柵越えできるのは全国で1人か2人というほどの力です。

しかし、それからしばらくは柵越えが打てなくなりますが、6年生の時には10本のホームランを打ち、中学1年生の時にはソフトボール専用球場で場外ホームランさえ打つようになります。大谷を水沢リトルに入ってからずっと見てきた浅利は「こんなバッター見たことない」と驚き、自宅に帰って妻に「翔平ならプロに行けるぞ」と話したほど、その打力は圧倒的だったといいます。

大谷はこの頃からずっと「ホームランを打ちたい、あのフェンスを越えられるようになりたい」と願い、練習を続け、やがてその願いを叶えられるまでになったのです。そしてその思いを今も持ち続けているのです。

013

「一番、野球が楽しかった時期はリトルリーグの時ですから、それは今でも思い出しますね」

『野球翔年 II MLB 編 2018-2024 大谷翔平ロングインタビュー』P170

大谷翔平が本格的に野球を始めたのは小学校２年生の時です。大きなお兄さんたちに交じって野球をしたのがとても楽しい時期だったといいます。

だからといって、今が楽しくないというわけではありません。大谷翔平は今も楽しそうに野球をしていますが、当時と今では「楽しさの種類が違う」と言います。

大谷によると、リトルリーグの頃は、打てなくてもチームが勝てばそれだけで楽しいし、練習をしてうまくなっていくのも楽しいという、「純粋なもの」が多かった。それに対して今の楽しさは、それまで思うようにできなかったことがトレーニングを経てできるようになったとか、キツイことをクリアできたとか、あるいは良い結果が出た時の楽しさです。何かを乗り越えて成果が出たことへの喜びが今の楽しさです。

実際、メジャーリーグという厳しい環境の中で日々試合をしていると、思い通りにいかない日も少なくありませんし、頑張ってもチームの成績が良くないと、「苦しいな」と感じることも少なくありません。そのせいでしょうか、「ちっちゃい頃は単純に野球をゲームとして楽しめていましたし、やっぱりあの頃のほうが楽しかったかな」と大谷は振り返っています。何でもそうですが、お金を貰い、責任を負うようになると、どんなに好きなことでも仕事になると大変です。それにもかかわらず、楽しそうに野球をするところに大谷のすごさを感じます。

014

「子どもの頃から、ずっとどちらもやりたかった。いいバッティングをしたい、いいピッチングをしたい。それをいつも望んできました」

『大谷翔平 二刀流メジャーリーガー誕生の軌跡』P31

大谷翔平は子どもの頃からスポーツに親しんでいますが、何より好きなのが野球でした。さらに岩手という環境の中で野球に出会えたことが良かったとも考えています。理由はとても楽しくて、野球をずっと好きでいられたからです。

こうした環境の中で大谷は早くから投手としても、打者としても圧倒的な才能を発揮してきただけに、「子どもの頃から、ずっとどちらもやりたかった。いいバッティングをしたい、いいピッチングをしたい。それをいつも望んできました」と振り返っています。

プロはその延長線上にありました。

日本ハムに入団し、二刀流を目指すことになった大谷ですが、大谷は「なぜ二刀流か」についてこう話しています。

「ピッチャーなのにバッティングもできるとか、バッターなのにピッチングもできるというのを目指していたわけじゃないんです。そうではなくて、ただどちらもやりたいんです」

「ピッチャーに専念すればもっといいピッチャーになれるのに」という問いにも、「僕が言えるのは、どうしてもいいバッターにもなりたいということだけですね」と答えるほど、大谷にとって二刀流は、子どもの頃からやってきた野球の続きなのかもしれません。

015

「子ども時代にイチローさんがMVPを取るのを見て、自分もいつかメジャーでプレーしたいと思いました。できれば僕も今、子どもたちからそういうふうに見てもらえたらいいなと」

『大谷翔平 二刀流メジャーリーガー誕生の軌跡』P248

2024年のシーズンは、チームとしては所属するロサンゼルス・ドジャースが世界一になり、個人としては大谷がMVPを獲得して幕を閉じています。大谷にとって今回のMVPは自身3度目であり、両リーグにまたがるMVP受賞はメジャーリーグ史上2人目となります。「DHはMVPを獲れない」というジンクスを打ち破る満票での受賞でした。

野茂英雄が投手としてメジャーリーグへの道を切り開いたとしたら、イチローは野手としてメジャーリーグへの道を切り開いた選手です。数々の記録を打ち立てていますが、シーズン1年目の2001年には、首位打者や盗塁王、新人王、MVPなどを獲得しています。

マリナーズとシアトルで戦う際には、大谷翔平がイチローのもとに駆け寄って挨拶をする姿はよく知られていますが、大谷にとってイチローは憧れの選手であり、かつ自分の才能を認め励ましてくれた存在でもあります。中でもイチローが日本人選手として初めてメジャーでMVPを獲得したことは大谷に強い印象を与えています。大谷はこう言っています。

「子ども時代にイチローさんがMVPを獲るのを見て、自分もいつかメジャーでプレーしたいと思いました。できれば僕も今、子どもたちからそういうふうに見てもらえたらいいなと。そのうち、見てくれている子どもたちと一緒に野球ができたら素晴らしいですね」と。その言葉通り、今や日本だけでなく世界中の子どもたちが大谷を憧れの目で見ています。

016

「パソコンが家に来てからは、それこそずっとYouTubeを見てましたし、いろんな人の投げ方を見ながら、ああでもない、こうでもないと考えていました」

『大谷翔平 野球翔年Ⅰ日本編 2013-2018』P262

1990年代にインターネットが一般の人でも利用できるようになったことは、それまで地域的な制約や、金銭的な制約で学ぶ機会を制限されていた人たちにとって、とても大きなチャンスを与えてくれることになりました。

さらにYouTubeが登場したことによって、それまでは本を読むか、話を聞くことで学んでいたことも、誰でも「見て学ぶ」ことができるようになりました。これはスポーツの学びにおいても画期的なことで、パソコンやネット環境さえあれば、世界の一流アスリートのプレーをいつでも何度でも見ることができるだけに、世界中の多くの子どもたちにとって、とても大きなことでした。

大谷翔平も子ども時代、家にパソコンが来てからは、ずっとYouTubeを見て、いろんな人の投げ方を見ながら、ああでもない、こうでもないと考えていました。打ち方では今江敏晃のタイミングの取り方を学び、投げ方では松坂大輔のワインドアップから学び、斉藤和巳やダルビッシュ有の投げ方も真似していたといいます。

そしてこれらを見ていて、何か閃(ひらめ)いたら、障子を開けて、窓に映る自分を見ながらフォームをチェックしていました。大谷はプロ野球選手になってからも、何か閃くと、すぐに練習場に行って試していましたが、それは当時から変わらない習慣でした。大谷にとって見ることは考えることであり、考えることは試すことだったのです。

017

「テレビの中の野球選手は、本当に格好良く見えましたね。また野球が存分にできる週末がくるのがいつも楽しみでした」

『SHO-TIME 大谷翔平 メジャー120年の歴史を変えた男』P27

最近では、野球中継がテレビの地上波の全国ネットで放送されることはほとんどなくなりましたが、かつて野球中継というのはテレビのゴールデンタイムで日常的に流され、お茶の間で見られていたものです。そしてそれを見て、大人も子どもも熱狂したものです。

大谷翔平の父親は社会人野球の選手でしたし、兄も野球をやっていただけに、大谷も子どもの頃からリトルリーグの練習がある日は野球の練習に明け暮れ、家に帰ればテレビの野球中継を見ていたといいます。特に中継の関係でしょうか、読売ジャイアンツの試合を欠かさず見ていました。当時をこう振り返っています。

「テレビの中の野球選手は、本当に格好良く見えましたね。また野球が存分にできる週末がくるのがいつも楽しみでした」

大谷は巨人の松井秀喜がお気に入りで、日本ハムのダルビッシュ有のファンでもあったといいます。やがて2人はメジャーリーグへと移籍するわけですが、イチローを含む日本人メジャーリーガーの姿もテレビで見ていたのではないでしょうか。

大谷にとってテレビの中の野球選手は格好良く、その姿に憧れてさらに野球にのめり込んでいったのでしょうが、今や日本の子どもたちにとって、テレビに映る大谷の姿はとても格好良く、それを見た子どもたちはきっと野球が大好きになるはずです。

018

「一番野球がうまい選手になりたいと小さい頃から頑張ってきた。そういうシンプルな目標に向かって頑張りたい」

『大谷翔平を追いかけて 番記者10年魂のノート』P164

子ども時代に「大きくなったら野球選手になりたい」「大きくなったらサッカー選手になるんだ」という夢を口にする子はたくさんいますが、ではそのために本気になって頑張れる子はどれだけいるのでしょうか？

人間というのは、頭の中で考えることのすべてを口に出すわけではありませんし、口にしたことのすべてを実行に移せるわけではありません。考えるだけ、口にするだけの人がたくさんいる中で、考えたこと、口にしたことを本気で追いかけることもできる人は少なく、それをやり遂げる人が夢を実現することになります。

大谷翔平は野球を始めた頃から野球が大好きで、プロ野球選手になることを目指していましたが、単にプロ野球選手になるだけでなく、「一番野球がうまい選手になりたい」というのが目標でした。

その夢は、実際にプロ野球選手になってからも変わることはなく、「野球の技術をすべて身に付けたい」「世界一の野球選手になりたい」と言い続け、そのための努力を続けています。野球選手になって有名になりたいとか、お金持ちになりたいとか、タイトルを獲りたいではなく、「一番うまい野球選手になりたい」という、シンプルではあっても途轍（とてつ）もない夢を子どもの頃から追い続けていました。

大谷にとって、それを叶えるための最善の場所が、高校卒業と同時に挑戦したいと言ったメジャーリーグだったのです。

019

「僕は絶対に190センチまでいくし、今は負けていても身長が伸びる時期に合わせて技術が伸びればそれでいいと思っていました」

『野球翔年 II MLB編 2018-2024 大谷翔平ロングインタビュー』P109

日本野球機構および同機構に属するプロ野球12球団が主催する少年野球の大会「NPB12球団ジュニアトーナメント」という大会があります。2005年から毎年12月に開催されますが、参加するのは12球団が結成した小学校5、6年生を中心としたチームになります。その中の楽天ジュニアは、1年目は宮城県限定で選手を選んでいますが、2年目には東北全体に枠を広げています。

2006年、楽天ジュニアは見事に優勝していますが、小学6年生の大谷はメンバーに選ばれていません。この時、大谷の身長は165センチです。小学生としては大きなほうですが、楽天ジュニアには175センチの投手がいました。大谷はその子よりいいボールが投げられなかったことが悔しかったものの、将来的に負けるイメージはなかったといいます。理由は「自分は190センチまでいくので、それに合わせて技術も伸びる」と思い込んでいたからです。

その言葉通り、大谷は高校入学時には190センチ近くなり、プロ野球、メジャーリーグの活躍を経て、その世代は大谷世代と呼ばれるようになります。身長がどこで伸びるか、どこで伸び悩むのかは誰にもわかりませんが、大谷にはなぜか「謎の自信」があり、それが成長への支えとなっていたのです。

020

「小さい時から ずば抜けて成績を残して きたわけではないですし、 最初からこの技術や 身体があったわけではない」

『大谷翔平 野球翔年 I 日本編 2013-2018』P181

今現在の大谷翔平を見て、「彼こそは世界一の野球選手だ」と称賛する人は少なくありませんが、プロになる前の大谷の経歴は決して華やかなものではありません。大谷はリトルリーグの頃から知られた存在ではありましたが、それはあくまでも岩手県、東北地方での話です。早くから全国区の知名度を誇っていた選手のように、日本一になったこともなければ、世界選手権にも出場していません。高校入学時の大谷の体重は60キロ台で、高校時代も2度甲子園に出場したものの、いずれも初戦で敗退しています。高校3年生の夏にはU-18世界野球選手権大会の日本代表に選ばれていますが、ここでも6位に終わっています。

そういった意味では、かつての甲子園の大スターで早くから頭角を表していた清原和博や桑田真澄、松坂大輔や田中将大、リトルリーグの世界一を経験した荒木大輔とは違います。では、なぜ大谷は「今の大谷」になることができたのでしょうか。

大谷によると大事なのは「これから先、どれだけ伸びるのかな」という「伸びしろ」であり、それはトレーニングや食生活などによって大きく変わってきます。人は成功者を見る時、「今の姿」しか見ない傾向があります。今の大谷を見ると、「あんなの無理だよ」と思うかもしれませんが、「今の大谷」になるために、大谷がどれほどの努力をしたかを知れば、大谷を目指すこともできるのです。

021

「悔しい経験がないと、優勝してやろうという思いもできないんだということを知ることができました」

『大谷翔平 野球翔年 I 日本編 2013-2018』P63

大谷翔平が野球を始めたのは小学校2年生の時です。社会人野球でのプレー経験のある父親に連れられて、岩手県の水沢リトルリーグ（のちに父親が監督に就任）に入ったことがきっかけです。

当時は身長こそ高かったものの、ひょろっとしていた大谷ですが、運動能力は抜群で、今と同様に打者としても投手としても卓越した能力を発揮しています。しかし、小学生時代は、目標にしていた全国大会への出場はできませんでした。ようやく夢が叶ったのは、リトルリーグの試合に出られる最後の年である中学1年生の時です。

この年、水沢リトルリーグは岩手県内で無敗を誇り、東北大会も勝ち抜いて見事に全国大会出場を決めます。大谷は東北大会の準決勝で6イニング制の試合で18のアウトのうち、実に17個の三振を奪うという圧巻の投球を披露しています。これほどの活躍ができたのは、それまでの「負けた悔しい思い」があったからと大谷は振り返っています。

「すごく悔しい思いをして、次は優勝してやろうという気持ちで頑張れましたし、そういう悔しい経験がないと、そういう思いもできないんだということを知ることができました。最後の1年は本当に必死で練習しました」

リトル時代の悔しさと勝った喜びは、大谷にとって「今でも思い出す」ほどの経験だったのです。

022

「練習を見て、やっぱりいいなと思いました。雰囲気が良かったんです」

『野球翔年 II MLB 編 2018-2024 大谷翔平ロングインタビュー』P83

大谷翔平は水沢リトルで野球を始め、中学1年生の時に全国大会に出場しています。次に一関リトルシニアでも全国大会に出場していますが、その時期、花巻東高校は菊池雄星を擁して甲子園で快進撃を見せていました。試合に敗れて時間が空いたその日、水沢リトルは、花巻東は出ないものの熱戦が続く甲子園に試合を見に行くか、それとも花巻東の練習を見に行くかの選択を迫られます。

当然、甲子園に行きたかった選手もいたはずですが、キャプテンの大谷は花巻東の練習を見に行くという選択をします。大谷はその様子を見て、「練習を見て、やっぱりいいなと思いました。雰囲気が良かったんです」という感想を持ちます。

野球少年が進学先を選ぶ時、気にするのは甲子園に出られるかどうかですが、大谷はそれも大事だけれども、もっと大事なのは「個人の、選手としての能力を伸ばす練習」をしているかだと考えていました。

部員の数が多いと、レギュラークラスとそれ以外で練習量などに差がつきがちですが、花巻東の練習は効率的で、「すごくいいんじゃないか」と感じたといいます。大谷はリトルやシニアの経験から、岩手県にも力のある選手はたくさんいて、その力を集めれば日本一になれると感じていました。大谷は花巻東を選び、岩手の選手たちで日本一を目指すことになります。

023

「可愛がっていましたよ。そりゃあ、可愛いですよ。何だかんだで16年ぐらいは生きていたので、エースは」

『道ひらく、海わたる 大谷翔平の素顔』P62

大谷翔平の愛犬というと、今や「デコピン」が世界的にも大人気です。デコピンも大きな犬ですが、大谷家では大谷が小学校1年生の頃から大型のゴールデン・レトリーバーを飼っていました。名前は「エース」です。

母・加代子の知人が犬のブリーダーをやっており、8頭のゴールデン・レトリーバーが生まれたからと、子どもたちと見に行ったところ、当然のように飼うことになったというのです。大型犬にもかかわらず、家の中で飼っていたため、家族がテレビを見ていると、エースもソファに座って見ているという、「かけがえのない家族の一員」でした。

犬は人を見て、格付けするといわれていますが、家族の中で末っ子の大谷は、エースに下に見られていたようです。小学校3・4年生の頃、東京ディズニーランドに家族で旅行に行く準備をしていたところ、エースが大谷のソックスをくわえて持って行こうとしたので、大谷がソックスを取り戻そうとしたらエースが右腕を噛んだのです。幸い大事には至りませんでしたが、もしその時の傷が深かったら、「ピッチャー・翔平はない」というのが母・加代子の笑い話の一つとなっています。

実際、大谷の右腕にはエースに噛まれた傷跡が残ったといいますが、大谷にとってはそれも家族の懐かしい思い出の一つです。「そりゃあ、可愛いですよ」と話すエースの次に大谷が飼うことになったのがデコピンなのです。

024

「寝ることは得意」

『道ひらく、海わたる 大谷翔平の素顔』P70

かつてのプロ野球選手といえば、試合が終わると飲みに行く人も多く、門限破りは当たり前でした。中には二日酔いのまま打席に立つほどの猛者もいましたが、その対極にいるのが大谷翔平です。

日本ハム時代にも、先輩たちが大谷を連れ出す時には監督の栗山英樹の許可が必要だったといわれるほど、栗山は大谷の体調管理に気を遣っていました。大谷自身、日本でもメジャーでも、試合の後はほとんど外に出ることもなく、時間の多くをトレーニングと寝ることに充てています。

子ども時代から大谷は「寝ることは得意」と公言するほど、よく寝ていたといいます。練習に向かう車の中でも、父親が運転する横で「ずっと寝ていた」といいますし、中学時代も野球の練習がない日は夜の9時には寝て、寝始めると途中で起きることはありませんでした。水沢リトル時代、毎年、福島で合宿をしていましたが、そこでも他の子どもたちが騒ぐのを気にすることもなく、夜の9時に寝る習慣を守っていたといいますから、寝ることへのこだわりの強さと、その自制心たるやかなりのものです。

本来、こうした習慣は大きくなるにつれて変わっていくものですが、メジャーリーガーとなった今でも、大谷にとって「寝る」ことは最も大切なことの一つであり続けています。

第2章

大谷翔平の花巻東高校時代

2010年～2013年

超一流の名言

025～056

大谷翔平の野球人生を考えるうえでとても大切なのが、岩手県の花巻東高校での生活です。進学先を選ぶに際して、その決め手となったのは、大谷が中学生の時、花巻東高校がエース・菊池雄星（西武ライオンズを経てメジャーリーグへ。現在はロサンゼルス・エンゼルス所属）を擁して、2009 年春の選抜大会で準優勝、同年夏の高校野球大会でベスト 4 となり、一大旋風を巻き起こしたことです。

それまで岩手県の高校にとって、甲子園での優勝は遥か遠いものでしたが、菊池の時代に「あと一歩」に迫ったことで、大谷は「岩手県の選手が集まり力を合わせれば甲子園で優勝できる」と花巻東高校への進学を決めています。ただし、もし菊池の時代に優勝していれば、「誰もやったことがないことをやりたい」大谷は、恐らく別の高校を選んでいたでしょう。その後の大切な出会いが生まれていなかったことを考えると、「あと一歩」というのは、大谷の野球人生にとってとても幸運だったかもしれません。

花巻東高校の監督・佐々木洋は、菊池を送り出した後、「ダルビッシュ有のような投手」だった大谷に出会います。当時の大谷は身長こそ 190 センチ近かったものの、体重は 60 キロ台。それでも既

第2章

大谷翔平の花巻東高校時代 2010年～2013年

に130キロ台半ばのボールを投げる大谷の素質に惚れ込んだ佐々木は、高校生としては史上初となる球速「160キロ」を目指して指導します。同時に「楽しいことよりも正しいことを」といった、人として大切なことも教えたことで、大谷は野球の技量だけでなく、人としての成長も果たします。

そしてもう一つ大谷にとって幸運だったのは、菊池の頃から花巻東高校を何度も訪問していたドジャースのスカウトが、大谷の才能に惚れ込んだことです。高校入学時の大谷はプロ野球選手を目指していましたが、あくまでもそれは日本のプロ野球です。しかし、ドジャースのスカウトから高く評価されたことで、目が世界に向かうようになります。

こうした出会いを経て、より高い目標を追うようになった大谷は、高校3年生の夏の県大会で160キロを記録し、藤浪晋太郎らと並ぶドラフトの注目選手となります。大谷は日本のプロ野球を経ることなくメジャーリーグに挑戦することを表明しますが、大きな騒動に巻き込まれることになります。ここでもまた、運命の出会いが待っていました。

025

「誰もやったことのないことがしたい。もし雄星さんの世代がセンバツや甲子園で日本一になっていたら、僕は花巻東高校を選んでいなかったかもしれない」

『大谷翔平 挑戦』P42

大谷翔平が進学先として花巻東高校を選んだのは、練習環境などを見て、「ここでなら自分が成長できる」と感じたからですが、もう一つの理由は中学3年生の時に同校がセンバツで準優勝、夏の大会でもベスト4に進出するほどの結果を残していたことです。

かつての岩手県代表は甲子園で対戦が決まると、相手校が喜ぶほど弱かった時期もありましたが、同校が「岩手から日本一」を掲げて快進撃を見せたことが大谷たち「岩手の選手」を刺激し、入学へとつながっています。

大谷も同校の活躍に刺激を受けたのは事実ですが、一方で「もし雄星さんの世代がセンバツや甲子園で日本一になっていたら、僕は花巻東高校を選んでいなかったかもしれない」とも話しています。

大谷がやりたいのは「160キロのスピードボール」や「二刀流」のように「誰もやったことのないことがしたい」であり、もし同校が優勝をしていたら、佐々木朗希のように岩手県内の他校で優勝を目指したかもしれません。ただし、大谷抜きでも優勝できるほどの県外の実力校は選ばなかったはずです。

「誰もやっていない」は、ほとんどの人にとって危険極まりない困難な道ですが、大谷にとってそれは「だからこそやりがいがある」ものなのです。

026

「『30番以内に入ろう』と思って高校野球が始まっていった感じでした。小島さんに会って、周りの方々から『お前は160キロ投げられる』と言われて、その気になって乗せられて、そしてここまで来た感じです」

『道ひらく、海わたる 大谷翔平の素顔』P162

大谷翔平は子どもの頃から「プロ野球選手になる」ことを目標にしていましたが、今のように「世界一の野球選手になる」ことを意識していたわけではありません。リトルやシニアで全国大会に出場したことはあっても、優勝したわけではありません。高校1年生の時には、既に143キロのボールを投げていましたが、当時は「自分がどれだけの選手かわからなかった」と振り返っています。

プロ野球選手になるためには、毎年、30～40人の高校生がドラフトで指名されるので、3年生の時に全国で30番以内に入るようにしよう、というのが大谷の考えでした。ところが、大谷を見たロサンゼルス・ドジャースのスカウト・小島圭市は「いずれサイ・ヤング賞を2、3回獲るんじゃないか」と高く評価し、花巻東高校監督の佐々木洋からは「160キロ投げられる」と言われることになります。

つまり、「30番以内に入ろう」が目標だった大谷に対し、大谷を見た周りの人たちは「日本一」「世界一」になれるという評価をしたのです。こうした出会いがきっかけとなり、大谷は本気で160キロを目指すようになり、日本のプロ野球ではなく、アメリカに行くことを考えるようになります。すべては出会いから始まり、大谷は本気で「日本一」「世界一」を目指すようになります。

027

「同じことを言われるにしても、親に言われるのと違う人に言われるのでは、まったく意味合いが違うんです」

『野球翔年 II MLB 編 2018-2024 大谷翔平ロングインタビュー』P87

大谷翔平が花巻東高校を進学先として選んだのは、「チーム全体の雰囲気も良かったし、いい練習をしていた」からだといいます。甲子園に行くか行かないかも大切ですが、それと同時に、選手として技量を上げていけるかという点も基準に選んだうえで同校に決めています。

花巻東に進んだ大谷は、2度の甲子園出場を果たしていますが、いずれも1回戦で敗退しています。それは大谷にとって残念な結果でしたが、高校では寮に入り、親元から離れて生活することで、いろいろなことを共同生活で学び、野球のみならず生活面においても指導者に教えてもらうという貴重な経験をしています。

それまで大谷を指導していたのは、リトルやシニアの監督やコーチを務めていた父親でした。父親からも当然のようにたくさんのことを教えられていますが、大谷によると、「同じことを言われるにしても、親に言われるのと違う人に言われるのでは、まったく意味合いが違う」と言います。

確かに、親から言われることは、正しいことや大切なことでも「またいつもの小言か」と、ただうるさいだけと思いがちですが、親以外から言われると、「確かにそうだ」と納得できることも少なくありません。花巻東の監督から怒られることで、大谷は「ちゃんと考えて、ちゃんとやるようになった」と振り返っています。

028

「朝からすごく食べていましたね。それは辛かったですね、やっぱり」

『道ひらく、海わたる 大谷翔平の素顔』P151

大谷翔平は、花巻東高校3年生の時に、当時の高校生としては史上最速となる球速「160キロ」を達成しています。これは偶然達成できたものではなく、高校1年生の時に書き込んだ「目標達成シート」に自ら書いた目標であり、そのためにやるべきことすべてを実行して実現できたものでした。

やるべきことの一つは「体重を増やす」「体づくり」であり、そのために課したのがご飯の量で、「食事は朝3杯・夜7杯」です。高校に入学した時の大谷は、身長こそ190センチ近くあったものの、体重は60キロ台でした。

両親も認めているように、もともと身体の線が細く、食も細かったのですが、高校に入学してからは寮で朝食をとったあと、自分でおにぎりをつくって学校に持って行って食べ、そこからさらにお弁当を食べ、野球の練習前にもご飯を食べ、夜も食べるという驚くほどの食事量を課していました。結果、「自分は太れない体質と思っていた」という大谷の身体はみるみる大きくなり、体重が目標としていた90キロ台となります。

もちろん身体が大きくなったからといって160キロが出せるわけではありませんが、体重を増やしつつ、下肢の強化や肩回りの強化なども同時に行い、しっかりとした身体ができあがったことで、目標としていた160キロにつながっています。大谷にとって花巻東高校時代は、睡眠や食事など、戦う身体をつくるうえで欠かせない時期でした。

029

「高校時代、『楽しいより正しいで行動しなさい』と言われてきたんです。クリスマスに練習したのも、楽しいことより正しいことを考えて行動した結果」

『大谷翔平 野球翔年 I 日本編 2013-2018』P125

「人生は選択の連続である」とはよく言われる言葉ですが、選択に際して重要になるのが「何を基準にして選択するか」です。あるサッカー選手は、複数のプレーのうち「どれが一番難しいか」を基準にしていましたが、大谷翔平の場合は、花巻東高校時代に監督の佐々木洋から言われた「楽しいより正しいで行動しなさい」が基準となります。

大谷はプロ入り2年目の2014年に11勝をあげて10本のホームランを放ち、メジャーリーグではベーブ・ルースだけが達成し、日本のプロ野球では史上初となる「2桁勝利・2桁本塁打」を達成しています。

しかし、その記録に満足することなく、その年のオフも多くの時間を練習にあてています。みんなが浮かれるクリスマスの日でさえ、練習にあてる大谷に記者が理由を尋ねたところ、返ってきたのが高校時代に言われた「楽しいより正しいで行動しなさい」でした。大谷はこう話しています。

「すごくきつい練習メニューがあるとして、それを自分はやりたくない。でも、自分が成長するためにはやらなきゃいけない。そこで、そのメニューに自分から取り組めるかどうかが大事な要素なんです」

大谷の野球に対するストイックさはよく知られていますが、その根底にあるのは「人として、楽しさよりも正しさを優先する」という考え方でした。

030

「先入観は可能を不可能にする」

『大谷翔平 野球翔年Ⅰ日本編 2013-2018』P47

ビジネスの世界で言われるのが「白紙になってものを見ろ」です。仕事をするうえで経験や知識は貴重なものですが、時にそれは先入観となり、何かを見たり、新しいことを考える時に邪魔をすることがあります。初めから「これはできない」「無理だ」「こうに決まっている」と思い込んでいては、できるものもできなくなり、見えるものも見えなくなります。

大谷翔平が二刀流への挑戦を決めた時、プロ野球のOB、特に名選手や名監督だった人たちの多くが「無理」「不可能」を口にしたのは、まさに先入観のなせる業でした。たとえ「エースで4番」でも、プロ入り後はどちらかに絞るのが常識でした。

しかし、大谷自身は高校時代に当時不可能と言われた「球速160キロ」を目標にして、見事に達成した経験から、「先入観は可能を不可能にする」ことを理解していました。

「自分で無理じゃないかと思ってたら（160キロは）できなかったと思います。だから、最初からできないと決めつけるのはやめようと思いました」

プロ野球で二刀流なんて無理に決まっているという先入観に対し、大谷や栗山英樹監督が考えていたのは「最初から無理だと言ってたらすべてが無理。やってみなきゃ、わからない」というものでした。2つの突出した才能があるのなら両方伸ばせばいい。可能か不可能かは最初から決めつけるのではなく、やって確かめてみればいいのです。

031

「160キロを目指していたら、158キロぐらいで終わっちゃう可能性があるので、目標数値は高めにしました」

『道ひらく、海わたる 大谷翔平の素顔』P131

「どこまでのレベルを成就できるかは、最初に置く目線で決まる」と言われることがあります。スポーツに限らず、ビジネスでもやり始めてから目線を上げるのは難しく、最初から高い目線、高い志を掲げて、必死になって努力して初めて目標に限りなく近づくことができます。それはスポーツにおいても同様で、1位を目指して2位や3位になることはあっても、3位を目指して1位や2位になることはまずありません。

大谷翔平は、花巻東高校恒例の「目標設定シート」に「スピード160キロ」と書き込んでいますが、別の用紙には「163キロ」という数字を書き込んでいます。理由は「160キロを目指していたら、158キロぐらいで終わっちゃう可能性がある」からでした。160キロを出すためには、さらに高い163キロを目標にして、そのための練習を積んでこそ可能になる、というのが15歳の大谷の思考法でした。

これには監督の佐々木洋も驚きます。佐々木自身、これまでの経験から「10」を目指していたとしたら、「8」になることがあるように、目指したものよりちょっと下の着地点になってしまうことを知っていました。

そのため後日、大谷を呼んで「160キロは出る。そのために目標を163キロと書きなさい」と伝えますが、実はその時には既に大谷は別のシートにその数字を書き、ウェイトルームに貼っていたのです。

032

「（目標をクリアするという）一つの経験は、自分の中に積み重なっていくものだと思います」

『大谷翔平 野球翔年 I 日本編 2013-2018』P231

人が成長していくうえでは「成功体験」が大切になりますが、大谷翔平にとってのそれは、花巻東高校時代の「球速160キロ」への挑戦でした。大谷は高校に入学した当時から130キロ台中盤の球速を出していたうえ、リーチの長さなどスピードボールを投げるための絶対条件を備えていました。

しかし、監督の佐々木洋はすぐに大谷を投手にするのではなく、ライトの守備をさせることで体力強化をさせています。さらに入学時には63キロだった体重を20キロ増やすことができれば、「160キロが出る」ことを佐々木は確信します。

大谷自身も「スピード160キロ」を目標シートに記入します。当初、大谷は160キロを「無理な数字なんじゃないか」と思っていましたが、監督やトレーナーといった周りの人間から「いける」と言われるうちに、「いつしか勝手にいけるのかなと、その気になった」といいます。そして3年生の夏、大谷は県大会の準決勝で「160キロ」を達成します。この時の経験がその後の大谷に大きな影響を与えます。

大谷によると、目標をクリアした時の嬉しさやワクワク感、それは今でも思い出すものであり、その経験が積み重なることで、新たな目標を掲げ、挑戦する力が湧いてくるのです。その力があるからこそ、大谷は二刀流でもメジャーリーグで戦い続けることができるのです。

033

「自分でもわからない
可能性がいっぱい
あったなと思います。
だから、自分ではできそうもないなと
思ったことを、やるかやらないか。
やることを止めなくても
いいなとは思います」

『野球翔年 II MLB 編 2018-2024 大谷翔平ロングインタビュー』P88

大谷翔平は、今となってはメジャーリーグにおいても二刀流をこなす唯一無二の選手として認められていますが、野球を始めた頃からその姿を思い描いていたわけではありません。打つことも投げることも大好きではあっても、高校時代から大谷を追いかけていたロサンゼルス・ドジャースのスカウトは、投手として高く評価していました。

花巻東高校の佐々木洋監督も大谷を投手として育てようとしていましたが、ケガにより投げることができなくなった時、打つほうに力を入れるうちにバッティングが急成長したことで、日本ハムファイターズの栗山英樹監督が「二刀流」を提案し、前代未聞とも言える二刀流でのプロ生活がスタートしています。いわば、二刀流は大谷本人でさえ考えていなかったわけですが、投げることも打つことも大好きな大谷が、練習を重ねていくうちに両方の才能を開花させて今日に至っています。

高校時代の160キロへの挑戦も、プロ入り後の二刀流も普通に考えれば「できっこない」ことばかりですし、大谷自身、そう思うこともあったといいますが、かといって「やることをやめなかった」ことで「できる」ようになっています。人には自分でも気づかない、わからない可能性があり、それは「できっこない」と諦めるのではなく、「ちょっとやってみようか」という挑戦があって初めて花開くものなのです。

034

「見られているんだという意識を持って、プロ野球選手としてやらなきゃいけないことをやる。だからこそ、自分にしかできないプレーをする権利が出てくる」

『大谷翔平 野球翔年Ⅰ日本編 2013-2018』P155

大谷翔平は、花巻東高校の監督・佐々木洋からさまざまな影響を受け、その教えをプロになってからも大切にしています。佐々木が部員たちに教えている言葉の一つに「権利と義務」があります。

大谷によると、同校の野球部には100人を超える選手がいますが、甲子園ならベンチに入れるのは18人、スタメンは9人です。残りの選手はスタンドで応援することになります。試合に出なければ、選手は打つこともできなければ、走ることさえできません。一方、試合に出る選手には「権利と義務」があります。バッターボックスに立ち、ボールがグラウンドに転がった時、バッターは一塁まで走る権利を手にしますが、同時に全力で走る義務も伴います。理由はベンチに入ることのできない選手に対し、バッターは全力で走ることで、初めてその思いを伝えられるからです。

大谷は「プロ野球選手としてもそこは大事」と考えています。プロである以上、プロ野球選手は、試合はもちろん練習においても、そして普段の生活においても、たくさんのファンに支えられている、見られているという意識を持ち、やらなければならないことを「全力でやる義務」があります。そしてその義務を果たすからこそ、「自分にしかできないプレーをする権利」も生まれるというのが大谷の考え方です。

035

「ちゃんとした人間に、ちゃんとした成果が出てほしい。どの分野においても僕はそう思っています」

『道ひらく、海わたる 大谷翔平の素顔』P130

大谷翔平が多くの人に愛されるのは、超一流のプレーはもちろんのこと、それ以外での礼儀正しさや行いといった「人間力」にみんなが好感を持っているからです。試合中、グラウンドでしばしば目にすることがあるのが、大谷が歩いている時にしゃがんで何かを拾う動作です。大谷は花巻東高校時代に「目標達成シート」を作成し、シートの真ん中には「ドラ1、8球団」と書き込んでいますが、それを囲む8つの枠の一つに「運」と記入しています。大谷は、その運を上げるために行うこととして、「あいさつ」「ゴミ拾い」「部屋掃除」などをあげています。

その他にも、大谷はリトルリーグ時代、エースで4番ながら率先してトンボを手にグラウンド整備を行っていましたし、高校時代も「球場の一番高いマウンドに立つ人間は、みんなが一番嫌がる仕事をしなさい」という佐々木洋監督の教えを守り、寮のトイレ掃除を文句一つ言わずにやっていたといいます。大谷は、そのことについてこう考えています。

「ちゃんとした人間に、ちゃんとした成果が出てほしい。どの分野においても僕はそう思っています。本当の意味でのトップの人間とは、そうあるべきだと僕は信じています。信じているからには、自分もそんなふうにやっていきたいという気持ちは今でもあります」と。楽しいことよりも正しいことを優先し、表の努力だけでなく、見えない裏の努力も惜しまない。「てっぺん」を目指す大谷は、常にそれに相応しい人間であろうとしています。

036

「（野球の神様が）いるか、いないかは別として、個人的に『いてほしい』と思いますよ。僕の願望ですけどね」

『道ひらく、海わたる 大谷翔平の素顔』P256

「野球の神様」がいるのかいないのかについて、「いる」と信じているのが大谷翔平の高校の先輩・菊池雄星です。2009年、センバツ決勝に敗れた菊池は「日本一にはまだ早いと、野球の神様がくれた試練だと思う」という言葉を口にします。

練習に臨む態度についても、こんなことを言っています。

「練習で最後の1本を誤魔化そうかなと思っても、野球の神様が見ていたらどうしようって思う。だから練習で手が抜けない」

「天知る地知る我知る」と言うように、誰も見ていないと思っても、神様が見ていると思うだけで、人は悪いことを思いとどまることができますし、良いことや正しいことをしなければならないという気持ちになれるものです。菊池にとって「野球の神様」とは、自らを律する存在だったのでしょう。

一方、大谷翔平にとって野球の練習は楽しいものであり、「嫌だと思ったことはない」と言うだけに、そこに野球の神様の存在は必要ありませんが、神様には「いてほしい」と願っています。理由は野球に限らず、「ちゃんとやっている人にはちゃんとした成果が出てほしい」と願っており、神様にはそういう人をしっかりと見ていてほしいというのが大谷の思いです。

037

「毎日、ゲームだけして、試合に行ったら打てるというなら、それでいいじゃないですか。僕はやらないと打てないので、練習、やりますけどね」

『野球翔年 II MLB 編 2018-2024 大谷翔平ロングインタビュー』P86

大谷翔平は、花巻東高校に進むにあたって、「日本一になる」ことを目標に掲げていました。しかし、残念ながらその夢は果たせませんでしたが、花巻東での3年間では大切なことを学んでいます。その一つが「正しい方向を選ぼうとするようになった」ことです。

大谷はメジャーリーグを代表する選手になった今でも、他の選手が驚くほどの練習をしています。遠征先でもほとんど外出もせず、1日を練習と体調管理に費やしています。それを見ている人の中には「そんな野球ばっかりして何が楽しいの？」と疑問に感じる人もいるようですが、大谷自身は「毎日、ゲームだけして、試合に行ったら打てるというなら、それでいいじゃないですか。それが面白いかもしれないし、それじゃ、面白くないかもしれない。僕はやらないと打てないので、練習、やりますけどね」と言い切っています。

「何が楽しいか、何が正しいか」は人によって異なります。ある人にとっては練習よりも遊ぶほうが楽しく、そちらを優先することもあるでしょうが、大谷はそういう人を非難するのではなく、またそういう人たちに迎合することもなく、自分の中の「正しい方向」を優先するようにしています。

大谷でさえ、時に「練習したくない」と思ったこともあるといいますが、そんな時に、自分にとっての「正しい方向」を選び続けたことが今につながっているのです。

038

「野球の練習なんて嫌だと思ったことないんで。そこは頑張れるというか、頑張るって言い方もおかしいくらいですね。頑張ってない感じのほうが強いので」

『大谷翔平 挑戦』P58

大谷翔平のトレーニングは、日本のプロ野球選手はもちろんのこと、メジャーリーガーでさえ驚くほどのすさまじさだといいます。2024年に11勝3敗で新人王を獲得したピッツバーグ・パイレーツのポール・スキーンズ投手は、大谷翔平に影響を受けて、大学時代は二刀流で活躍していましたが、メジャーリーグでは160キロを超える剛速球を活かすために投手に専念しています。

二刀流を続けたいという夢は当然持っていましたが、スキーンズによると、投手と打者の両方でメジャーリーガーであるためには、どちらも圧倒的な技術が必要で、それはとてつもなく難しいことだったため、より力のある投手に専念することになったといいます。初めて大谷と対戦した日、第1打席は三振に打ち取りました。第2打席ではホームランを打たれながらも、スキーンズがどこか楽しそうな表情だったことが印象的でした。

スキーンズほどの才能があっても、二刀流はやはり大変なのです。大谷にとって、なぜ二刀流が可能になったのでしょうか？　花巻東時代、大谷は自分がやろうと決めたことには人より頑張れると断ったうえで、「頑張るって言い方がおかしいぐらいで、頑張ってない感じのほうが強い」と話しています。当時から大谷にとって野球の練習は楽しいものであり、「頑張ってない感じ」がするほどに、いくらでも頑張れるものだったのでしょう。

039

「僕がチームで一番、練習しなきゃいけない人だったのに、監督がそうせざるを得ない状況をつくっちゃいけないなと思いました」

『野球翔年 II MLB 編 2018-2024 大谷翔平ロングインタビュー』P87

高校野球の寮生活というと、桑田真澄と清原和博の「KKコンビ」で甲子園を席巻したPL学園の話が有名です。その厳しかった上下関係の話は、YouTubeなどで卒業生によって頻繁に語られています。1年生は、どんなに有望な選手でも三年生の下につき、理不尽な要求に耐えながら世話をしなければならないなど、今では笑いながら話せても、2度と戻りたくないキツイ経験をするようです。

大谷翔平は中学校を卒業すると、花巻東高校に進み、野球部の寮で生活をするようになります。そこには“PL的”なものはなかったようですが、大谷は「僕、高校でだいぶ変わったと思いますよ」と振り返っています。大谷によると、中学校までは「けっこう適当にやっていた」のに対し、高校では何度か失敗をして、何度か怒られることで「ちゃんと考えて、ちゃんとやる」ようになったといいます。

高校時代、大谷は何度かケガや故障を経験しています。そんな大谷をゆっくり眠れるようにしようと、監督の佐々木洋は大谷を下級生の寮で休ませるようにしますが、ある時、大谷は寝坊をしてしまい、練習から何日か外され、罰として雪かきをさせられることになります。しっかり休み、しっかり練習しなければならないにもかかわらず、練習ができなくなったのです。大谷は一番練習すべき自分が練習できない状況をつくったことを反省し、それから「ちゃんと考えて、ちゃんとやる」ようになります。

040

「こういうスケールの選手になりたいみたいなものはありますけど、全部が全部、その人みたいになりたいみたいなものはないですね」

『別冊カドカワ【総力特集】大谷翔平』P180

大谷翔平が花巻東高校への進学を決めた理由の一つに、菊池雄星の存在があります。大谷が中学3年生の時に、花巻東はセンバツで準優勝し、夏の大会でベスト4に進出しています。原動力となったのはエースの菊池ですが、花巻東の活躍によって岩手が野球で熱狂し、みんなが一つになるのを目の当たりにした大谷は、県外の強豪校ではなく花巻東への進学を決意します。「岩手の選手で日本一になりたい」も理由でした。

菊地という大エースが卒業してすぐに、圧倒的な素質を持つ大谷が入学したことで、同高の佐々木洋監督は喜び、かつ強い責任感を感じます。大谷にこう話しました。

「『誰かみたいになりたい』という考えでは、その人を上回ることはない。『超えたい』と思わなければダメなんだ」

スポーツに限らず、芸能や芸術の世界でも誰かに憧れ、尊敬はしたとしても、それがあまりに強すぎると模倣に走り、「ミニ○○」「第2の○○」にしかなれません。尊敬はしながらも、「超えていく」という強い思いがあってこそ、人は憧れの存在を凌駕(りょうが)することができるのです。大谷にもダルビッシュ有や斉藤和巳、イチローや松井秀喜など好きで憧れる選手はいましたが、「こういうスケールの選手になりたい」と思うことはあっても、「その人みたいになりたい」はありませんでした。

041

「バッターとしての自分がどんどん良くなっていくのを感じました。思っていたよりも、もっと上の自分がいたので、バッティングが楽しくなってきたんです」

『大谷翔平 野球翔年 I 日本編 2013-2018』P67

大谷翔平を見ていると、「禍福（かふく）は糾（あざな）える縄の如し」という諺（ことわざ）が思い浮かびます。大谷が花巻東高校に入学した時、監督の佐々木洋の頭にあったのは「ピッチャー・大谷」でした。「もしかしたら、ピッチャーとして3年間、順当にいっていれば、『バッター・大谷翔平』があそこまでのものになっていなかったかもしれない」と振り返っています。

ところが、高校2年生の夏に骨端線（こったんせん）損傷という大きなケガをしたことで投げることができなくなり、バッティング練習に力を入れるようになります。試合でも3番や4番を打つようになり、バッターとしての才能が大きく開花したのです。当時のことを大谷は「バッターとしての自分がどんどん良くなっていくのを感じました。思っていたよりも、もっと上の自分がいたので、バッティングが楽しくなってきたんです」と振り返っています。

ピッチャーとして投げることができない時期、バッティング練習をすることで才能が大きく開花したわけですから、ケガの功名というか、災い転じて福となる、と言えるかもしれません。メジャーリーグに移籍した2年目と3年目も大谷は手術などにより、ピッチングのできない時期がありますが、この時も大谷はバッティングに専念することで「今の僕は打者として成長している」ことを実感しています。2024年の成績も投げられない時期のものです。大谷はケガや故障をいつもさらなる成長につなげています。

042

「打たれても仲間がカバーしてくれた。エース番号をもらって、信頼してマウンドに送り出してくれたのに。どうしても抑えたかった」

『大谷翔平 挑戦』P26

大谷翔平にとって、初めての甲子園は絶対に勝ちたいし、勝たなければいけないのに、故障の影響があって持てる力を存分に発揮することができない苦い経験になりました。

2011年3月、東日本大震災によって岩手県は甚大な被害を受け、花巻東高校野球部も練習できる状況ではなくなります。しかもエースの大谷は、成長痛の影響で県大会を前に故障します。それでも「大谷がいなくても勝てるところを見せるんだ」と他の投手陣が力を見せ、県大会を突破し、夏の甲子園大会の出場権を得ます。

大谷も甲子園で投げると意気込みますが、大会の2週間前には太もも裏を痛め、強豪・帝京との1回戦は小原大樹を先発に立て、勝負できる点差で食らいつくことができたら大谷を投入するという作戦で臨むことになります。

試合は、帝京が先行して花巻東が追い付くという展開となり、2対4とリードされた4回1死1、3塁の場面で大谷が登板します。大谷は、足の痛みのため立ち投げのような状態ながらも150キロをマーク。5回3分の2を失点3、自責点1で投げ切りますが、試合は7対8で敗れます。大谷が本調子なら勝てた試合だけに、試合後、大谷は「打たれても仲間がカバーしてくれた。エース番号をもらって、信頼してマウンドに送り出してくれたのに。どうしても抑えたかった」と声を震わせました。苦い苦い、敗戦でした。

043

「注目されるのは嬉しいが、前評判だけで自分には何の実績もない」

『大谷翔平 挑戦』P30

大谷翔平は、今や世界中のマスコミがその一挙手一投足を報じるほどの世界的スター選手ですが、大谷に多くのマスコミが殺到するようになったのは2011年夏の甲子園です。大谷は故障を抱えながらも、田中将大に並ぶ高校2年生の甲子園最速タイ記録となる150キロをマークしたあたりからです。菊池雄星の活躍によって知名度が上がっていた花巻東高校に、再び現れた快速ピッチャーとして注目度も上昇します。

2012年1月、花巻東の選抜高校野球大会への出場が決まったことで、全国から17社ものマスコミが殺到しました。コーチ陣によると、菊池雄星の比ではないほどの「大谷フィーバー」が巻き起こり、取材日を設定しないと練習ができないほどの過熱ぶりだったといいます。大谷は取材に対して嫌な顔せずに対応し、あくまでも冷静でした。「注目されるのは嬉しいが、前評判だけで自分には何の実績もない。もちろん日本一を目標に、この冬で体をつくってきた自信はある。甲子園では納得できるストレートを投げたい」と話していました。

過度の注目は選手を勘違いさせ、有頂天にすることもありますが、大谷は自分ばかりが注目される中、インタビューでは意識して「仲間のことを語る」ことで自分もチームの一員であることを強調します。大谷は、前評判に浮かれることは決してありませんでした。

044

「野球は1人じゃ勝てない。全員が絡み合い、出塁も走塁も一つのプレーに何人かが協力する。みんなの力でセンバツに行ける。そこに自分の力を加えたい」

『大谷翔平 挑戦』P31

大谷翔平は2年生の夏と、3年生になる春に甲子園に出場しています。しかし、高校生として圧倒的に速い球を投げることはできても、勝てる投手になることはできませんでした。夏の大会の少し前、左太もも裏の付け根付近の肉離れで故障し、1回戦で帝京高校と対戦した時も4回途中から登板、球速150キロを記録したものの、足の痛みから立ち投げのような状態になって試合に敗れています。

以来、大谷は公式戦の登板を回避しますが、当初の肉離れの診断は「骨端線損傷」と判明し、安静が必要となります。同校はエースが登板できない危機に陥りますが、チームメイトが「翔平はこんなもんじゃない。もう一度甲子園に連れて行くぞ」を合言葉に結束します。そして、秋の東北大会でベスト4に入り、春の選抜の出場を果たしたのです。

当時、大谷の名は全国に知られ始めており、多くのマスコミが大谷目当てに押しかけますが、大谷はインタビューでは自分の話だけをするのではなく、意識的にチームメイトの名前を出しながら答えていました。そこには「野球は1人じゃ勝てない。全員が絡み合い、出塁も走塁も一つのプレーに何人かが協力する。みんなの力でセンバツに行ける」という思いが込められていました。大谷にとって野球は「みんなの力が絡み合って初めて勝てる」ものだったのです。大谷は今も「エゴのない選手」として知られています。

045

「岩手県が強いところを甲子園で見せたい」

『大谷翔平 挑戦』P25

甲子園の長い歴史の中で、実力はありながらも東北勢は優勝することができませんでした。ダルビッシュ有を擁する東北高校も準優勝だったように、決勝まで進んでもあと一歩が届かず、「優勝旗が白河の関を越す」ことが東北勢の悲願となっていました。その願いは、2022年の仙台育英高校によって、ついに達成されました。

岩手県の花巻東高校は、菊池雄星を擁してセンバツで準優勝を果たしたものの、残念ながら優勝旗には手が届きませんでした。それだけに大谷の勝利にかける思いは強いものがありました。2011年の夏の甲子園に2年生の大谷は出場していますが、この年は東日本大震災があり、チームには被災した仲間もいただけに、大谷の思いはより強くなりました。しかし、大会直前のケガにより投げることが難しくなった大谷は、こんな言葉を口にします。

「岩手県が強いところを甲子園で見せたい。まだ万全ではないが、甲子園で投げたい」

大会ではいつもの大谷の力を出すことができず、1回戦で敗退します。さらに翌年の県大会で大谷は、球速160キロを記録しながらも決勝で敗れ、「岩手の方々に日本一を取って喜んでもらいたかったが、それができなくて悔しい」と声を詰まらせます。

高校時代に勝ちきれなかった悔しさも、大谷のその後の成長につながったのかもしれません。

046

「あの時はもう、こっち（アメリカ）へ来るつもりでいたので、今のこのプロセスは想像していませんでした」

『野球翔年 II MLB 編 2018-2024 大谷翔平ロングインタビュー』P81

大谷翔平は、花巻東高校時代に2度甲子園に出場していますが、いずれも初戦で敗退しています。大谷は万全の状態ではなく、ケガなどの影響もあって全力では投げられない中での敗退ですから、なおさら悔しさがありました。だからこそ、3年生の最後の夏は、大谷は本気でした。岩手大会の準決勝で、高校生としては史上最速の160キロを記録し、否応なしに大谷への期待は高まりますが、決勝戦で盛岡大府に3対5で敗れ、甲子園の夢は潰えています。

3回、1死1、2塁からレフトのポール際に大飛球を打たれ、大谷は「ああ、ファウルだなぁ」と思いますが、それがホームランと判定されて敗北につながります。当時のことを大谷は「そこは力がなかったな、アウトハイを引っ張られているんですから」と振り返る一方、当時は既に「アメリカへ来るつもりでいた」とも話しています。

大谷は、誰もやったことのないことをやってみたいといつも考えていました。高校生史上最速の160キロへの挑戦もそうですし、花巻東高校を選んだのも、先輩の菊池雄星の時に果たせなかった日本一を勝ち取りたいと考えたからです。メジャーに挑戦する時も、高校から日本のプロ野球を経ることなく挑戦する、いわば「パイオニアになりたい」と言っています。高校時代に思い描いていた道とは違う道を歩んだものの、大谷はメジャーリーガーとして描いた目標を着々と達成しています。

047

「知らないところでやる時は ワクワクしますね。 プロ野球の世界に 入る時もそうでした。 もっともっと自分より すごい選手がいるんだろうなと思って、 ワクワクしたのを覚えています」

『道ひらく、海わたる 大谷翔平の素顔』P101

知らないところに行くというのは、旅行ならともかく、進学や就職などでは期待もあるにせよ、不安が先に立つというのもよくあることです。「うまくやっていけるのだろうか」「ちゃんと馴染むことができるのか」という不安があるものですが、大谷翔平はプロ野球の世界に入る時も、メジャーリーグに移籍する時もいつもワクワクしていたといいます。

大谷が初めて「全国」と名の付く大会に出場したのは中学1年生の時、水沢リトルリーグ時代です。東北大会で18人の打者から17個の三振を奪う快投を演じてはいても、全国レベルでの知名度はまだまだでした。そのため中学までの大谷は、「自分はあまり大したことのない選手なんだろう」と思っていたといいます。

岩手県内では自信があっても、全国にはもっとうまい選手がいると思っていただけに、知らない場所、大きな世界へ行く時はいつもワクワクしていました。全国にはもっとすごい選手がいて、そんな選手たちとの戦いを通じて、「もっとうまくなりたい」というのが大谷の思いでした。

大谷によると、知らない場所は行ってみないとわからないし、そこでやってみないと自分の実力も相手の実力もわかりません。高いところをイメージして、そこに行ける自分がとても楽しいし、ワクワクする。だからこそ、大谷は挑戦し続けることができるのです。

048

「挑戦したかったということもそうですし、他の人と違う成長過程を踏んだ時に、最終的に自分がどれぐらいの選手になれるのかという興味のほうが大きかった」

『道ひらく、海わたる 大谷翔平の素顔』P170

大谷翔平は、高校時代からメジャーリーグ挑戦を表明していたので、ドラフトで日本ハムファイターズから指名されてもメジャーへ行きたい気持ちが強く、日本ハムへは「行かないだろうと思っていました」と話しています。

ロサンゼルス・ドジャースのスカウト・小島圭市は「メジャー挑戦」を公言した大谷の顔を見て、「本当に意志あるものだ」と感じ、「大谷は本物になろうとしている」とその決意に胸を打たれています。当時の大谷はこう話しています。

「挑戦したかったということもそうですし、他の人と違う成長過程を踏んだ時に、最終的に自分がどれぐらいの選手になれるのかという興味のほうが大きかった。その時は、アメリカへ行ってみたいなという気持ちのほうが強かったですね」

野茂英雄がメジャーリーグに挑戦して以降、イチローや松井秀喜といった日本のトップ選手がメジャーに挑戦したことで、日本のプロ野球界でもメジャーへの挑戦はそれほど特別なものではありませんでしたが、大谷のように、いきなりアメリカに渡るというのは異例中の異例でした。にもかかわらず、大谷が決意したのは「誰もやったことのないことをやってみたい」という気持ちと、人と違うやり方をして自分はどれだけ成長できるのかという興味でした。可能性があるのなら、まずやってみる。それが当時も今も変わらない大谷の考え方です。

049

「あらゆる国の偉大な選手たちが集まっている場所ですから。僕は、そんな選手たちに負けたくないんです」

『SHO-TIME 大谷翔平 メジャー120年の歴史を変えた男』P34

世の中には狭い範囲の中でトップであることに満足する人もいれば、自分よりももっと強い人たち、すごい人たちがいる場所に挑戦して、そんな人たちに勝ちたいと願うタイプの人がいます。大谷翔平は、いつだって後者でした。

大谷は岩手県の水沢リトルリーグで野球を始めています。小学生でありながら、大きなホームランを打つこともできる、また投手としても圧倒的な力を持つ選手でしたが、決して慢心することはなく、「僕よりもっとうまい選手が、いくらでもいるのだと思っていた」と言います。花巻東高校に進んでからは、投手として160キロを目指してトレーニングに励み、3年生の夏の県予選で、高校生としては史上初の160キロを投げることで大きな注目を集めます。そのままプロ入りを志望すれば、複数の球団が競合するのは確実でしたが、2012年10月、18歳の大谷は、日本のプロ野球を経ることなくアメリカを目指すことを表明します。普通と違うルートを辿った時、自分がどれだけ成長できるかへの好奇心とともに、より強い場所への思いもありました。大谷は、こう話しています。

「あらゆる国の偉大な選手たちが集まっている場所ですから。僕は、そんな選手たちに負けたくないんです」

大谷の願いはいつだって「もっとうまい選手」がいる場所で競い合うことでした。

050

「ピッチャーとしては高校時代にやり残したことがあまりに多かった。だから、ピッチャーをやり切ってみたかった」

『大谷翔平 野球翔年Ⅰ日本編 2013-2018』P67

大谷翔平は、花巻東高校時代に「メジャー挑戦」を公言しています。日本のプロ野球を経ることなく、直接メジャーに挑戦するという強い意志を示していますが、その時、大谷の頭にあったのは「ピッチャー」であり、「二刀流」ではありません。

打者としての資質も高く評価される中、なぜそれほどまでにピッチャーにこだわったのでしょうか。理由は「ピッチャーとしては高校時代にやり残したことがあまりに多かった。だから、ピッチャーをやり切ってみたかった」からです。

大谷は高校2年生の夏と、3年生の春の2回、甲子園に出場していますが、いずれも初戦で敗れています。2年生の夏の帝京との１回戦では、足の痛みのため2番手としてマウンドに上がっていますが、実力とは程遠いピッチングしかできませんでした。3年生の時には大阪桐蔭と1回戦で当たり、バッターとしては藤浪晋太郎から本塁打を放ったものの、やはりケガの影響から満足なピッチングはできませんでした。

「負けた思い出、悔しい思い出しかない」が大谷の甲子園であり、特に「ピッチャーとしては、高校時代にやり残したことがあまりにも多かった」ことが大谷の「ピッチャーをやり切ってみたい」という思いにつながったのです。その気持ちを大きく変えたのが日本ハムの「両方やればいい」であり、それが「二刀流」へとつながっています。

051

「自分の可能性を見出してくれた人に対して、『もっと良くなっている姿を見せたい』と思うのは普通のことじゃないですか」

『道ひらく、海わたる 大谷翔平の素顔』P161

大谷翔平が花巻東高校3年生の時、日本のプロ野球ではなく、アメリカのメジャーリーグに行きたいと明言した理由の一つに、大谷を高校1年生の時から見守ってくれたロサンゼルス・ドジャースの日本担当スカウトを務めていた小島圭市の存在があります。

小島が初めて大谷を見たのは、高校1年生の4月の練習試合です。大谷は4番・ライトで出場していましたが、小島は大谷のスイングを見て、「センス抜群だな」と思い、走る時のバランスの良さに感心します。守備では外野からの送球を見て、「絶対にピッチャーだ」と確信しますが、何より驚いたのは大谷の高度な身体能力でした。

以来、小島は年に何回も岩手に足を運ぶことになりますが、大谷や花巻東の佐々木監督が感心したのは、大谷がケガをして投げられない時や不振の時にも足を運んだことでした。スポーツに限らず、いい時には人は寄ってきますが、悪くなると途端に離れていきます。しかし小島は悪い時も負けている時も、ケガの時も見に来てくれるため、大谷はその姿に「すごくありがたかったし、励まされました」と振り返っています。

大谷はそんな小島を見て、子どもが両親を喜ばせたいのと同様に、「自分の可能性を見出してくれた人に対して、『もっと良くなっている姿を見せたい』」と考え、メジャーへの挑戦を決意します。大谷にとって小島は、メジャーへの道を開いてくれた恩人でした。

052

「最初に二刀流の話を聞いたときは、疑いというわけじゃないですけど、やっぱりこのままバッターになっちゃうんじゃないかなという思いはありました」

『野球翔年 II MLB 編 2018–2024 大谷翔平ロングインタビュー』P54

大谷翔平は、子どもの頃から打つことも投げることも走ることも大好きで、どちらもやりたいなとは思っていたものの、プロの世界でどちらもできるとは考えていませんでした。高校1年生の時から大谷を見ていたロサンゼルス・ドジャースのスカウトは「投手」として高く評価していましたし、大谷自身、アメリカに行けばピッチャーをやるものだと考えていたようです。

それだけに、ドラフト1位で大谷を指名した日本ハムファイターズからの「二刀流」の提案はあまりに意外なものでした。それまでの球界の常識に反する提案に大谷は、「最初に二刀流の話を聞いた時は、疑いというわけじゃないですけど、やっぱりこのままバッターになっちゃうんじゃないかなという思いはありました」と振り返っています。

一方、「ドラフト1位が2人いると思ってるよ。しかも、エースで4番のイメージだね」という言葉が示しているように、監督の栗山英樹は本気でした。栗山によると、選手を育てるといっても、実際には「エースと4番」だけは育てることが難しく、本人の素質が大きく影響するといいます。ところが、大谷にはその素質が２つも備わっているわけですから、栗山が二刀流をやらせたいと考えたのは必然なのかもしれません。その熱い思いが大谷を動かし、大谷を本気にさせたのです。

053

「投手と打者の2つをやらせてもらえるというのは、僕にはない画期的なアイデアでした。それは大きかったと思いますね」

『道ひらく、海わたる 大谷翔平の素顔』P198

大谷翔平は花巻東高校を卒業したら、そのままアメリカに渡り、メジャーリーガーを目指す予定でした。ロサンゼルス・ドジャースのスカウト・小島圭市の評価は「投手」としてであり、マイナーで2、3年鍛えればサイ・ヤング賞を2、3回獲れるほどのすごい投手になれるというものでした。

一方、大谷の意思に反して、ドラフトで指名した日本ハムファイターズの見方は、バッターなら1、2年でレギュラーになれるし、投手なら3年くらいでローテーションに入れるというものでした。どちらも高校生としては極めて高い評価です。

こうした「両方いい」という評価に対し、監督の栗山英樹が言い出したのが「二刀流をやらせたら面白いね」でした。日本でも過去に投手と打者の両方で出場した選手はいましたが、それは限定的な短い期間であり、驚くほどの成績は残していません。

それほど、プロの世界では突飛なアイデアでしたが、栗山は本気でした。イノベーションを起こすアイデアの多くは、誰もが「そんなバカな」というものですが、二刀流も同様でした。バカなアイデアと、大谷の「誰もやったことのないことをやってみたい」という挑戦心がぴったり合ったのでしょう。ドラフトから1ヵ月半近くが経った2012年12月9日、大谷は日本ハムへの入団を決意し、二刀流として歩み始めることになります。

054

「アメリカでは どうやって 失敗するんですか」

『大谷翔平 野球翔年 I 日本編 2013-2018』P44

大谷翔平は当初、高校を卒業と同時に日本のプロ野球を経ることなくアメリカに渡ることを考えていましたが、日本ハムがドラフト1位で指名したことで、「日本でやってからでもメジャーで長くやれる」という説得を受けて入団を決めています。日本ハムからの「二刀流をやってみないか」というアイデアが大谷の心を動かしました。

ドラフト指名から１ヵ月半にわたる交渉の最中、大谷の「アメリカではどうやって失敗するんですか」という質問を聞いた監督の栗山英樹は驚き、「彼は野球選手として大丈夫な方向に進む」と確信します。大抵の人は「どうすれば成功できますか」という成功へのハウツーは知りたがっても、「どうやって失敗するか」を聞く人はほとんどいません。ところが、大谷はアメリカのマイナーではどんなことが起こりやすいのか、日本人選手が失敗したケースの要因はどこにあるのか、などを聞きたがったというのです。

なぜそんな質問をしたのでしょうか？　大谷によると、成功した人には特別なものがあるはずだが、失敗した人にはもしかしたら共通したものがあるのでは、と考えたからだといいます。成功者の歩みを知ることも大切なことですが、失敗はその原因を知ることで失敗を避け、成功につなげることができるのです。若くして成功より失敗から学ぼうとする大谷を見て、栗山は大谷の成長と成功を確信したのです。

055

「自分がどこまでできるのか、人間としても、どこまで成長できるのか楽しみです。今はとにかく頑張って、新たな道をつくれるような選手になりたいと思っています」

『道ひらく、海わたる 大谷翔平の素顔』P13

大谷翔平の根底にあるのは、「誰もやっていないことをやってみたい」という「パイオニア精神」です。ほとんどの人は誰もやっていないことを怖いと感じ、リスクがあるからと嫌がるのに対し、大谷は誰もやっていないからこそやりたいし、自分が「最初の1人」になりたいと考えるようです。

花巻東高校への進学についても、菊池雄星の世代が甲子園で準優勝することで、岩手の人たちを勇気づけていますが、大谷自身はもしその世代が優勝していれば、自分は花巻東以外に進んだのではないかとも話しています。高校から直接メジャーリーグへ進むことを表明した際も、やはり誰もやっていない初めてのコースを辿った時、自分がどのように成長できるのかに興味があると話しています。

いわば、大谷にとって誰かがやったことをなぞるのではなく、自分だけの道を切り開くことに強い関心があるようです。日本ハムへの入団も「二刀流」という不可能への挑戦への関心がありました。プロ入り前、大谷が口にしたのは、「二刀流を叶えた時、そこには大きな価値があると思う」というものでした。

当時、二刀流ができるとは誰も考えていませんでしたが、もし大谷がそれを可能にすれば、同じように二刀流に挑戦する選手が出てくるはずで、その道を開くのは自分だというのが大谷の思いでした。

056

「18歳の僕には重かった」

『道ひらく、海わたる 大谷翔平の素顔』P201

大谷翔平が日本ハムへの入団を表明したのは2012年12月9日、岩手県奥州市のホテルプラザイン水沢での入団決断会見の場です。入団会見は12月25日に札幌ドームで行われていますが、大谷がアメリカ行きをやめて、日本ハムに入団するということで、こちらも大きな注目を集めています。

決断会見の冒頭、大谷は決断までに時間がかかったことや、日米の関係者など、多くの人が進路の決定に関わってくれたことに対して、「申し訳ない気持ちがありました」と謝罪した後、日本ハムに入団する決意を表明しています。当時の心境をこう振り返っています。

「あれほど緊張する1日は本当にないんじゃないかと思いますね。あれだけのカメラの前で発言することもなかったですし、世間を騒がせてしまったのでなおさら。18歳の僕には重かった。緊張したのを覚えています」

決断までの間、大谷の両親は決して自分たちの考えを押し付けることはなく、「やりたいようにやってほしい。行きたいところに行ってほしい」と大谷の意思を尊重し、日本ハムも球団のためというよりも、大谷のためを考えて、さまざまな情報を提供しています。そうした思いをすべて受け止めたうえでの決断だけに、大谷にとっては重い決断であり、そして監督の栗山英樹も決断を聞いて、「本当に怖かった」と当時を振り返っています。

第3章

大谷翔平の北海道日本ハムファイターズ時代

2013年～2017年

超一流の名言

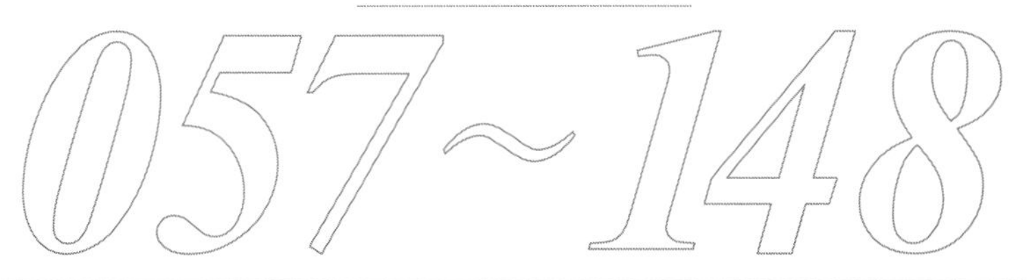

人間というのは、いつどのタイミングで誰と出会うかによって運命が変わることがありますが、大谷翔平は、高校時代には花巻東高校の監督・佐々木洋と出会ったことで、甲子園で勝つことはできなかったもの、投手として、打者として大きく成長します。その才能を「二刀流」として大きく開花させたのは、2012年から日本ハムファイターズの監督に就任した栗山英樹です。

大谷は、ドラフト前からメジャーリーグに挑戦することを表明し、ドラフトで自分を指名しないように各球団に要請していましたが、日本ハムのみがその意向を無視してドラフト1位で指名します。当初、交渉は難航したものの、「4番でエース」という2つの才能を持つ大谷に「二刀流」を提案したことで交渉は進展し、2012年12月に大谷は日本ハムへの入団を決意します。

栗山は大谷に「夢は正夢。誰も歩いたことがない大谷の道を一緒につくろう」というメッセージを送っていますが、「誰も歩いたことがない大谷の道」は、とても険しいものでした。二刀流への挑戦は球界の常識に反していただけに、関係者のほとんどは反対しますが、栗山は「野球界のすべての人を敵に回しても、自分の思いは絶対に曲げない。誰よりも翔平の可能性を信じる。そして、信じ続けています」と断固として方針を変えることはありませんでした。誰も経験したことのない二刀流選手の起用法についても、大谷と一緒に試行錯誤を続けます。

その信頼に応えるように大谷は投打で成長を続け、2年目には投手として11勝、打者として10本のホームランを打ち、ベーブ・ルース以来の「2桁勝利・2桁本塁打」を達成します。さらに3年目には、投手三冠（15勝、防御率2.24、勝率.750）を達成し、4年目には10勝、22本塁打を記録、チームを日本一に導きMVPも獲得します。

まさに大谷が言うところの「打って、投げて、チームを勝たせる」という、二刀流にしかできない活躍でした。5年目こそケガの影響もあり、十分な数字は残せませんでしたが、日本ハムは、二刀流としてチームに貢献した大谷のメジャーリーグへの挑戦を容認することになります。

057

「誰もやったことがないと言われてますけど、誰もやってないからこそ、やってるんですから」

『Number 861』P48

大谷翔平は当初、高校を卒業したら日本のプロ野球を経ることなくメジャーリーグに挑戦することを考えていましたが、日本ハムファイターズの「二刀流への挑戦を後押しする」というアイデアに共感し、プロ入りの決断をしています。

投手と打者の両方で主力を目指すという方針に対し、プロ野球評論家や球界関係者からは連日、厳しい批判の声があがります。中には「プロをなめとる」とまで言う声もありました。まだ高校を卒業したばかりの大谷にとって、連日マスコミを通してこうした声を聞かされるのは大変ではないかと心配した花巻東高校の監督・佐々木洋は、大谷に電話をかけて、「お前、本当に大丈夫か」と尋ねます。

ところが、大谷の返事は「大丈夫です。毎日、楽しくやってますよ」という意外なものでした。その理由を大谷は、のちにこう説明しています。

「僕は全然、気にならなかったです。プロをなめてるわけでもないですし、毎日すごく充実してますし、やって良かったと思ってます。誰もやったことがないと言われてますけど、誰もやってないからこそ、やってるんですから」

大抵の人にとって「誰もやっていない」は、挑戦をやめる理由になりますが、大谷にとって「誰もやっていない」は、「だからこそやる」という勇気につながります。

058

「両方をやることに対して、自分の気持ちがブレることはなかったですね。たとえ両方をやることが失敗だったとしても、自分にプラスになると思っていました」

『道ひらく、海わたる 大谷翔平の素顔』P219

大抵の人が誰もやったことがない、新しいことに挑戦することをためらうのは、失敗への恐れや、他人からの批判です。やる前から成功がわかっていれば、誰だって挑戦しますが、絶対的な成功が見えているものを挑戦と呼ぶことはありません。成功するか失敗するか、わからないけれども、やる価値があるからこそ挑戦するのです。

大谷翔平が二刀流への挑戦を決めた時、野球関係者やマスコミの中に賛成する人はほとんどおらず、大半の人が「無謀な挑戦」と断じ、どちらか一方に絞らないと、せっかくの才能が潰れてしまう、と忠告しました。当然、大谷の耳にもそうした声が聞こえてくるわけですが、大谷自身は「自分の気持ちがブレることはなかった」と言い切っています。その理由は、周りをあまり気にしない性格もありますが、最も大きかったのは「失敗したとしてもプラスになる」と考えていたことです。

大谷は投げることも打つことも大好きで、どちらの才能も高く、評価されていました。プロから見て簡単に「こっちのほうが」と判断できるなら、日本ハムも「二刀流」などと考えるはずがありません。

そして大谷自身、「両方やってみたい」からこそ挑戦を決断します。誰もやったことがないだけに、失敗の恐れはあるものの、両方の才能を思い切り伸ばす努力をする。それは「野球人」としての大谷を成長させる望ましい挑戦だったのです。

059

「二刀流、どっちでもいいですね、そう言ってもらってもいいですし」

『道ひらく、海わたる 大谷翔平の素顔』P258

「二刀流」は、今や大谷の代名詞として広く知られている言葉です。

2021年の「ユーキャン新語・流行語大賞」では「リアル二刀流／ショータイム」が年間大賞にも選ばれています。

そもそも二刀流というのは、日本ハムの監督だった栗山英樹が、大谷の投打両方の才能について「二刀流をやらせたら面白いね」と言ったことがきっかけですし、二刀流という言葉は、栗山が宮本武蔵の二刀流から思いついたものでした。

大谷は投打の両方ができるというアイデアに惹かれて日本ハム入団を決めたわけですが、大谷自身が二刀流という言葉を使うことはほとんどありませんでした。

大谷にとって「二刀流」という言葉は、どういうものだったのでしょうか？

大谷は「僕にとっては、今まで野球をやってきて、普通にやってきたものをそのままやっているだけなので、特別なことをしているという感覚はない」と断ったうえで、「二刀流、どっちでもいいですね。そう言ってもらってもいいですし」と特別の思い入れはないようです。投打両方に挑むことは、それまでの野球界の常識からすれば特殊なことでも、打つことも投げることも好きな大谷にとっては、特別なものではない。そんな思いがあるのかもしれません。

060

「稲葉さんにもよく『ピッチャーの時はつまんない』って言われますし、バッターをやっている時のほうが余裕も、笑顔もあるって言われます」

『Number 861』P35

大谷翔平の投打両方での潜在能力の高さに関しては、高校時代からその才能を疑う人はいませんでした。日本ハム監督の栗山英樹は大谷を入団させることができれば、「エースと4番を2人獲れるようなもの」と評価していましたし、専門家の間で「投手か打者か」という判断が分かれたのも、どちらも優れていたからにほかなりません。

大谷自身は花巻東高校時代、ピッチャーよりはバッターに自信を持っていたものの、ロサンゼルス・ドジャースのスカウトも含めて、ピッチャーのほうを高く評価することが多かったようです。

理由の一つはバッターとしての完成度が高いのに対し、ピッチャーに関しては「素材だけでやってきただけに、秘めたポテンシャルがすごいはずだ」というものでした。それは大谷も理解しており、自分の中にも「ピッチャーとしての完成度のほうが、バッターに比べたら劣る」という感覚が強かったといいます。

そのせいでしょうか、日本ハム時代の先輩・稲葉篤紀からは「ピッチャーの時はつまんない」と言われていました。バッターの大谷は、その自信からか笑顔も余裕もあるのに対し、ピッチャーの大谷には、その日の出来が試合の結果を左右するせいか、責任の重さから笑顔ではなく険しさがあるというのです。バッター大谷が急激に成長する中、今後、ピッチャー大谷がどこまで成長するか、みんなが期待を持って見続けています。

061

「両方をやっていない人よりは、やっている立場でわかることはたくさんある」

『道ひらく、海わたる 大谷翔平の素顔』P291

大谷翔平の二刀流に関しては、「打者に専念したらもっと打てる」「投手に専念すればもっと勝てるはずだ」と、「どちらか一方」について議論されることはよくありますが、「両方をやっているメリット」について議論されることはあまりありません。

日本ハム監督の栗山英樹は、「投打両方をやることで、プレーヤーとしてのバランスが保たれる」と話していましたが、大谷自身も両方をやることのプラス面をこう考えていました。大谷によると、例えばピッチャーをやっている時、自分がバッターなら、このシチュエーションではこういうふうに思う、どういうバッティングカウントで、どういうふうに打つ、と考えることがあるといいます。

その意味では、どちらか一方しかやっていない人に比べ、両方をやっている自分は「やっている立場でわかることはたくさんある」というのが大谷の考え方です。その点に関しては、日本ハム時代のチームメイトだった稲葉篤紀も「彼だけにしか見えない風景」と評価しています。

さらに大谷は、ピッチャーとしていいバッターと対峙していると、その選手の打ち方などがバッティングの参考になることがあり、いいバッターと対決することは自分の技術の向上につながる、とも話しています。両方をやっていること、それは大谷にとってマイナスではなく、他の選手では得られない学びと成長を与えてくれるものなのです。

062

「感じているのは、両方やるから難しいのではなく、どちらも難しいんだということです」

『大谷翔平 野球翔年I日本編 2013-2018』P89

大谷翔平は、日本ハム時代に二刀流として2桁勝利・2桁本塁打を記録するなど、しっかりと成績を残したうえで、メジャーリーグに移籍し、手術による空白はあっても多くの期間を二刀流としてプレーしています。それでも投手として思うような勝ち星を稼げないと、「打者に専念すれば、もっとすごい成績があげられるのに」といった声が出ることがあります。この「どちらかに専念すれば」は、大谷にずっと付きまとっている問いでもあります。

この問いに対し、大谷は日本ハム時代からこう答えています。

「感じているのは、両方やるから難しいのではなく、どちらも難しいんだということです。どちらかに絞ったからといって、もっと勝てたとか、もっと打てたかと言われれば、僕はそうは思いません」

大谷によると、プロはピッチャーも野手もレベルが高いため、どちらかに絞ったとしても、二刀流としてあげている成績以上にはならないというのです。確かにどちらかに専念すれば、肉体的な疲労は違ってくるのでしょうが、大谷自身は、成績を上げるには何より投打それぞれの「技量」を上げることが不可欠だと考えていました。「自分の中ではピッチャーとバッターを競わせてませんし、切磋琢磨もしてません」と考える大谷にとって、「どちらか」という選択はなく、難しくとも「どちらもやる」なのです。

063

「いつか、どちらかに絞ろうと思っていたら、知らない間に『どっちがいいのかな』というところに目が行ってしまって、僕自身の中で選ぶという発想になってしまう」

『大谷翔平 野球翔年Ⅰ日本編 2013-2018』P95

大谷翔平を見て多くの人が驚くのは、Y字路を前にして、誰もが考えるのは「どちらの道を行くか」であるのに対し、「どちらも」という選択をしたことです。もちろん大谷に「両方をやらせてみたい」と思わせるほどの圧倒的な才能があったからこそですが、決して楽ではないはずの「どちらも」を選択しただけでなく、10年以上にわたって「どちらも」を続け、なおかつ進化し続けているところにすごさがあります。

とはいえ、体力的にもきついはずの二刀流を大谷はいつまで続けるのでしょうか。「どちらも」から「どちらか」を選ぶ時期は来るのでしょうか。大谷はこう答えています。

「いつか、どちらかに絞ろうと思っていたら、知らない間に『どっちがいいのかな』というところに目が行ってしまって、僕自身の中で選ぶという発想になってしまうと思うんです。だからそういうふうには考えていません。とことんまで『どっちも伸ばそう』と考えるようにしています」

確かにどちらかに絞ることを前提にしてしまうと、「選ぶ」気持ちが強くなり、どちらかに力を入れ、どちらかが疎かになる恐れがあります。周りの声にも影響されるかもしれません。とことんまでどちらも伸ばす。二刀流をいつまで続けられるかは、大谷が言うところの「野球の神様」が決めてくれるのです。

064

「ピッチャーだけ、
あるいはバッターだけでしたら、
立てやすい目標もあったし、
描きやすい未来もあったと思います。
でも、なかなか参考になるものが
僕にはなかった。だから、1個1個、
自分でつくっていく。
僕にとってはそれが良かった」

『道ひらく、海わたる 大谷翔平の素顔』P227

大谷翔平のすごさを語る時、よく使われるのが、他の選手との比較です。

日本ハムファイターズでの3年目、投手として大谷は15勝5敗、防御率2.24の成績を残していますが、日本ハムの先輩であるダルビッシュ有も3年目に15勝5敗、防御率1.82を記録しています。この成績だけでも、投手としての大谷のすごさはわかりますが、大谷は投打の二刀流だけに、もう一方に打者・大谷も存在します。

日本では打席数も少なく、松井秀喜とは比較できませんが、メジャーリーグに移籍してからの大谷は、松井の本塁打や打点などの年度記録や通算記録を次々に更新しています。大谷がピッチャーだけ、バッターだけだったら、ダルビッシュ有や松井秀喜と比較することで、その未来はもっと描きやすかったかもしれませんが、両方をやっていたため、大谷が言うように「参考になるものがなかった」のも事実です。

日本ハム時代の5年間について、「このぐらいになりたいとか、5年目にはこういう選手になりたいというのが鮮明になくて。なかなか参考になるものが僕にはなかったし、基準となって『だから自分はこうなるんだ』というものがなかったのは確かです。だから、1個1個、自分でつくっていく。僕にとってはそれが良かった」と話していました。

誰も歩んだことのない道を進むというのは、そういうことなのです。

065

「二刀流は自分だけのものではない」

『道ひらく、海わたる 大谷翔平の素顔』P44

「大谷翔平＝二刀流」は、今でこそすっかり定着していますが、当初は大谷自身も投手と打者の両方ができると考えていたわけではありません。プロ野球のドラフトにかかるような選手であれば、アマチュア時代に「エースで4番」だった選手はたくさんいますし、大谷も当初はその中の1人でした。そして大谷自身、高校卒業後すぐにメジャーリーグに行くことを考えていた時に、頭にあったのは投手での挑戦でした。

実際、大谷を高校時代から見ていたロサンゼルス・ドジャースのスカウト・小島圭市も投手としての資質に惚れ込んでいました。そんな大谷を翻意させたのが、ドラフトで1位指名した日本ハムファイターズの「投手と打者の2つをやってみないか」というアイデアでした。それは大谷にとっても「画期的なアイデア」であり、それが大谷の入団へとつながっています。そしてそこから誰もやったことのない二刀流への挑戦がスタートし、入団2年目には2桁勝利・2桁本塁打を記録します。4年目の2016年には、投手とDHの両方でベストナインに選ばれ、パ・リーグのMVPを獲得、チームを日本一へと導いています。

大谷は誰もが無理だと考えていた二刀流を結果で認めさせ、それがメジャーリーグへの移籍につながっています。大谷の努力はもちろんのこと、周りの支えがあって初めて実現したものだけに、「二刀流は自分だけのものではない」は大谷の正直な思いなのです。

066

「僕がダメだったとしても、次の子どもが出てきてくれればそれでいいんです」

『大谷翔平 野球翔年Ⅰ日本編 2013-2018』P311

今、世の中を席巻しているようなサービスの多くには、大抵先達がいて、その先達の失敗を教訓にして、より良いサービスが生まれるという歴史があります。新しい挑戦をするパイオニアには、常に「失敗」の可能性があるわけですが、それでも突き進むのは強い信念と、「後に続く人たちのために」という思いがあるからです。

大谷翔平は、日本のプロ野球で初めて本格的な二刀流に挑戦することで、プロ野球界のOBや評論家からいろいろな批判を浴びましたが、大谷自身は「両方やることが失敗だったとしても、自分にプラスになる」と前向きに考えていました。

いろいろ言われることで、「やってやるんだ」という気持ちになりますし、同時にたとえ失敗したとしても、この先、2つをやりたいと思う子どもたちが出て来た時、「僕の挑戦が一つのモデルとなって、それを成功につなげてくれればいいという思い」もあったといいます。それだけにメジャーリーグが大谷にオファーを出すにあたって、二刀流を認めてくれたことは「嬉しかったし、2つやってきて良かったなと思った」と話しています。

現実には、大谷の他に二刀流で活躍する選手はまだ現れてはいませんが、日本の野球界でもメジャーリーグでも二刀流を前向きに捉えるようになっています。そこには大谷のパイオニアとしての自覚と、圧倒的な実績があったからこそなのです。

067

「昨年は勝たせてもらったシーズン。今年は一つでも多くチームに勝ちをつけたい」

『大谷翔平を追いかけて 番記者10年魂のノート』P21

2024年の世相を表す年末恒例の「今年の漢字」には「金」が選ばれましたが、大谷翔平は「今年を漢字一文字で表すなら？」と聞かれ、「一」をあげています。ネットでは「水原一平の一か」という心ない声も聞かれましたが、大谷によると、優勝の「優」や、50-50の「五」もあるが、やはりドジャースへの移籍1年目であり、ワールドシリーズで優勝して一番になったということで、やはり「一」を選んだといいます。

2024年から10年遡った2014年1月、「今季の目標を漢字一文字で」と聞かれた大谷は「勝」を選んでいます。理由はこうです。

「昨年は勝たせてもらったシーズン。今年は一つでも多くチームに勝ちをつけたい」

ルーキーイヤーの2013年、大谷は投手として3勝をあげていますが、大谷によると、その勝利は野手のみんなに助けられたものであり、まだまだ自分の力で勝ち取ったものではありませんでした。エースというのは、マウンドに立ったからには勝ちをもたらす、あるいは勝つ可能性を残して交代するもの、というのが大谷の考え方です。

2014年、大谷は念願の2桁勝利（11勝）をあげ、翌年には15勝で投手三冠を手にします。大谷は打者として大きく成長する一方で、投手としてもチームに勝ちをもたらすエースへと成長していきます。

068

「去年は歯が立たなかった。藤浪は結果を出している。僕は挑戦する立場」

『大谷翔平を追いかけて 番記者10年魂のノート』P26

「松坂世代」というと、松坂大輔と同年代のプロ野球選手を指す言葉です。大谷翔平の世代であれば、今は間違いなく「大谷世代」となりますが、高校時代の活躍だけを見れば「藤浪世代」と言ってもいいかもしれません。

2012年、大阪桐蔭は史上7校目となる甲子園の春夏連覇を達成します。その中心にいたのが、のちにプロ入りした藤浪晋太郎と森友哉のバッテリーでした。大谷も春の選抜大会の開幕日の1回戦で大阪桐蔭と戦い、藤浪からホームランを放ったものの、投手としては抑えることはできず大敗を喫しています。

高校卒業後、藤浪は阪神タイガースに入団し、1年目に10勝をあげる活躍を見せたのに対し、大谷は3勝に終わっています。そんな藤浪に対し、大谷は「去年は歯が立たなかった。藤浪は結果を出している。僕は挑戦する立場」と謙虚な姿勢を崩しませんでしたが、翌2014年には共に11勝をあげ、2015年には大谷15勝、藤浪14勝と藤浪を上回ります。そして翌年以降は、藤浪は2桁勝利をあげることはできず、2023年に海を渡り、今もメジャー挑戦を続けています。

現在、両者の立場は大きく変わりましたが、若き日の大谷にとって、藤浪は挑戦して超えるべき存在であり、成長には欠かせないライバルだったのではないでしょうか。

069

「毎年、『大事だな』という積み重ねですね。前年より大事じゃないと思う年はないですね」

『道ひらく、海わたる 大谷翔平の素顔』P7

大谷翔平は、信頼を得るためには長い積み重ねが必要だと考えています。メジャーリーグの1年目、大谷はこんな言葉を口にします。

「1試合で何かが変わるということはもちろんない。何事も積み重ねですし、1試合1試合、翔平が出てる試合は勝ちになるゲームが多いなと思ってもらえるように、そういう仕事が1打席1イニングずつできるようにやっていきたいなと思います」

まだメジャーリーガーとしての実績が十分ではない時期、大谷は1試合1試合、1打席1打席、1イニング1イニングを大事にしてこそ成績も向上するし、信頼も得られると考えていました。こうした積み重ねの大切さを日本ハム時代から強調していました。

大谷によると、プロ1年目は「すごい大事だな」と思って懸命に努力し、2年目も「ここが勝負の年」と思って頑張った結果、「2桁勝利・2桁本塁打」を達成します。3年目には最多勝などを獲得しますが、バッティングは低迷したこともあり、次の年も「勝負の年だな」と頑張った結果、チームの日本一に貢献します。毎年が「勝負の年」であり、「前年より大事じゃない年はない」が大谷の考え方です。

信頼を築くには長い年月がかかるのに、壊れるのは一瞬だとよく言われますが、現在の大谷への高い評価と信頼は、日本ハム時代からの積み重ねがあってこそなのです。

070

「必死こいて2時間3時間やったのが、その1杯2杯で変わってしまうってなってくると飲めないですね」

『別冊カドカワ【総力特集】大谷翔平』P23

2023年のメジャーリーグオールスターで、最も注目を集めたのは大谷翔平でした。取材を希望する会社や記者の多さから、取材は3回に分けて行われるほど、その人気は突出していました。

普段は野球に関する質問がほとんどの中、オールスター前の記者会見で「外食」について質問された大谷は「（シーズンに入ってからは）外食は記憶にないですね。次の日もまた試合があると、遅く帰ってくるわけにはいかない」と答えています。

実際、シーズン前のWBCにおいて、大谷がチームメイトと食事をしている風景が「珍しい」と言われたほど、大谷は外食をほとんどしませんし、もちろんお酒を飲みに出かけることもまずありません。まったく飲めないわけではなく、日本ハム時代は「先輩とご飯を食べに行っても1杯ぐらいは飲みます」と話しているように、「普通には飲める」ものの、「飲みたい」という気持ちになることはないといいます。その理由をこう話していました。

「時間もないですし、トレーニングも結構やってるんで。必死こいて2時間3時間やったのが、その1杯2杯で変わってしまうってなってくると飲めないですね」

世間的には「ストイック」と言われる大谷ですが、成長するために必要な優先順位の中で、お酒や外食が占める割合はゼロに近いのでしょう。

071

「制限されてもされなくても変わらないと思う。何したいとか特にないですし」

『大谷翔平を追いかけて 番記者10年魂のノート』P23

日本ハムファイターズに入団した大谷翔平が、監督の栗山英樹によって外出制限をかけられていたのはよく知られた話です。それは大谷が無断外泊をしたとか、門限破りの常習者だったからではありません。栗山は大谷を「エースで4番」の力を兼ね備えた二刀流として高く評価し、世界一の野球選手を目指すように話していました。

大谷もその期待に応えられるだけの練習を自らに課していましたが、それでも日本ハムの先輩たちの中には大谷を夜、連れ出そうとする者もいました。そのため栗山は「大谷を連れ出す時は自分の許可を取れ」と指示します。これではおいそれと大谷を誘うことはできませんし、大谷自身も夜、出かけるわけにはいきません。

まだ10代の若者にとって、こうした外出制限は「余計なお世話」です。普通は監督に強く反発しても不思議ではありません。実際、栗山は「翔平はきっと俺のこと大嫌いなんだろうな」と苦笑していましたが、当の大谷は「制限されてもされなくても変わらないと思う。何したいとか特にないですし、いいのかなと思います」と気にしてはいませんでした。

大谷はメジャーリーガーの今でも野球場と自宅（またはホテル）の往復だけで夜、外出することはほとんどありません。これは誰かに指示されたからではなく、当時から野球に打ち込む強い気持ちから外出への関心はほとんどなかったということなのでしょう。

072

「何も変わらないより、何かを変えていったほうがいい。何も変わらなかったら、前の年と同じ結果になる可能性は高いですし、変化を求めていったほうが僕は楽しい」

『道ひらく、海わたる 大谷翔平の素顔』P226

大谷翔平の特徴の一つに「絶えず変化を求め、変わることを恐れない」があります。企業でもそうですが、あることをやって非常にうまくいった場合、それを変えることにはためらいがあり、大変な勇気が必要になります。「もし変えて失敗したらどうしよう」という恐怖心から、つい「今までと同じ」やり方を続けてしまうのがほとんどではないでしょうか。

大谷は、日本ハムに入団して2年目に2桁勝利・2桁本塁打を達成し、3年目には投手として15勝をあげて投手三冠を記録しています。さらに4年目には、チームを日本一に導き、MVPも獲得しています。これほどの成績を残せば、普通は「このままやっていこう」と現状維持を意識するものですが、大谷は練習をしていて何か閃くと、すぐに試してみるというように、絶えざる変化を追い求めています。

理由は「何も変わらないより、何かを変えていったほうがいい」という考えからです。大谷によると、何も変わらなかったら、前の年と同じ結果になるか、前年より成績が下がる恐れがあります。もちろん変えたからといって、いつもいい結果が出るとは限りませんが、それでも変化を求めて、「これが良かった、あれが悪かった」を繰り返しながら成長していくほうがいいし、楽しいというのが大谷の考え方でした。

073

「良いピッチングをしてもなかなか勝てなかったですからね。勝ち星を求めたがるのが先発ピッチャーなので、これはどうしたもんかなと思いました」

『道ひらく、海わたる 大谷翔平の素顔』P231

現在のメジャーリーグで投手の指標として重視されているがQS（クオリティ・スタート）です。QSは、先発投手が6イニング以上を投げ、かつ自責点3以内に抑えた場合に記録されます。なぜ勝ち星よりQSを重視するのかというと、勝ち星はたとえ投手が相手チームを1点に抑えたとしても、味方のチームが0点に抑えられれば投手には負けが付くことになります。反対に多くの点数を取られても、味方がそれ以上に点を取れば勝ち星がつきます。

つまり、チームの状態や運が関係する勝ち星よりも、6イニングを3点以内に抑え、しっかりと試合をつくってくれる投手を示すQSのほうが評価基準として優れているということです。とはいえ、投手にとってやはり勝ち星は大切なものです。いくらいいピッチングを続けても勝ち星が増えないと、やる気にも関わります。2016年、大谷は日本ハムで4年目のシーズンを迎えますが、開幕から思うように勝つことができず、さすがの大谷も「これはどうしたもんか」と思ったといいます。

そんな大谷に救いの手を差し伸べたのが監督の栗山英樹です。栗山は初めて、投手と打者で試合に出場するリアル二刀流を取り入れますが、それがきっかけとなり大谷は両方で力を発揮するようになります。この年、投手と指名打者でベストナインを同時受賞するとともに、チームを日本一に導き、パ・リーグのMVPも獲得します。

074

「トレーニング自体も面白いんです。トレーニングで追い込めている時も、そこで新しいことをやってみることも面白い。トレーニングでやったものが成果として実感する時も、やっぱり僕にとっては面白いんです」

『道ひらく、海わたる 大谷翔平の素顔』P281

「練習で泣いて、試合で笑え」という言葉があります。

日々、涙を流すほどの厳しく過酷な練習や努力を続けていれば、試合で負けて涙を流すのではなく、勝利して笑うことができるという意味です。

それほどに日々の練習やトレーニングは過酷なものであり、それを乗り越えない限り勝利は手にできないということなのでしょうが、1日のほとんどを野球と睡眠、オフにはトレーニングと睡眠に費やしているといわれる大谷にとって、練習やトレーニングはどんな意味を持つのでしょうか？　大谷はこう言います。

「シーズンオフに取り組んだものがキャンプで実感できた時は『やってきて良かったなあ』と思いました。実感できた時は、野球が面白いですしね」

やったことの成果ができた時は、誰もが喜びを感じ、満足感に浸ることはできないが、大谷は成果が出た時だけでなく、「トレーニング自体も面白い」と言い切っています。トレーニングでやったことが成果として出た時はもちろん面白いのですが、それ以前にトレーニング自体も面白く、トレーニングで新しいことを挑戦して、いいか悪いかを確かめたり、さまざまな知識が増えていくことも面白いというのです。だからこそ大谷は、いつも楽しそうに野球をしているように見えるのです。

075

「その瞬間が、今日来るかもしれないし、明日来るかもしれない。もしかしたら、ある日、突然に何かを掴む瞬間が現れるかもしれない。だから毎日練習をしたくなる」

『道ひらく、海わたる 大谷翔平の素顔』P278

大谷翔平は、シーズン中はもちろん、オフに入ってもトレーニングを欠かすことはありません。その姿を見て「大谷の野球への取り組み方は非常にストイックだ」と言われていますが、そこまで熱心に取り組むのは、身体を鍛えるのはもちろん、野球が「うまくなる瞬間」がいつ来るかわからないからだと話しています。

大谷によると、練習をしている時、「うまくなる瞬間」を感じることがあるといいます。それはある日突然、降って湧いてくるものではなく、日々、練習を継続していると、ある日突然、「これだ！」というものが出てくるのです。

そしてそれが現れたら、すぐに試すことを習慣にしています。もちろん現実にはそのすべてが使えるわけではありませんが、たとえ低い確率でも「こういうふうに投げてみよう」「こういうふうに身体を動かしてみよう」というイメージと、実際の動きがマッチすることがあり、それが大きな飛躍へとつながることになります。

大谷はなぜこれほど、練習に熱心に取り組めるのでしょうか？

理由は、「うまくなる瞬間」をずっと追い求めてやっているからです。「今日来るかもしれないし、明日来るかもしれない。もしかしたら、ある日、突然に何かを掴む瞬間が現れるかもしれない。だから毎日練習をしたくなる」が大谷の考え方です。

076

「自分で『これをやりたいな』と思うことには、他人よりも頑張れる自信はあります」

『道ひらく、海わたる 大谷翔平の素顔』P291

高校野球や大学野球の名門校出身の人たちがしばしば口にするのが、「あの頃には絶対に戻りたくない」です。学生時代は、寮生活の厳しさや練習の激しさ、人間関係の理不尽さなどを経験することで、逃げたくなったこともある「戻りたくない」場所なのです。それでも続けられたのは「プロになりたい」という思いがあったからなのでしょう。

大谷翔平は、子ども時代はもちろん、花巻東高校時代も、日本ハム時代も含めて、野球をやめたいと思ったことは一度もないといいます。野球の練習を「嫌だな」と思ったこともなければ、野球を「嫌い」になったこともないといいます。恵まれた環境にいたということもありますが、そう思わなかった理由として、自分で考え、自分で決めたことに対しては他人よりも頑張ることができ、決して投げ出すこともないという強い性格があるからです。

大谷は両親の影響もあり、子どもの頃からバドミントンや水泳、サッカーといったスポーツに取り組んでいますが、こうした野球以外のスポーツも親から強制されたわけではなく、自分で「やりたい」と思って始め、「もういいや」とやめる時も自分で決めています。

日本ハムへの入団もそうですが、「これ以上ない」というくらいに自分で考え、親を含めて話すことで決定しています。大切なのは自分で納得し、自分で決めることです。自分と約束した以上、言い訳もできないし、安易(あんい)に逃げることはできないのです。

077

「僕はまだ、完成されていない選手だと思っています」

『道ひらく、海わたる 大谷翔平の素顔』P298

大谷翔平の特徴は、類まれな向上心にあります。日本ハムに入団して2年目に2桁勝利・2桁本塁打を記録し、3年目には投手三冠を達成し、4年目にはチームを日本一に導き、NPB史上初めて投手と指名打者でベストナインを同時受賞して、パ・リーグのMVPも獲得しています。

並の選手ならこれらの一つでも達成したなら、「俺ってすごいな」となってもおかしくありませんが、大谷の場合は「まだまだ足りないことばかり」と、さらなるトレーニングに励みます。日本ハムでの5年間を経てメジャーリーグへの挑戦を決めたのも、まだ23歳と若いうちに厳しい環境に身を置くことで、さらなるレベルアップを図りたいという思いがあったからです。大谷は言います。

「僕はまだ、完成されていない選手だと思っています」

「自分は何でも知っている」「自分にできないことはない」と思った瞬間に、人間の成長は止まると言われていますが、大谷は自らも話しているように、いつだって遥か遠くの高みを見ていますし、野球に関する技術はすべて身に付けたいというほどの貪欲さを持っています。

そんな高みから見れば、確かに日本ハム時代の大谷は「まだ未完成」ですが、「まだ完成されていない選手」は、スーパースターとなった今でもそう思っているのかもしれません。

078

「練習を休むことの怖さってありますよね。そうやって自分がもっとうまくなれたかもしれない可能性を、自分で潰してしまうわけですから」

『大谷翔平 野球翔年 I 日本編 2013-2018』P120

大谷翔平が1日の大半を野球と睡眠に費やしていることはよく知られています。シーズン中であれば、確かに野球と睡眠中心になるのは仕方のないことですが、大谷の場合、シーズンオフも野球の練習と睡眠に多くの時間を割いています。なぜそこまで練習に打ち込めるのでしょうか？

大谷によると、身体をつくる作業は、主にシーズンオフに取り組むものです。オフの間にガンガンとウェイトトレーニングをやって身体を大きくして、その大きくなった身体を活かせるように、打撃フォームや投球ファームをつくり変えていくというのが大谷のやり方です。

もう一つ大谷が大切にしているのが、閃きです。練習をやっていると、時折、「あっ、これっていいかもしれないな」という閃きが訪れることがあるそうです。大谷は普段から「あっ、これっていいかもしれないな」というアイデアが浮かぶと、すぐに試すようにしていますが、こうした閃きは、練習中に訪れることがよくあるといいます。

練習をしていると、時に閃きが訪れ、それが自分の技術を高めてくれるとすれば、毎日、練習をしたくなるかもしれません。練習を休むことは、せっかくの成長へのチャンスを潰すことになるからです。大谷にとって、それはとても悔しいことなのです。

079

「毎日の積み重ねも、きっかけを見つけようとする作業も、どちらも必要です。だって、いつ来るかわかりませんからね」

『大谷翔平 野球翔年Ⅰ日本編 2013-2018』P148

大谷翔平は「野球漬けの日々」を送っています。シーズン中はもちろん、オフに入ってもトレーニングを欠かすことはありません。野球への取り組み方がストイックと言われていますが、大谷は日々の積み重ねを大切にすると同時に、いつ来るかわからない「うまくなる瞬間」を見つけるためだといいます。

相撲の世界でいう「3年先の稽古」ではありませんが、練習をしたからといって、たったの何日かで技術的に大きく変わることはないというのが一般的な考え方です。大谷自身は何かのきっかけがあれば、一気に変わることができると考えています。

よく言われるように、100回叩いても壊れない壁が101回目に壊れることがあるように、壁の手前まで来ているにもかかわらず、「もう無理だな」と諦めるのは、あまりにもったいない話です。

大谷が日々の練習で追い求めているのは、そこまで来ている壁を破るきっかけのようなものです。そしてその瞬間は今日来るかもしれないし、ある日突然、来るかもしれません。

時には風邪で寝込んでいた時に閃いたこともあるといいますから、まさに「いつ来るかわかりません」が、それが現れたら、すぐに試すことを習慣にしています。こうした積み重ねがあったからこそ、大谷は成長し続けることができたのです。

080

「全部（技術を）知るのは無理だけど、ちょっとでも（完成形に）近づきたい。時間はみんな平等だけど、時間は足りない」

『大谷翔平を追いかけて 番記者10年魂のノート』P69

「成果をあげる者は、時間が制約要因であることを知っている」はピーター・ドラッカーの言葉です。時間はみんなに平等にあり、借りることも買うこともできません。できる人も、できない人も同じ時間しか手にできないだけに、何かを成し遂げたい人にとって、最大の課題はいつだって不足しがちな時間をいかに効率的に使うかになってきます。

大谷翔平は、日本ハムに入団した頃から1日の大半は野球と睡眠に充てると言われるほど、野球漬けの日々を送っていますが、それでもいつも時間が足りないと感じていました。ある記者から「クリスマスプレゼントは何が欲しい？」と聞かれ、「あと1ヵ月時間が欲しい」と答えていたように、時間への渇望は本気のようです。

大谷は21歳の頃、野球選手として長くやるために何が必要かと聞かれ、「選手のうちに養える技術は10年、20年では足りない」として、そのために心がけていることとして「暇な時間はあまりない。そのためにしっかりと大事に過ごしたい」と答えています。

21歳といえば、未来に向けてたくさんの可能性とたくさんの時間があると思える年代ですが、大谷は当時から「野球の技術をすべて身に付けたい」と願い、現役選手として活躍できるであろう残り20年、25年をそのために使いたいと考えていました。大谷にとって時間はとても貴重な、いくらでも必要なものだったのです。

081

「練習量で解決するのか、考え方一つで状態が上がってくるものなのか。そこは試さなきゃいけないと思って、バットを振るのをやめたんです」

『大谷翔平 野球翔年 I 日本編 2013-2018』P187

大谷翔平がやっている二刀流の難しさは、これまで誰もやった人がおらず、どんな練習をすればいいか、どうすれば調子が上がるのか、といった調整方法について参考になるものが何もないことです。

2015年、大谷にとっての3年目のシーズンは、投手としては15勝5敗、防御率2.24と圧倒的な成績を残して投手三冠に輝いていますが、打者としては打率が2割ぎりぎり、本塁打もわずか5本と散々な成績でした。これだけ打てないと、いくら二刀流とはいえ、DHでも使いづらく、打撃好調の近藤健介にその座を奪われることがよくありました。

投手としてはすごいけど、打者としてはイマイチ。そんな時、どうすれば打者として復活できるのか？　大谷の出した答えは「練習ではバットを振らない」でした。バッターは調子が悪い時に、何時間もバットを振って、打つ練習を繰り返しますが、大谷の場合、調子が悪いからといって3時間も4時間もバットを振ったとしても、結果的にピッチングに良くない影響が出たら「それも違う」となります。それまで好調だった投手での調子が悪くなったら意味がありません。

そう考えた大谷は「練習ではバットを振らない」と決め、試します。翌年、大谷は22本のホームランを打ち、打率も3割を超え、打者としての輝きを取り戻します。

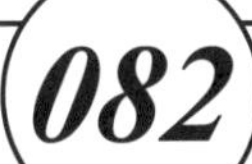

「僕は取材には誠意を持って対応します。ただ全体練習終了後の室内練習場での個別練習まで見られているのは嫌です」

『Number 1099』P23

大谷翔平は、高校生の頃からマスコミで注目の的だっただけに、日本ハムファイターズに入団してからも常にマスコミに注目され続けています。160キロを投げる若きスター候補で、二刀流という物珍しさもあります。それは当然のことでしたが、大谷にとって時に悩みの種でもありました。

大谷は、プロ2年目に日本ハムヘッドコーチの阿井英二郎に、「僕は取材には誠意を持って対応します。ただ全体練習終了後の室内練習場での個別練習まで見られているのは嫌です」という悩みを打ち明けたことがあるといいます。球団はすぐに対応しました。

大谷は、何か閃いたら練習ですぐに試すことを信条にしていましたが、こうした取り組みはうまくいくこともあれば、期待通りの結果が出ないこともあります。あるいは、阿井によると、大谷は意図的に凡打を打つ練習をすることもあったといいます。

これらはすべて良い成果をあげるための試行錯誤ですが、大谷はいろいろなことを試していく経過を人に見られることや、それを誤解されて伝えられることを避けたいと考えていました。変わったことをすれば、「その意図」を聞かれるし、うまくいかないと、「大谷不調」と書かれるかもしれません。そんなことに気を使うことなく、自分が考えたことをすべて試したいし、改善したい。あえて失敗の練習もする。それが大谷にとって大切なことだったのです。

083

「自分がどこまでできるかということに関しては、制限はいらない」

『大谷翔平 野球翔年I日本編 2013-2018』P126

子どもから大人になるにつれ、人は自分にできることとできないことを知り、より現実的な選択をするようになります。それは「子ども時代の夢を諦める」ことであり、「自分の持っている可能性の芽を摘む」ことでもあるわけですが、大谷翔平は「安易に、自分はここまでしかできないのかなと、憶測だけで制限をかけてしまうのはムダなことだと思います」と言い切っています。

大谷が野球を始めたのは小学校2年生の時ですが、それ以来、自信を持って「僕はプロ野球選手になるんだ」と言い続けていましたし、ただの一度もプロ野球選手になれないんじゃないかと思ったことはないといいます。

高校時代には球速160キロの目標を掲げて見事に達成し、プロ野球に入る時には二刀流での挑戦を明言して、プロ2年目にはベーブ・ルース以来の「2桁勝利・2桁本塁打」を達成し、4年目にはチームを日本一に導き、MVPも獲得しています。

そして念願のメジャーリーグでも新人王を獲得し、日本人には不可能と言われた本塁打王を2度獲得し、MVPを3度も獲得しました。「どこまでできるか」に関しては、自分から制限をかけることはしない。どこまででもできることがあると信じて努力を続ければ、大抵のことは実現できるというのが大谷の考え方です。

084

「休んでいる間でも『こういうふうにやってみようかな』と閃いたりすることがあります。僕はそのままウェイトルーム、室内練習場へ行って、その閃きを試すことが多いですね」

『道ひらく、海わたる 大谷翔平の素顔』P224

科学の世界などでも閃きはある日突然、それも他の事をやっている時に訪れるというのはよく知られています。だからこそ科学者の中には、トイレやベッドの脇などに筆記用具や紙を置いておいて、忘れないうちに書き留める人がいるほどです。

大谷翔平の閃き（「うまくなる瞬間」と呼んでいます）は、練習中に訪れることもあれば、部屋で休んでいる時に訪れることもあります。そんな時に心がけているのは「書く」ことよりも、「すぐに試す」ことです。

子どもの頃、大谷はパソコンでYouTubeを頻繁に見ていました。見ていたのは優れたバッターのタイミングの取り方や、優れたピッチャーの投げ方ですが、それを見ながらああでもない、こうでもないと考え、何かが閃いたら、部屋の障子を開けて、窓に映る自分を見ながらフォームをチェックしていたといいます。

プロに入ってからも、その習慣は続きます。練習中の閃きはすぐに試すことができますが、部屋で休んでいる時にはそうもいきません。普通なら「もう遅いし、明日にしよう」となるか、せいぜいメモを残すぐらいですが、大谷は閃いて「やってみたい」と思ったら、室内練習場へ行ってすぐに試すといいます。試したとしても、時間としては5分か10分のことです。それを「明日」にするか、「すぐやるか」が、やがて大きな差になるのです。

085

「やってみる。で、実感する。自信はその後に付いてくるものなのかなと思います」

『大谷翔平 野球翔年Ⅰ日本編 2013-2018』P31

「自信は？」と聞かれて、「自信しかないです」と答える人がいます。「自信があります」や「かなり自信があります」という言い方に比べて、「自信しかない」というのは、他の不安は一切ないという意味でしょう。頼もしいといえば頼もしいのですが、その根拠はどこから来るのでしょうか。

大谷翔平の自信に対する考え方は、「後から付いてくるもの」です。それについて、こう話しています。

「日本で両方やるとなった時、僕はプロ野球がどのくらいのレベルなのか、わかりませんでした。実際に打席に立ってみて、自分が打てるのか打てないのか、マウンドに立ってみて抑えられるのかどうかということを実感して、それを自信につなげたのかなと思います」

大谷の考え方は、「まずやってみる」です。世の中には「自信がないから」という理由で初めから「やらない」という選択をする人がいますが、大谷の場合は「やらないというのがもったいない」からという理由で、まずやってみることを優先します。

やってみて、ダメだったら変えればいいし、「結構やれるな」となれば、それが後から「自信になる」という考え方です。大切なのは「自信があるかないか」ではなく、何でも「まずやってみる」ことです。自信はその後からついてくるものです。数年後、大谷は「手も足も出ないボールはないし、打たれたらベストピッチじゃない」と言うほどの自信を口にします。

086

「やらされていたメニューではなくて、取り組むトレーニングがどういう成果に結びつくのかをちゃんと理解してやるのと、やっていないのでは、成果は大きく違ってくる」

『道ひらく、海わたる 大谷翔平の素顔』P292

「仕事には納得が必要だ」は、ビジネスの世界でよく言われる言葉です。「上司から指示された」という理由だけで、納得のいかないままに仕事をすると、良い結果が出ないことがよくあります。そして失敗しても、「上司がやれと言ったからやっただけ」と責任転嫁（せきにんてんか）するようでは、いつまで経っても成長できませんし、成果もあがりません。

成果と成長に欠かせないのが「納得」なのですが、スポーツの世界でしばしば見受けるのが、これを「なぜやるのか」がわからないままの「やらされる」練習やトレーニングです。もし「何のためにやるんですか？」などと聞こうものなら、「いいから黙ってやれ」と一喝され、やってはみるものの、何だかすっきりしない気持ちが残ることになります。

大谷翔平は、自分で「これをやりたい」と決めたことに対しては圧倒的に頑張れるという自信があるだけに、誰よりも「それは何のためにやるのか」を重視します。その理由を「やらされていたメニューではなくて、取り組むトレーニングがどういう成果に結び付くのかをちゃんと理解してやるのと、やっていないのでは、成果は大きく違ってくる。そこはちゃんと理解してやってきた自信はあります」と話しています。

トレーニングに限らず、何かをやる時は「納得」や「理解」を大切にする。そのほうが遥かに自分の成長につながりやすいのです。

087

「そこにはは正解がなくて、僕としては『やったことが正解』というだけなんです」

『道ひらく、海わたる 大谷翔平の素顔』P291

大谷翔平に関して、しばしば議論されたのが、「もし投手をやらないで打者に専念していたらもっとすごい記録をつくったんじゃないか」「もし打者をやらずに投手に専念していたらどうなったんだろう」です。

確かに興味深い議論です。科学の実験なら、さまざまなシミュレーションをすることで、「何が正解か」を導き出すことはできますが、大谷に限らず、誰もが人生を生き直せないし、2つの人生を同時に生きられない以上、所詮は「興味深い議論」にすぎません。

大谷自身もこんなことを言っています。

「もしかしたら、片方をやっていたほうがいいのかもしれない。でもやっぱり、2つをやっていたほうがいいのかもしれない。そこには正解がなくて、僕としては『やったことが正解』というだけなんです。そう信じたいという気持ちがありますし、自分がやってきたことを信じたい」

Aを選ぶか、Bを選ぶかという時、人はしばしば「どちらが正解か」を考え、迷いますが、どちらかしか選ぶことが出来ない以上、やるべきはAとBのどちらを選んだとしても、「これを選んで正解だった」と思えるような悔いのない生き方をすることです。「どちらが正解か」を考えるより、「選んだものを正解にする」のが大谷の生き方です。

088

「できなかったことをやり切るのが今の目標です。その先の夢として、自分の人生を設計してみたら、メジャーでやってみたいよな、という話なんです」

『大谷翔平 野球翔年Ⅰ日本編 2013-2018』P234

大谷翔平は、花巻東高校を卒業したらすぐにアメリカに渡り、メジャーリーグに挑戦する予定でしたが、日本ハムの監督・栗山英樹の「二刀流をやってみないか」というアイデアに惹かれて、日本ハムに入団しています。日本ハムはその際、日本で力を付けてからメジャーリーグに移籍すればいいと大谷に勧めているように、入団した時から「時期が来れば」ポスティングシステムを使ってメジャーに移籍することは既定の路線でした。

問題は「行くか行かないか」ではなく、「行くのに何年かかるか」でした。高校を卒業して入団する時、栗山は「大谷をファイターズ大学で預かる」と話していましたから、「4年」くらいを想定していたかもしれません。その4年目に大谷はチームを日本一に導き、リーグMVPも獲得します。4年が経ち、結果も出たということで、そのままメジャーに挑戦しても良かったはずですが、大谷はシーズンオフに「もう1回、優勝するために頑張りますし、できなかったことをやり切るのが今の目標です」と口にします。

4年目までの大谷は日本一を目指すとともに、選手としての成長も目指していたわけですが、4年目に日本一は達成したものの、個人として「野球の基盤、プレースタイルの確立」がまだ不十分と感じていたようです。メジャーに行くならば、個人としてもう少し力を付けなければと思ったのでしょう。それが大谷にとって、日本ハム最終年となった5年目の目標でした。

089

「自分が一番成長できる過程を踏みたいと思っています。野球をやめたときにそう思える自分でありたい」

『道ひらく、海わたる 大谷翔平の素顔』P286

大谷翔平が高校卒業後、日本のプロ野球を経ることなくアメリカに渡ろうと考えたのは、今まで誰もやったことはないし、2、3年はマイナーで苦労するとしても、日本にいるよりも自分が成長できると考えたからです。「厳しいところに身を置いて自分を磨きたい」とその理由を説明しています。

しかし、最終的には日本のプロを経たほうが「メジャーでしっかりと長く活躍する選手になれる」という説明に納得して、入団を決意しています。こうした経緯があるだけに、大谷のロサンゼルス・エンゼルスの入団会見では、「ファイターズを経て良かった点は」と質問され、こう答えています。

「それは結果論でしかない。あの時、行っていればと考えたことはない。自分たちがやってきたことは決して遠回りではなかったとみんなが送り出してくれた。僕もそう思っている。ベストな選択をして、今ここに来ている」

大谷の関心は、自分が野球選手としてどれだけ成長できるか、野球選手として求められる技術をどれだけ身に付けることができるかです。

そしてそのためには、どんな過程を歩めばいいのかを常に考えて選択をしています。野球をやめるその日まで、「成長できる自分」でありたいというのが大谷の思いなのです。

「刺激はありますよ。野球に限らず、同世代にすごいなと思う選手はいますから」

『Number 881』P19

スポーツの世界などで、その世代を代表する選手と同学年の選手たちを「○○世代」と呼ぶことがあります。野球の世界で代表的なのは「松坂世代」（1980年4月2日〜81年4月1日生まれ）ですが、大谷翔平（1994年生まれ）と同学年なら「大谷世代」と呼んでもいいかもしれません。しかし、大谷自身は日本ハム時代から「僕、羽生君世代なんですって」と言っていました。

フィギュアスケートの羽生結弦も大谷と同じ1994年生まれですが、ソチオリンピックで金メダルを獲得したのは2014年2月、19歳の時です。その他にも同年代には、水泳の萩野公介や瀬戸大也、ラグビーの姫野和樹、バスケットボールの渡邉雄太、スピードスケートの髙木美帆など、世界で活躍する選手が何人もいて、こうしたアスリートたちが集う「94年会」には、大谷も時たま顔を出していたといいます。

大谷は、高校卒業と同時にアメリカに渡りたいと表明したほど、世界と戦うことに強い関心を持っていました。当然、日本ハムの先にはメジャーリーグがありました。いつだって「ナンバーワン」を目指す大谷にとって、自分と同じ年の人間が世界で戦い、ナンバーワンになるのを見るのは大いに刺激になるし、「いつか自分も世界の舞台で」と考えるのは当然のことだったのです。

091

「調子が落ちているだけなら上がる余地はある」

『Number 881』P18

日本ハム時代の大谷翔平は、入団2年目（11勝・10本塁打）と4年目（10勝・22本塁打）に2桁勝利・2桁本塁打を記録する活躍を見せていますが、投手として最も勝ち星をあげたのは投手三冠に輝いた2015年、入団3年目のシーズンです。この年は、15勝をあげて投手としては圧倒的な数字を残したものの、打者としては打率.202、本塁打5本と不振に陥っています。

さすがの栗山英樹監督もあまりの打率の低さに「二刀流は終わってしまう」と危機感を募らせますが、大谷は1試合で4三振を喫した後も「壁というのはなかったかな」と話していました。その理由はこういうことです。

「どれもピッチャーより技量が劣っての三振じゃないし、自分では打てると思ってる球に当たらないというのは、単純に自分の調子が落ちてるのかなと受け止めています」

自分の技術が未熟で、投手の投げるボールに手も足も出ないのなら、技術を磨く努力をするしかありませんが、持てる技術を活かせないのは、自分の調子が落ちているということになります。

技術があって、打てないのなら、調子を上げれば打てるようになるというのが大谷の考え方でした。翌年、大谷は22本のホームランを打ち、打率も3割を超え、再び二刀流としての輝きを取り戻します。

092

「どういう選手になりたいかと言われたら、毎日試合に出て、大事なところで打てる選手。任された試合では負けないピッチングができる選手。チームの柱として頑張ってる自分を想像するのはすごく大事なことかなと思います」

『大谷翔平 野球翔年Ⅰ日本編 2013-2018』P80

大谷翔平の日本ハムファイターズ1年目の成績は、投手としては13試合に登板して3勝をあげ、打者としては77試合に出場して打率.238、3本のホームランを打っています。大谷の投打の素質は誰もが認めるところでしたが、二刀流という特殊性からどのように使えばいいのか、試行錯誤を重ねながらの1年でした。

シーズンの前半は流れが掴(つか)めず、またプロのボールやマウンドに慣れる時間も必要でしたが、後半は野手としての練習や投手としての練習の流れが少しずつできてきたことで、大谷自身、「これからだな」と思えたところでシーズンが終わったという感じだったといいます。

二刀流への強い風当たりの中で1年やってみて、大谷は「どっちに絞るかという感覚はあまりない」と振り返っていました。「どっちにするか」と悩むくらいなら、日本ハムに入団していないし、両方やると決めたからこそ「今ここにいる」という覚悟がありました。この時期、大谷はどんな選手を目指していたのでしょうか？

「毎日試合に出て、大事なところで打てる選手。任された試合では負けないピッチングができる選手。チームの柱として頑張ってる自分を想像するのはすごく大事なことかなと思います」

監督・栗山英樹のいう「エースで4番」こそが大谷の目標でした。

093

「すべては技量の問題です。もちろん多少の疲れもあったと思いますし、振りが鈍くなっていたということもあったかもしれません。でも、それも含めて技量なんです」

『大谷翔平 野球翔年 I 日本編 2013-2018』P87

日本ハムファイターズでの1年目、大谷翔平は投手として13試合に登板して3勝するとともに、打者として77試合に出場して3本のホームランを打っています。打率は.238でした。高校を卒業したばかりのルーキーであり、かつ誰もやっていない二刀流への挑戦としては、まずまずの成績でした。

シーズンを振り返った大谷は、オールスターまではすごく早かった感じがするのに対し、オールスターが終わってからは長かったと話しています。理由としては「体力的に落ちたのかな、疲れを感じていたのかな」と言っています。

プロとして長いシーズンを戦うのは初めてだけに、ルーキーなら疲れで後半の成績が落ちるのは仕方ないところですが、大谷自身は「そうではない」と考えていました。確かに疲れもあったし、疲れから振りが鈍くなることがあったとしても、それも含めて技量であり、自分がそれなりの技術を身に付ければ、シーズンを通して結果が残せると考えていました。

だからこそ、2年目に向けてはシーズンオフを休むのではなく、シーズン中にはできないトレーニングによって筋力や体力を上げ、技術を向上させたいと考えていました。1年目後半の失速（8月までは.271の打率が.238に）を単に「疲れ」ではなく、「技量」に求めたからこそ、大谷は2年目に「2桁勝利・2桁本塁打」が達成できたのです。

094

「規定打席に達するためには試合に出なきゃいけない。そのためには使われる技術を持ってなくてはいけないし、信頼される選手でないといけない」

『大谷翔平 野球翔年 I 日本編 2013-2018』P94

日本ハムファイターズでの1年目を終え、2年目の目標を聞かれた大谷翔平は、先発投手としては中6日で回れるようになりたいと言ったうえで、こんな強気の言葉を口にしています。

「中6日で1年間投げたら、26、27試合ですかね。それは全部、勝ちにいきます」

1年目の2013年は、チームに2桁勝利した投手がおらず、チームとして苦しい戦いを強いられたため、大谷自身は2桁勝つことを目標にして、「全部勝つ」つもりで投げるというのです。その宣言通り、22試合に登板して11勝4敗と、自身初となる2桁勝利を達成します。

そして打者としては規定打席に達して3割を打ちたいとする一方で、そのためには「コイツなら打ってくれる」と思わせる選手でなければならないとして、こう話しています。

「規定打席に達するためには試合に出なきゃいけない。そのためには使われる技術を持ってなくてはいけないし、信頼される選手でないといけない。そういう意味で、数字はすごく大事かなと思います」

この年、大谷は87試合に出場して打率は.274ながら、10本のホームランを打ち、ベーブ・ルース以来の「2桁勝利・2桁本塁打」を達成します。試合に出るためには、試合に使われる技術を持ち、信頼を勝ち取ること。そうすれば自ずと結果はついてくるというのが大谷の考え方でした。

095

「音合わせの作業は、キャンプが始まってからでいいかなと思っていたんです」

『大谷翔平 野球翔年 I 日本編 2013-2018』P111

野球選手に限ったことではありませんが、身体が大きくなると柔軟さや俊敏さが失われることがあります。アスリートにとって、身体を大きくすることは大切なことですが、肝心の持ち味や良さが消えては意味がありません。

2014年2月1日、日本ハムのキャンプ初日に、大谷翔平は監督の栗山英樹から「ふざけんな」と叱られています。その理由は、大きくなった身体でブルペンで投げたところ、投球フォームがバラバラで、それを栗山は「ウエイトトレーニングで身体を大きくし過ぎたんじゃないか」と考えたからです。

栗山に怒られ、マスコミからも「大丈夫か」と書かれますが、大谷は特に弁明することもなく、淡々と練習に取り組んでいました。理由は「音合わせの作業は、キャンプが始まってからでいいかなと思っていた」からです。

大谷によると、シーズンオフのトレーニングによって身体が大きくなれば、当然、投球フォームも変わることになりますが、キャンプ初日には大きくなった身体に、フォームがまだついていなかっただけなので、キャンプ中にその点を修正して身体に見合ったフォームにする（これを「音合わせ」と呼んでいました）ことができれば、さらに良くなるというのが大谷の考え方でした。不摂生（ふせっせい）で太るならともかく、これは前へ進むための第一歩という確信が大谷にはありました。

096

「どんどん良くなっていく過程で結果が出て、あれで良かったのかなと思ってくれるのが一番なので、僕がそこで何か説明しても、言い訳にしか聞こえない」

『大谷翔平 野球翔年Ⅰ日本編 2013-2018』P112

大谷翔平は上から言われて、言われたままの練習をするのではなく、自分で考えて納得したうえで練習をするタイプです。上から言われなくとも、自分で「これはいいな」と思えば、気軽に試してみることも日常的に行っていました。

そんな大谷が監督の栗山英樹を怒らせたのが、2014年2月のキャンプ初日、大きくなった身体でブルペンに入り投げたところ、フォームがバラバラだった時でした。こんな時、ほとんどの人は監督に「実はこういう理由で」と弁明するはずですが、大谷は一切説明することなく、自分が目指す大きくなった身体に合うフォームづくりに励んだといいます。理由は、自分の考えについて説明したとしても、監督が落ち着くわけでもないし、言い訳にしか聞こえないと考えたからでした。

恐るべき19歳です。

その年、大谷は投手として11勝をあげ、打者として10本のホームランを放ち、ベーブ・ルース以来の2桁勝利・2桁本塁打を達成し、栗山が望んでいた「二刀流」として大きな成功を収めます。「どんどん良くなっていく過程で結果が出て、あれで良かったのかなと思ってくれるのが一番」という大谷の言葉通りになったのです。大谷は言い訳ではなく、結果を出すことで栗山の信頼を勝ち取ります。

097

「緊張するからこそ、勝った時に面白い」

『大谷翔平 野球翔年Ⅰ日本編 2013-2018』P145

大谷翔平は2021年、投打で躍動しMVPを獲得しますが、エンゼルスは勝ち越すことができず、ポストシーズン進出の望みが早々に絶たれます。この年、大谷が「もっとヒリヒリするような9月を」と発言したことで、大谷はエンゼルスを離れ、強いチームへの移籍を望んでいるといった報道も目に付くようになります。

日本ハム時代、3年目の大谷は、初の開幕投手を任されますが、2回の無死満塁のピンチを1点で抑えて、開幕戦を白星で飾っています。追い込まれた場面で崩れる選手も多い中、大谷は「緊張しないと面白くない」と言い切っています。

「勝てる勝負に勝っても嬉しくないですし、どっちが勝つかわからない、むしろ負けるかもしれないくらいの勝負のほうが、勝った時の嬉しさは大きいのかなと思うんです。だから、緊張しないと面白くないかなって思います」は当時の大谷の言葉です。

第5回WBCの決勝戦、最終回のマウンドに立った大谷は気迫がみなぎっていましたし、ロサンゼルス・ドジャースでもポストシーズン進出がかかった9月の大谷は、まさに「大谷無双」といえるほどの活躍を見せています。絶対に勝てる勝負に勝っても面白くないし、かといって負けるのはもっと面白くない。勝つか負けるか、まさにヒリヒリするような勝負こそが大谷の本領が発揮される瞬間なのです。

098

「負けて、そのまま ズルズルと、よくない流れで いくのか、それとも ここで一つ、越えられるかで、僕はだいぶ違う」

『大谷翔平 野球翔年Ⅰ日本編 2013-2018』P198

プロ野球の世界でも、甲子園で優勝したことのある選手は、特別な目で見られると聞いたことがあります。もちろん甲子園の優勝投手だからといって、プロに入って活躍できるわけではありませんが、誰もが高校球児だった日本のプロ野球界では、甲子園優勝は輝かしい勲章なのです。

高校時代の大谷は、大阪桐蔭の藤浪晋太郎と並ぶ注目の投手でした。藤浪が甲子園で春夏連覇を達成したのに対し、大谷は2回とも初戦で敗退しています。速いボールは投げられるが勝ちきれないというのが当時の大谷でした。

大谷は、プロ入り後も3年間は優勝することができず、投手三冠に輝いた3年目も、CSのロッテ戦では３回途中で交代しています。それから日本代表として出場する「プレミア12」までの1ヵ月、「なぜ勝てないんだろう、なぜ大事な時に限って結果を出せないんだろう」と大谷は悩みます。

ここ一番の試合で勝つことができず、自分自身にもイマイチ自信が持てない。このまま「プレミア12」でも負けると、よくない流れになるのに対し、もしここで結果が出せれば、自分は変わることができる、と思ったのです。

大谷は「プレミア12」の韓国戦で、7回を投げて被安打1、11個の三振を奪って無失点に抑えます。この快投が自信になったのか、翌年、大谷は日本ハムを日本一に導き、MVPを獲得します。

099

「常に結果は欲しいですよ。それは1年目からそうでした。でも、だからといって結果を残さなきゃ、というプレッシャーは感じませんでした」

『大谷翔平 野球翔年 I 日本編 2013-2018』P225

ものづくりの世界に「品質は工程でつくり込む」という考え方があります。品質の良い製品をつくろうとして、結果ばかりを追い求めると、結局は検査を厳しくして良い品と悪い品を分けるほかありません。一方、製品をつくる工程を改善して、不良品ができる原因を取り除けば、良い製品が自然とできるようになり、検査など不要になります。つまり、結果ではなく、過程に目を向けて、過程を良くすれば自ずと良い結果が出るということです。

プロ野球選手にとって、何より大切なのは結果であり、良い数字（成績）を残すことが大切なはずです。大谷翔平は常に結果を求めていたものの、1年目から結果を残さなければ、というプレッシャーは感じなかったと話しています。その理由は自分の形で投げることができれば、きっと打者を抑えられ、結果も付いてくると信じていたからです。

バッティングに関しても、自分の形で打つことができれば、必ず結果が付いてくると信じていました。そのため、いつも考えていたのは、自分の形を磨き、改善し、より良いものにしていくことで、それさえできれば、結果は当然のように付いてくるということです。

その言葉通り、日本ハムでの4年目にはベストピッチをすれば相手に打たれないし、バッターとして対応できないボールはないというほどの自信を付け、2度目の2桁勝利・2桁本塁打を記録し、日本一の立役者となるほどの活躍を見せます。

100

「いいピッチングをしたのによくない結果になってしまうと、自分では左右できない部分で悩んでしまうことになります」

『大谷翔平 野球翔年 I 日本編 2013-2018』P231

日本のプロ野球で沢村賞を受賞するには、いくつかの基準が設けられていますが、その一つが勝ち星の数で、15勝以上が求められます。一方、メジャーリーグのサイ・ヤング賞を2018年と2019年の連続で受賞したジェイコブ・デグロムの勝ち星は10勝、11勝と、日本の基準から見ると低く、意外なものでした。

何が決め手になったのでしょうか？　デグロムの防御率は1点台（沢村賞は2.50以下が求められます）と低く、200を超える三振を奪いながら、与えた四球は40台ととても少なかったのです。アメリカにおいて今、投手に求められるのは「四球を出さない。長打を打たれない。三振を奪う」の3つであり、勝ち星はさほど重視されていません。だからこそデグロムは高い評価を得たのです。

2023年の大谷翔平は、投手として23試合に登板し、10勝5敗の成績でした。勝ち星には恵まれませんでしたが、被打率の低さや奪三振率は高いレベルにありました。勝つか勝たないかは相手次第であり、リリーフの出来不出来や、打線の出来で決まります。

それにもかかわらず、勝ち星の数で悩むことは、自分で左右できない部分で悩むのと同じことなのです。この言葉は日本ハム時代のものですが、大切なのは自分でコントロールできることに全力を尽くし、コントロールできないことは気に病むことはない、というのが大谷の考え方です。

101

「勝ったこととはまた別の悔しさがありましたね」

『大谷翔平 野球翔年Ⅰ日本編 2013-2018』P249

イチローが早い時期から、大谷翔平を高く評価していたのはよく知られています。日本人のホームラン王など夢物語に過ぎなかった頃から「サイ・ヤング賞をとった翌年にホームラン50本で本塁打王」と語るなど、大谷を高く評価していました。その根拠は大谷の「持っている素晴らしい才能を磨いて活かす才能」でした。イチローは「実はほとんどの選手にそれが備わっていない」として、大谷の才能を磨いて活かす才能に期待していました。

大谷の「才能を磨く才能」は、絶えざる向上心から生まれています。2016年、大谷は投手として10勝、打者として22本の本塁打を打ち、日本ハムを日本一に導きます。パ・リーグMVPも獲得していますが、その年のシーズンオフに大谷はこう言います。

「確かにチームは勝って、いろんな評価をいただきましたけど、個人的に納得したシーズンだったと感じているわけではないので。勝ったこととはまた別の悔しさがありました」

この年の大谷の成績は、誰もが称賛するものでしたが、特に投手としてはキャリアハイの数字（15勝）を残せなかったことが気になっているようで、「優勝して良かったと思う分、自分は何ができたんだろうと思ってしまうところもありました」という言葉を口にします。チームが日本一になっても、MVPをとっても、なお「悔しい」と言えるからこそ、大谷は持てる才能をさらに磨き続けることができるのです。

102

「ケガをするのは決していいことではありませんけど、プレーに対してより考えるようになったり、プレーに深みが出てくるということもあるかもしれません」

『大谷翔平 野球翔年 I 日本編 2013-2018』P273

「無事これ名馬」という諺があります。病気やケガもなく、第一線で活躍し続ける馬こそが名馬である、という意味です。確かにいくら突出した力を持っていても、ケガや病気で肝心の時に活躍できない馬は、名馬と呼ばれることはありません。

大谷翔平は、花巻東高校の頃は160キロを記録するほどの「速いボールを投げることのできる」投手でしたが、ケガも多く、2回出場した甲子園でも納得のいく投球をすることはできませんでした。速いボールは投げられるが、肝心なところで勝ちきれない投手でした。

その後、日本ハムを経てロサンゼルス・エンゼルス、ロサンゼルス・ドジャースと移籍しますが、アメリカに渡ってもケガに泣いたり、肘の手術で投げられない時期を経験しています。しかし、投げられないマイナスの部分は、圧倒的な打力でカバーすることで、メジャーリーグを代表する選手の1人に成長します。

ケガとの付き合い方について、日本ハム時代から大谷は「ケガをするのは決していいことではありませんけど、プレーに対してより考えるようになったり、プレーに深みが出てくるということもあるかもしれません」と考えていました。ケガなどをすると、どうしても人はマイナスのことばかりを考えがちですが、大谷は「もしかしたらいい方に転がってくれる要素があるかもしれない」と、前向きに捉えるようにしていました。

103

「打率は上げなきゃいけないとは思いますけど、僕にはホームランが必要です」

『野球翔年 II MLB 編 2018-2024 大谷翔平ロングインタビュー』P13

大谷翔平の魅力は、ボールを圧倒的に飛ばす力にあります。パワーヒッター揃いのメジャーリーグにあっても、大谷の遠くへ飛ばす力は抜群で、2024年には54本のホームランの内、飛距離が450フィート（約137メートル）を超えたものが9本あり、これはコロラド・ロッキーズ（11本）を除く、全球団の本数よりも多い数字となります。つまり、大谷は個人で、長距離バッター揃いの他球団を上回ったのです。

大谷の飛ばす力は、日本ハム時代からのもので、栗山英樹監督は「特打ちなんてやらせたくない」と話していたほどです。その理由は、大谷は他の選手よりも遥かに遠くへ飛ばす力があるため、見ているファンからすると一種の「ショー」になってしまい、大谷が「俺ってすごいのかな」と過信したら困る、というものでした。

一方で大谷自身は、当時から自分の持ち味はホームランと自覚しており、「打率は上げなきゃいけないとは思いますけど、僕にはホームランが必要です。そこが増えれば必然的に打点も増えるし、チームの勝利に近づきますから」と話していました。

メジャーリーグに移籍してからも、大谷はしばしば「自分の役目は甘い球をホームランにすること」と話しているように、飛ばす力にさらに磨きをかけることで、2023年から2年連続で両リーグでの本塁打王を獲得します。2024年には、打率も3割を超えました。

104

「160キロ以上を投げないと(観客に)拍手されなくなった。いつかは、それ(160キロ)が普通になる時代が来る」

『大谷翔平を追いかけて 番記者10年魂のノート』P44

スピードガンが普及する以前、どの投手が最も速い球を投げていたかは諸説あるところですが、1970年代半ばには、非公式ながら155キロを記録したのが中日ドラゴンズの鈴木孝政です。「Full-Count」によると、その数字を新聞で知った鈴木は、メジャーリーグの速球王であるノーラン・ライアンの記録まで、「あと5キロちょっとか」と思ったと振り返っています。

80年代〜90年代の日本のプロ野球では、多くの投手の平均球速は140キロ台でした。150キロを超える投手は各リーグに数人いる程度の突出した存在で、しばらくはそういう時代が続きます。

それだけに、2012年に高校生だった大谷翔平が、公式戦で160キロを超えたことが驚きを持ってニュースになったのは当然のことでした。大谷は、プロ入りしてからは160キロを超える速球を武器に活躍し、2016年にはプロ野球最速の165キロを記録しています。メジャーリーガーの中に入っても遜色ない数字ですが、「大谷＝160キロ」が定着したことで、当時は「160キロ以上を投げないと（観客に）拍手されなくなった」という悩みも大谷は打ち明けています。

野球というのは、スピードさえあれば抑えられるわけではないだけに、なかなか辛いところですが、一方で「いつかは、それ（160キロ）が普通になる時代が来る」とも話していたといいます。大きな壁でも、誰か１人それを超えると、後に続く人が次々と出てくるものです。

105

「評価というのはその時々で変わっていくので当てにならない。そんなところでいちいち喜んだりとかはできない」

『大谷翔平を追いかけて 番記者10年魂のノート』P66

人に対する評価というのは決して一定ではなく、コロコロと変わるものです。それまで良い評価を得ていた人でさえ、何か大きな失敗をすると、「あいつはダメだ」と言われますし、それまで大したことがないと思われていた人が大きな成果をあげた途端に、「あいつはいつか何かやってくれると思っていた」など、評価が爆上がりすることもあります。評価や評判というのは、ちょっとしたキッカケで変化するものです。

大谷翔平は2015年11月の「プレミア12」で、13イニングを無失点に抑え、ベストナインと最優秀防御率を獲得します。それはメジャーリーグのスカウトも見守る中での好投であり、大谷に対する評価をさらに高めるものでした。ところが、記者からの「メジャーリーグのスカウト陣からの評価がさらに高まった」という問いかけに、大谷はこう答えています。

「評価というのはその時々で変わっていくので当てにならない。ただ、現時点でそういう評価をしていただいたのはすごく嬉しいです。今後、僕がどんな方向性になっていくのかは自分でもわからない。そんなところでいちいち喜んだりとかはできない」

普通の選手なら評価が高まったことに喜び、有頂天になるかもしれませんが、大谷は成績次第でコロコロと変わる評価よりも、自分をさらに成長させることが大切だと考えていました。そしてそれこそが、揺るぎない評価へとつながっていくことを理解していました。

106

「絶対に中6日で回らなければ体がおかしいとか、中10日だから良い投球ができないとか、捕手が誰だからダメだったとかいうのはあまり良くない。ほとんど意味がないことなので」

『大谷翔平を追いかけて 番記者10年魂のノート』P66

人間というのは「できない言い訳」を考える天才ですが、同様に「できなかった時の言い訳」を考えるのもとても上手です。例えば、テストの点数が悪かったとすれば、「ずっと風邪気味であまり勉強ができなかった」「部活の練習が厳しすぎて勉強時間が足りなかった」など、適当な言い訳をすることで、「自分は本当はやればできる」ということを納得させようとします。しかし、本当に大切なのは、あれこれ言い訳を考えるよりは、やるべきことをきちんとやることなのです。

大谷翔平はメジャーリーグでの1年目、滑るボールや、球場によって変わるマウンドに苦労しましたが、その時もそれを決して言い訳にすることなく、やることが大切だと話しています。日本ハム時代に出場した「プレミア12」でも、難しい調整を強いられながら好成績をあげています。

それを可能にしたのは「絶対に中6日で回らなければ体がおかしいとか、中10日だから良い投球ができないとか、捕手が誰だからダメだったとかいうのはあまり良くない。ほとんど意味がないことなので」という考え方でした。

いずれもダメな時に言い訳になりそうな言葉ばかりですが、同時に自分では左右できない、どうにもならないことばかりです。そんなことを言い訳にするよりも、自分のやるべきことに集中して努力する。それが自分を成長させ、結果を出す秘訣でした。

「いつかヒットを打たれた時、こんなもんだろうと思えるだけの心の準備はしていました」

『大谷翔平 野球翔年 I 日本編 2013-2018』P206

史上2人目、アジア人初の2階級4団体統一王者となったボクシング界のモンスター・井上尚弥が練習で大事にしているのが「いかに意識して、いろんな状況を想定して練習するか」です。その中には自分がダウンした時、カウント8までしっかり聞いて、ギリギリで立ち上がるというイメージトレーニングも含まれています。

現役最強のボクサーであり、ほとんどの試合を圧勝してきただけに、実際にダウンを喫したらかなり動揺する恐れがあります。だからこそ、冷静に対処するためには事前のイメージが欠かせないというのです。

大谷翔平は、2015年の「プレミア12」の準決勝で韓国戦に先発します。6回までノーヒットノーランに抑える快投を見せますが、7回に先頭打者にヒットを打たれてノーヒットノーランの夢は消えますが、7回を投げて被安打1、11個の三振を奪って無失点に抑えます。

プロ野球において、ノーヒットノーランに抑えていた投手が1本のヒットを打たれた後、急に崩れるケースがよくありますが、なぜ大谷は崩れなかったのでしょうか？

その理由は井上同様に、「いつかヒットを打たれた時、こんなもんだろうと思えるだけの心の準備はしていた」からでした。どんなに調子が良くても、常に体と心の準備を怠らないこと、それが大谷の強さでもありました。

108

「無駄なことはないと思っています。長身の投手という前例はあったりすると思うんですけど、僕のフィジカルでの前例は一つもないので」

『別冊カドカワ【総力特集】大谷翔平』P185

誰かの歩んだ道を進むのなら、その歩みが参考になりますが、新しいことに挑戦するパイオニアの場合は、お手本にする前例がないだけに、何をどうすればいいのかを一から自分で考えなければならない難しさがあります。

大谷翔平が「右投げ左打ち」の理由は、父親が左打ちのため、「初めから翔平の打ち方は指導しやすい左打ちにした」からです。父親がそうであったように、監督やコーチは、自分の経験や学んだことをベースに指導をするわけですが、その点、大谷は素質的にも体格的にも日本人離れしたものがあり、かつ投打の二刀流ということで、監督やコーチにとっては「どのように起用するか」は一からの手探りでした。大谷自身、前例のない道を歩む以上、自分で考えながら最善の方法を見つける作業を欠かすことはできませんでした。

日本ハム時代、「教わる先輩もいないですし、自分で1個1個やるべきことを見つけてつくっていかなければならない」と話しています。大谷はトレーニングなどについても「無駄なことはないと思っています」という考えの中で、さまざまなものを試すことを何より大切にしていました。

周りから見たら、誰も歩んだことのない道を自分で考えながら進んでいく、という大変な生き方と言えますが、大谷はそれ自体を楽しんでいるようです。

109

「野球のためにって いうか、トレーニングも 食事のことも知って 実践して自分の体とか パフォーマンスが変わって いったりするのが好きなんで」

『別冊カドカワ【総力特集】大谷翔平』P16

大谷翔平はトレーニングや食事、睡眠などについて強いこだわりを持っていますが、それは日本ハム時代からそうでした。当初、食事はあまり深く考えていませんでしたが、日本ハムOBのダルビッシュ有に、栄養のことなどを聞いてから自分でも積極的に考えるようになっています。

トレーニングについては、そもそも二刀流の経験者など誰もいないということもあり、当初から監督やコーチ、そして大谷を含めての試行錯誤を繰り返しながら、あるべきトレーニング方法を見つけ出してます。

2016年のオフシーズン、大谷は「どんな本を読んでいるんですか？」と質問され、「トレーニングに関する本とか栄養学とかが多いですね」と答えています。インタビュアーが「すべてが野球のためなんですね」と驚くと、こう答えます。

「野球のためにっていうか、トレーニングも食事のことも知って実践して自分の体とかパフォーマンスが変わっていったりするのが好きなんで」

アスリートの中には、多くのことをコーチに任せ、コーチやスタッフの指示通りにメニューをこなす人もいますが、大谷は「言われるがまま」ではなく、自分でトレーニングも栄養学も理解したうえで話を聞き、自分で考え、それらを実践するタイプでした。そしてその変化を確かめながら、次へと進化していました。

110

「一般社会のことに関しては、こうやってチヤホヤされる世界ですし、王様になったら終わりの世界なんで、なかなか体験はできないですよね」

『別冊カドカワ【総力特集】大谷翔平』P19

大谷翔平がメジャーリーグに移籍してからは、日本のテレビに出演するとしたら真面目なロングインタビューばかりで、人気のアスリートが引っ張り出されるバラエティなどに出演することはまずありません。しかし、日本ハム時代は「期待の若手人気選手」ということで、シーズンオフにはバラエティに出演したりもしますし、2016年の大みそかには『NHK紅白歌合戦』の審査員にも出演しています。

これほど華やかな世界に引っ張り出されれば、普通のアスリートなら大喜びなのでしょうが、大谷は自分が出演したバラエティの放送日にも関心がなく、テレビへの出演についても「仕事が入ったら入ったで楽しめますけど、基本的には野球に専念したい」と考えていました。まだ20代前半という遊びたい盛りの年齢にもかかわらず、「練習第一で、時間をつくって何かしたいはない」とも言い切っていました。さらに、こう話していました。

「一般社会のことに関しては、こうやってチヤホヤされる世界ですし、王様になったら終わりの世界なんで、なかなか体験はできないですよね」

人間というのは野球選手に限らず、周りからチヤホヤされると、ついつい調子に乗って羽目を外しがちですが、大谷は「野球しかしてない」ものの、これから先も「野球第一」で生きていきたいと当時から考えていたのです。

111

「自分の記事はちゃんと見ますね。自分の記事を見るっていうより、この人は自分が言ったことをどう解釈して書いているのかとか、この人に言ってメリットのあることはなんなのかなとか」

『別冊カドカワ【総力特集】大谷翔平』P25

大谷翔平と記者の関係はユニークです。高校時代にソウル市で開かれたU−18世界選手権大会の日本代表に選出された際には、地元の岩手日報社から取材に駆け付けた記者に「えっ、岩手から来たんですか」と驚き、その記者の質問に対して「何ですか、その質問」と笑いを交えて言い返すこともあったようですから、記者に対する思いやりも、ちょっとした茶目っ気も兼ね備えていたようです。

日本ハムに入団した大谷は注目の選手だけに、記者からの取材もとても多かったのですが、大谷自身は自分の意図と違う解釈をされ、事実を捻じ曲げて書く記者もいるということで、自分の記事をちゃんと確認することを心がけていました。それについて、こう語っています。

「自分の記事を見るっていうより、この人は自分が言ったことをどう解釈して書いているのかとか、この人に言ってメリットのあることはなんなのかなとか」

日本ハム担当、大谷番の記者の顔ぶれは決まっているだけに、大谷はそれぞれの記者の記事を知ることで、「この人にはこう言ったほうがいいかなとかはあると思います」と考えるようになります。

そのうえで「余計なことは言わないのがベスト」という答えも出します。テレビの映像にも編集が入りますし、記事は記者が書くものです。マスコミとの付き合い方は、誰にとっても難しく案外厄介なものです。

112

「球速が落ちた時に、でも、これができるようになったよね、球速が落ちた代わりにこれができるようになったよねというのも成長だと思うんです」

『別冊カドカワ【総力特集】大谷翔平』P176

人間の成長を考える時、例えば若い時のアスリートなら、前より速く走れるようになったとか、速いボールを投げられるようになった、あるいは仕事でもこんなにたくさんのことができるようになったという「速さ」や「量」を成長と捉えがちですが、必ずしもそればかりが「成長」ではないのではないか、というのが大谷翔平の考え方です。

日本ハムに入団して4年目の大谷は、前年に投手三冠を獲得して、4年目に投打両方でベストナインに選ばれ、日本ハムを日本一へと導きリーグMVPも獲得しています。この頃は日本での絶頂期であり、当時の大谷は投手として160キロを連発するなど、まさに「大谷無双」の状態でした。

ある対談では、年齢を重ねるごとに球速の壁が出てくるなど、長いスパンでの野球への思いを聞かれ、こう答えています。

「球速もこれからどんどん上がっていくのがベストだと思うんですけど、球速が落ちた時に、でも、これができるようになったよね、球速が落ちた代わりにこれができるようになったよねというのも成長だと思うんです」

年齢を重ねるにつれ、なぜか成長という言葉を使わなくなりがちですが、球速の代わりにピッチングが今よりうまくなること、それも成長というのが大谷の考え方でした。

113

「裏では真逆なので、まあ、報道上かなとは思いますけど。そこはあまり気にならないですね。僕もまだまだだと思っているし」

『大谷翔平を追いかけて 番記者10年魂のノート』P36

ある企業の経営者は、若い頃にとてもお世話になった上司の葬儀での言葉がとても印象に残っています。それは「上司と部下は仕事の上の関係だけれど、師匠と弟子は会社を離れても一生続く」というものでした。その経営者にとって上司との関係は数年でしたが、その後も何かある度に「師匠」として相談する心の支えだったようです。

大谷翔平にとって、栗山英樹は本人でさえ考えていなかった二刀流の道を切り開いてくれた存在であり、日本ハム時代も常に励まし叱咤激励（しったげきれい）してくれる存在でした。大谷は、2023年の結婚発表の少し前に、栗山に電話で結婚の報告をしています。その際、栗山に「伝えるべき何人かの人には伝えました」という趣旨の話をしたといいますが、確かに大谷にとって栗山は、監督と選手という関係がなくなった今も、信頼に値する心の師のような存在なのかもしれません。

日本ハム時代の栗山は大谷を高く評価しつつも、「投手はすっとこどっこいだけど、打者はある程度信頼している」などと、厳しい言葉を口にすることも少なくありませんでした。

「期待の裏返し」なのでしょうが、その言葉を大谷は「報道上かなとは思いますけど。そこはあまり気にならないですね。僕もまだまだだと思っているし」と受け止めていました。栗山の大谷への期待はいつも高く、大谷はそれすらも超えていく選手でした。

114

「想像はしても、理解はしていない」

『大谷翔平を追いかけて 番記者10年魂のノート』P117

大谷翔平にとって、4年目となる2016年シーズンは日本での二刀流が完成した時期でした。投手として10勝、打者として22本のホームランを打ち、史上初めてベストナインでの投手部門と指名打者部門を同時受賞する活躍で、日本ハムを日本一に導く立役者となっています。

その活躍が認められ、リーグMVPも受賞し、「1年目からやってきたことは間違っていなかった」と、大谷自身、満足する結果となっています。

そしてその年のシーズンオフには、2億7000万円で契約更改し、球団代表の島田利正から「我々も（メジャーでの活躍を）見てみたい。一番いい時に行かせてあげるべきかな」とメジャーへの挑戦を容認されています。

まさにメジャーリーグ移籍が間近となった年ですが、大谷にとって2017年に開催されるWBCは、自分の力を試す絶好の機会でもありました。大谷は同期生の鈴木誠也との対談で、のちにチームメイトとなるドジャースのレジェンド、クレイトン・カーショーの名前をあげ「カーショーとは投げ合うより、どうせなら打席に立ってみたい」と意欲を見せていました。

同時に、世界一を目指す戦いについて、プレッシャーがどれだけ重いのかは「想像はしても、理解はしていない」とも話しています。当時の大谷にとって、世界一は絶対に手にしたいけど、まだまだ遠い目標でした。

115

「いろいろ考えているし、やることはやる。できる環境はある。やれることはやる」

『大谷翔平を追いかけて 番記者10年魂のノート』P120

スポーツに限らず、練習の積み重ねが求められる分野でよく言われるのが、「練習を1日休むと取り戻すのに3日かかる」です。結果、1日も休むことなく、日々、練習をしなければならないという話になるわけですが、現実には1日も休むことなく練習をするというのは大変なことです。

今でも大谷翔平は、1日の時間のほとんどを野球の試合や練習と睡眠に充てているといわれるほど、練習に多くの時間を割いています。日本ハム時代から、クリスマスでも正月でも、練習を欠かさないのが大谷でした。実際、2016年のシーズンオフ、日本一を祝う優勝旅行に出かけた際にも、バカンスの予定の一部を切り上げてトレーニングをしています。

大谷にとって、ハワイ旅行は初めての体験であり、22歳の若者らしくマリンスポーツに出かけ、バナナボートやシュノーケリングを楽しみ、ハワイの休日を存分に満喫してもいますが、その翌日には終日マリンスポーツを楽しむプランを午前中で切り上げ、午後はトレーニングに充てています。

こうした練習は、翌年3月に迫ったWBCのため、いち早く始動する必要があると考えてのことですが、優勝旅行先でもトレーニングを欠かさないのが大谷流でした。

明るい性格で、人との付き合いも苦にしない大谷ですが、どこにいても「やることはやる」を貫いていました。

116

「勝ちたい、抑えたいという気持ちの強いほうが勝てると思ったんです」

『大谷翔平 野球翔年Ⅰ日本編 2013-2018』P203

大谷翔平は、日本でプレーしている時から圧倒的な力は見せつつも、どこかクールでスマートなイメージがありました。しかし、2023年のWBCの準決勝や決勝での戦い方、さらには2024年のポストシーズン前後の戦いには、自分がチームを引っ張り、味方を鼓舞しようという激しい闘争心が溢れていました。

そこにあったのは「勝ちたい、抑えたいという気持ちの強いほうが勝てる」という思いでした。

大谷は2015年の「プレミア21」で、初戦と準決勝の2度にわたり韓国と戦っています。最近では日本がやや優位な立場にいますが、当時の韓国は、日本にとってまさにライバルと呼べる存在でした。

1次ラウンドの初戦、大谷は先発投手として韓国から10個の三振を奪う好投で、6回を無失点に抑え、日本に勝利をもたらしています。2度目の韓国との対戦は、負けが許されない準決勝ですが、この時、大谷は前回と同じでは抑えきれないと感じます。必死になって大谷を崩そう向かってくる韓国に、大谷は「気持ちで負けちゃいけない。もう一つ上のものを出さないといけない」と決意します。

結果、大谷は7回を投げて被安打1、11個の三振を奪う見事なピッチングで韓国を無得点に抑えます。最後にものをいうのは「強い気持ち」なのです。

「数字については、原因があって結果があるわけですから、満足はしていませんけど、納得はしています」

『大谷翔平 野球翔年Ⅰ日本編 2013-2018』P75

日本ハムファイターズに入団した1年目、大谷翔平はピッチャーとしては13試合に登板して3勝0敗、防御率4.23。野手としては、主にライトを守って64試合に出場して打率.238、3本塁打、20打点という成績を残しています。この成績は、誰も経験したことのない二刀流を手探りしながら続けた結果であり、高卒の新人としては「これだけの試合に出場した」だけでも立派です。

この結果について、大谷は独特のコメントをしています。

「数字については、原因があって結果があるわけですから、満足はしていませんけど、納得はしています」

常に高い目標を追い求める大谷だけに、「満足はしていない」はわかりますが、「納得はしています」はどういう意味でしょうか。試合に向けて準備を怠らず、練習にも真剣に取り組むのが大谷の特徴です。

つまり、自分としてはやるべきことはすべてやっている以上、数字は今の自分の実力がそのまま出たものであり、この数字を上げていくためには、さらに練習を積み重ねて、自分の実力をもっと上げていくことが必要だという考え方です。

結果は偶然の産物ではありません。大谷は数字という結果に納得したうえで、ひたすらに実力を高めることを求めます。それが満足のいく結果につながる唯一の方法なのです。

118

「食事について学んだことは大きかったですね、厳しいところもありますけど、大切なことが沢山つまっています」

『SHO-TIME 大谷翔平 メジャー120年の歴史を変えた男』P53

大谷翔平の食事に対するこだわりの強さはよく知られていますが、高校時代の大谷の最大の課題の一つは、筋肉量を上げることと、体重を増やすことでした。花巻東高校に入学した頃から、身長は高かったものの体重は63キロしかなく、ウエイトトレーニングでも20キロくらいのシャフトでフラフラしていたといいます。

それにもかかわらず、中学3年生の頃には「ダルビッシュみたいな投手が岩手にいる」と言われるほどのボールを投げていたわけですから、すさまじい素質の持ち主です。

花巻東の佐々木洋監督には、菊池雄星が体重を20キロ増やすことで、スピードも20キロ増したという経験があり、大谷の体重が80キロを超えれば、160キロのボールを投げられるのではという予測がありました。結果、食事の量などを増やすことで体重を増やし、ボールのスピードは増しますが、さらなる成長には最新の理論が必要でした。

日本ハムに入団して3年目を終えた冬、日本ハムはメジャーで活躍するダルビッシュ有を招き、大谷を含む何人かの指導を依頼します。ダルビッシュは、大谷たちとともに合同トレーニングを行い、栄養学とトレーニング理論を伝えます。以来、大谷は食事から砂糖を排除し、白米ではなく玄米を食べるようになり、トレーニング方法も変えます。その効果は絶大で、2016年の日本一とMVPという圧倒的な成績につながったのです。

119

「最初から『これ嫌だな』みたいなのは嫌いなので。とりあえずやってみてダメだってなるのはOKだと思います」

『別冊カドカワ【総力特集】大谷翔平』P185

大谷の特徴の一つに、何かが閃いたり、アドバイスを受けたら、「まずやってみる」があります。「とりあえず、自分がうまくいきそうかなと思う練習には取り組んでみます。それが良くない方向に出たとしても、それが無駄なことではないと思うので」と話しています。

大谷は、エンゼルス時代の2018年のスプリングトレーニングで、オープン戦を含めて良い成績を残すことができませんでした。投手としては速い球を投げることはできても、制球が定まりません。打者としても当初は、「高校生の打者みたいなものだ」と揶揄（やゆ）された時期もあります。

そんなある日、ドジャースとのオープン戦の最中、大谷は打撃コーチから、「足を上げずに振ってごらん」と声をかけられます。日本時代、大谷は足を上げてスイングしていましたが、それがタイミングのずれにつながっているうえ、足を上げなくてもパワーは伝えられるという理由からでした。

大谷はその場ですぐに実践し、すぐさま何球か打つと、ドジャー・スタジアムのスタンドに放り込み、「いいですね。やりましょう」と答えます。以後、大谷は足を上げず、すり足のフォームになっています。この柔軟さ、調整の速さに周りの選手は驚きますが、日本ハム時代からの「最初から『これ嫌だな』みたいなのは嫌いなので。とりあえずやってみてダメだってなるのはOKだと思います」という考え方の賜物（たまもの）でした。

120

「その道は、
今はまだ見えているようで
見えていないと思いますね。
教わる先輩もいないですし、
自分で1個1個やるべきことを
見つけてつくって
いかなければならない」

『道ひらく、海わたる 大谷翔平の素顔』P311

大谷翔平が「右投げ左打ち」になった理由は、父親が左打ちのため、「初めから翔平の打ち方は指導しやすい左打ちにした」からです。父親自身の体験をベースにした教えであり、そこからは自分のバッティングを自分でつくり上げてほしいというのが父親の考えでした。

父親がそうであったように、監督やコーチは自分の経験や学んだことをベースに指導をするわけですが、その点、大谷は素質的にも体格的にも日本人離れしたものがあり、かつ投打の二刀流ということで、日本ハムの監督やコーチにとっては「どのように起用するか」「どう指導するか」は手探りでした。大谷自身、前例のない道を歩む以上、自分で考えて見つける作業を欠かすことはできませんでした。こんな話をしています。

「教わる先輩もいないですし、自分で1個1個やるべきことを見つけてつくっていかなければならない」

「長身の投手という前例はあったりすると思うんですけど、僕のフィジカルでの前例は一つもないので」

まさに誰も歩んだことのない道を、自分で考えながら進んでいく、という生き方は、周りから見たら大変だといえますが、大谷自身はそれを楽しんでいるし、その後に続く選手の役に立つのでは、とも考えています。

121

「正解というものがあって、
今の自分が試してもうまくいかない
ことがあるかもしれません。
その時に筋力がなかったから
できなかったと思うのか、
投げ出してしまうのか。
その差は大きい」

『道ひらく、海わたる 大谷翔平の素顔』P279

企業で若い社員がある提案をした時に、上司が「それは昔やってみたけどダメだった」と一蹴した時のことです。他の人は「じゃあ、ダメだな」と諦めたのに対し、ある人が「その時はダメだったかもしれないが、今の環境や技術だとできるかもしれないぞ」と後押しし、やってみたところうまくいったという話があります。

大谷翔平は他の選手の映像を見たり、練習中に気づいたことがあると、すぐに試すことを習慣にしています。もちろんすべてがうまくいくことはなく、本当にイメージがヒットするのはごくわずかですが、残りすべてを役に立たないと捨てることはありません。

うまくいかない原因として、「試したその時に筋力がなかったからできなかった」というケースもあるからです。気づき自体は「正解」ではあっても、まだそれをやりこなすだけのものが自分になかったということでしょう。同様に技術や環境の問題で、できないこともあるかもしれません。

大切なのは表面上の結果ではなく、本質を理解することです。試した時にはできなくとも、「筋力を付ければできるようになる」と思って、さらにトレーニングを積むかどうか。その姿勢こそが正解へと近づく道なのです。挑戦してできなかった時、「ダメだ」と投げ出すのではなく、「なぜできなかったのか」という真因を知る努力をすれば、その挑戦が諦めるべきものか、この先も努力するのに値するかどうかが見えてくるのです。

122

「すべてにおいて
いいことをして、
いい準備をして、
あとは任せましょうという
映画のストーリーが、
あの時の自分にすごく合っていた」

『大谷翔平 野球翔年Ⅰ日本編 2013-2018』P201

野球において投手の成績を評価する時、かつては「勝敗成績」が重視されていましたが、今日では勝ち星よりも三振や四死球、防御率や被打率などを重視するようになっています。勝敗は味方打線が何点をとってくれるか、リリーフの投手は抑えてくれるかなど、投手自身にはコントロールできない要素も多いからです。

大谷は日本でもアメリカでも、好投はしても思うように勝てなかった経験がありますが、そんな時に支えとなったのがパドレスの伝説のクローザー、トレバー・ホフマンの「野球に勝ち負けはつきもの。試合に入るためにどうやって備えてきたかが大事」という言葉でした。投手として出る以上、大切なのは自分にできる最善の準備をすることだけです。2015年の「プレミア12」で大谷は、韓国を相手に2度の先発をしていますが、その前夜、大谷は2度とも『フェイシング・ザ・ジャイアント』という映画を見ています。

内容は弱小アメフト部を率いるヘッドコーチの話ですが、悩むコーチはある時、干ばつに苦しみながら、祈るだけで何もしない農民と、畑を耕しながら祈る農民の話を知り、後者の生き方に感銘を受け、それが躍進への転機となります。大谷はこの映画を見て、「すべてにおいていいことをして、いい準備をして、あとは任せる」というストーリーが、その時にぴったり合ったといいます。常に最善の準備をしながら祈る、その姿にやがて祝福は訪れるのです。

123

「思い通りに投げられなかったボールで抑えたことをオッケーにしちゃったら、成長するチャンスを失うことになるし、もったいないじゃないですか」

『Number 881』P19

うまくいかなかった時や、失敗した時の反省は誰でもするものですが、うまくいった時、成功した時に反省をする人は滅多にいません。仮にその成功が薄氷（はくひょう）を踏むようなものであり、またある種のラッキーパンチのようなものだったとしても、「結果オーライ」と考える人のほうが多いのではないでしょうか。

大谷翔平は「打たれたら、そんなのベストピッチじゃない」と言い切るほど、投げるボールにこだわりを持っています。つまり、自分がベストピッチをすれば、絶対に打たれないという自信があるわけですが、その分、打たれた場合は、それはベストピッチではないし、どこかに問題があると考えるタイプです。

そんな大谷から見れば、ラッキーパンチは反省こそすれ喜ぶべきものではありません。時には思い通りに投げられなかったボールで相手を抑え込むこともあるはずですが、それは単なる偶然であり、やるべきことは「抑えられて良かったね」と喜ぶことではなく、「なぜ思い通りに投げることができなかったのか？」という反省です。

勝ち続ける人、成長し続ける人の特徴は、負けた時や失敗した時の反省だけでなく、勝った時や成功した時にこその反省です。大谷にとって「思い通りに投げられなかったボールで抑えた」ことは反省点であり、成長へのチャンスでもあるのです。

124

「『目標を達成したな』って自分が思う瞬間が、あまりない」

『別冊カドカワ【総力特集】大谷翔平』P180

大谷翔平は日本でもメジャーリーグでも、二刀流として数々の記録を打ち立てています。日本では投手三冠なども獲得していますし、メジャーリーグ1年目から新人王を獲得しました。しかし、こうした祝福される場合でも、どちらかといえば淡々とした態度をとっていました。勝ち星や節目となる本塁打記録、あるいは「日本人メジャーリーカーとして初めて」といった記録にも、強いこだわりを見せていません。

大谷の目標に対する考え方はこうです。

小学校2年生でリトルリーグに入った時の大谷の目標は「ゲームに出たい」でしたが、スタメンで出られそうになった時には、「4番を打ちたい」に変わっていました。

4番を打てそうになった時には、「エースとして投げたい」に変わり、やがてプロ野球選手になりたいなと思い始めた頃には、「高校3年生の時に全国で30番以内（ドラフトで指名される高校生が30〜40人なので）にうまい選手になろう」と考えています。

高校に入り、ドラフトにかかりそうだなと思い始めた時には、「1年目に何勝したい」と考えていたといいますから、大谷は目標を掲げて、「目標を達成したな」と感慨に浸る間もなく、その「遥か先の目標」を追い求めていたといいます。「世界一の野球選手になりたい」と考える大谷にとって、目標はいつだって遥か先にあるのです。

125

「正解はないと思うんですけど、人は正解を探しに行くんですよね。『これさえやっておけばいい』というのがあれば楽なんでしょうけど、多分それは『ない』と思うので」

『道ひらく、海わたる 大谷翔平の素顔』P316

学生時代と社会人時代の違いの一つとしてよく言われてきたのが、「学生時代の試験には必ず正解があるが、社会人の仕事には何が正解かわからないものがある」です。確かにほとんどの試験の答えには必ず正解がありますが、仕事では複数の正解もあれば、現状では正解そのものがない場合があるのも事実です。

大谷翔平は、誰もやったことのない二刀流に挑戦しているだけに、そこには「これさえやっておけばいい」という正解などないことをよく知っています。もちろん「投手ならこれを」「打者ならこれを」といった指針はあるはずですが、大谷の体格やパワーに、それが合うかどうかはわかりませんし、ましてや投打の両方を高いレベルでやろうとすると、そうした指針は参考にはなっても正解とは限りません。

だからこそ大谷は自分で閃いたことや、何かを見ていて気づいたこと、第三者の意見で参考になるものがあれば、「とりあえずやってみる」を大切にしています。

やってみて良ければ取り入れればいいし、ダメならやめればいい。世の中には正解がないことや、正解を誰も教えてくれないことを嘆き、不満を言う人もいますが、正解は教えてもらうものではなく、自ら探し求めるものです。誰もやったことのないことに挑戦する以上、自分で考え、自分でやってみることで、正解を探し続けること、それが大谷の流儀なのです。

126

「ピッチャーは自分主導ですけど、バッターには、受け身の難しさがあります」

『Number 881』P18

日本で二刀流をやっていた頃、大谷翔平がよく聞かれた質問の一つに「ピッチャーとバッターのどちらが難しいですか？」でした。あるいは「両方やることの難しさはどこにありますか？」という質問です。

高校生であれば、「エースで4番」は何人もいますが、プロに入って両方をやる人がいないのは、「それは無理で難しい」と誰もが感じていたからです。それにもかかわらず、大谷は両方をやり、日本ハムファイターズの2年目には「2桁勝利・2桁本塁打」を達成しています。だからこその質問なのでしょうが、難しさについて大谷はこう答えています。

「ピッチャーは自分主導ですけど、バッターには、悪くなってくると、ピッチャーがもっといいコースに投げてきたり、ボール気味の球をストライクとコールされておかしくなってしまったりという、受け身の難しさがあります」

確かに力のないバッターや、調子の悪いバッター相手だと、ピッチャーは自信を持って投げることができます。反対に相手が絶好調だと、よく言われるように「どこに投げても打たれそうな気がする」のか、消極的な投球になりがちです。

もっとも、大谷自身はそれを言い訳にするようではダメだと考えていました。投げるにしても、打つにしても、受け身ではなく自分主導でなければ、というのが大谷の考え方です。

127

「誰を、ということじゃなく、自分の中で課題を消化するのが野球の面白さなのかなと思います」

『Number 881』P19

野球漫画のストーリーにある特徴の一つに、ライバルとの戦いがあります。主人公が投手なら、相手チームに手強い打者がいて、その戦いの中からドラマが生まれるわけです。同様に実際の野球の世界でも、古くは長嶋茂雄対村山実や、野茂英雄対清原和博といったライバル対決が見る人の興味を駆り立てたものです。

特に野茂の場合、得意のフォークボールはメジャーリーグでも猛威を振るうほどの威力を持っていたにもかかわらず、清原との対決では速球中心の投球で、その真っ向勝負は「平成の名勝負」と言われました。

一方、大谷翔平は日本ハムファイターズ時代から、「アイツに勝ちたい」「コイツを倒したい」と意識しませんでした。その理由はこうです。

「今の相手と今後10年、20年、ずっと対戦していくのなら、このバッターを倒すために必死になるとか、このピッチャーを打ち崩そうとか思うのかもしれませんが、メンツも時代も変わりますし、若い世代が入ってくれば対戦相手もどんどん変わる」

何より大谷が大切にしているのは、誰を打ち取るとか、誰を打ち崩すではなく、「自分の中の課題を消化する」ことであり、それこそが「野球の面白さ」というのが大谷の考え方です。自分がベストピッチをすれば打たれないし、技術を高めれば打てないボールはなくなる。ライバルは「自分」であり、強いて言えば「野球の神様」なのかもしれません。

128

「明確な目標を持つのも大事ですし、思うようにいかなかった時にどうするのか、どういう目標を立てるのかっていうのもすごく大事じゃないかなって思います」

『別冊カドカワ【総力特集】大谷翔平』P182

いくら入念な計画を立てたとしても、途中で思い通りにいかなくなったり、予想外の出来事が起きて予定が狂うというのはよくあることです。

大谷翔平は「何勝、何本」といった具体的な数字をあまり口にすることはありませんが、明確な目標を持つと同時に、思うようにいかなくなった時に、どういう新たな目標を立てるかが大事だと考えていました。

日本ハムファイターズ時代、個人として考えていた目標の達成が難しく、心が「大いに折れた」ことがあります。しかし、チームに優勝できる可能性が出てきたことで、優勝を目指すことにシフトし、お陰で大いに救われたといいます。

その反対にロサンゼルス・エンゼルスでは7月、8月といった早い時期にプレーオフ進出の望みがなくなったので、やはりここでも心は折れそうになりますが、そんな時には自分のさらなる成長に向けて、投げることや打つことに全力を傾けるようにしていました。

目標がなくなったチームや個人は、勢いを失い、持てる力が発揮できなくなりがちですが、そうならないためには、ある目標が不可能になった時、「新たにどういう目標を立てるのか」が大切になってきます。こうした切り替えができたからこそ、大谷は毎年、素晴らしい成績を残すことができるのです。

129

「僕は高すぎるところを見てしまうところがある」

『道ひらく、海わたる 大谷翔平の素顔』P182

大谷翔平をドラフト1位で指名した日本ハムファイターズのスカウトディレクター・大渕隆が初めて大谷を見たのは高校1年生の時です。当初は「背は高いけれども体の線は細かった」大谷ですが、3年生になる直前の春の選抜でのホームランと、高校3年生の時に県大会で記録した球速160キロを見て、大渕は大きな衝撃を受けたといいます。

春の段階では既に「ドラフト1位」の評価を受けていた大谷ですが、大渕によると、大谷の魅力は身体能力や身体の大きさ以上に「圧倒的な向上心」にありました。その後のメジャーへの挑戦表明も含め、大谷には野球への強い向上心があり、それがブレることは一度もなかったといいます。選手としての成長は、向上心や努力する才能で決まります。

入団から2年目、大谷はベーブ・ルース以来の「2桁勝利・2桁本塁打」を達成しますが、感想を求められた大谷は、その大記録は気にしておらず、それよりもミスショットのほうが気になると答えます。それを聞いた大谷の専属広報は、こんなコメントを口にします。

「富士山を目指してるか、エベレストを目指してるか。その違いじゃないですか」

大谷自身、「僕は高すぎるところを見てしまうところがある」と話しているように、向上心は素晴らしく、常に高みを目指しているところがありました。そしてそれこそが、大谷が成長し続けることができる原動力なのです。

130

「改めて、積み上げてきたものを継続することの大事さとか、何を捨てて何に新しく取り組んでいくのかを選択することの難しさを感じました。やっぱり変えちゃいけない部分はあるし、自分のスタイルの軸になるものはある」

『大谷翔平 野球翔年Ｉ日本編 2013-2018』P193

企業というのは「変化対応業」と言われているように、時代の変化やお客さまの嗜好（しこう）の変化に合わせて変わり続けることが求められますが、その際、大切なのは変えていいものと変えてはいけないものをはっきりとさせたうえで、変わるということです。そこを間違えると、せっかくの変化が裏目に出ることもあるのです。

大谷翔平は、日本ハムファイターズでの2年目にベーブ・ルース以来の「2桁勝利・2桁本塁打」を達成し、3年目には開幕投手を務めて15勝5敗、防御率2.24の成績を残し、最多勝と最高勝率のタイトルも手にしています。2015年は投手として花開いた年といえますが、打者としては109打数22安打、ホームラン5本という不本意な成績に終わっています。なぜ思い通りのバッティングができなかったのでしょうか？

「野球を始めてから、ずっと継続して蓄えてきた技術を無視して取り組んでみたシーズンでしたけど、改めて、積み上げてきたものを継続することの大事さとか、何を捨てて何に新しく取り組んでいくのかを選択することの難しさを感じました。やっぱり変えちゃいけない部分はあるし、自分のスタイルの軸になるものはある」

大谷は成長するために変化することを厭（いと）いませんが、この年、変えてはいけないものを変えてしまったと反省しています。それを知ったことも、また成長につながるものでした。

131

「僕が良くても チームが負けちゃ、まだまだです。やることがいっぱいあって、暇な時間はありませんよ」

『大谷翔平 野球翔年 I 日本編 2013-2018』P208

野球選手というのは、プロ野球チームに所属しているとはいえ、あくまでも個人事業主だから、チームの勝敗以上に自分の成績のほうが大切だという考え方があります。

チームも勝ち、個人の成績も良ければベストですが、そうではない時にはどちらを重視するか、なかなか難しいところです。

大谷翔平は、日本ハムファイターズ時代にチームを日本一に導き、自身もMVPを獲得していますが、エンゼルスに移籍してからは二刀流としてMVPを獲得するほどの活躍をしながら、チームは思うように勝てないという悔しさや辛さを味わっています。自分が良くても、チームが勝てないことへの歯がゆさや苛立ちを抑えながら、試合に出ていたのではないでしょうか。

2015年の「プレミア12」の準決勝、先発した大谷は7回まで被安打1、11個の三振を奪って無失点の好投を見せます。しかし、残念ながら日本代表は逆転負けをします。当時、21歳の大谷はこんなコメントを残しています。

「僕が良くてもチームが負けちゃ、まだまだです。やることがいっぱいあって、暇な時間はありませんよ」

大谷は甲子園を含め、大事なところで勝ち切れなかった経験があるだけに、勝ちへのこだわりがとても強く、できるなら自分が打ち、投げて、何よりも勝ちたい選手でした。

132

「日本一になってみたい。その景色を見に行くためにやってるわけですから、見てみたいとは思いますね」

『大谷翔平 野球翔年 I 日本編 2013-2018』P186

大谷翔平の勝つことへのこだわり強さは、日本ハムファイターズ時代にはっきりしていました。大谷はリトルリーグ時代も、花巻東高校時代も、全国大会や甲子園への出場経験はあるものの、日本一は経験していませんでした。

2015年、大谷は投手として15勝をあげたものの、王者・ソフトバンクホークスには打ち込まれることがよくありました。大谷は、CSを前にしてこんな話をしています。

「日本一になってみたいですねぇ。日本一になってみたい。そこから見た景色ですか？　見たことがないのでわかりませんけど、その景色を見に行くためにやってるわけですから、見てみたいとは思いますね」

しかし、残念ながらこの年にはその景色を見ることはできませんでした。そんな大谷に対し、日本ハムの監督だった栗山英樹は、「翔平はこれまで大事なところで勝ち切れなかったトラウマを持っていますから」と指摘しています。圧倒的な力はあるのに、ここ一番で勝つことができない。だからこそ大谷の勝利への思いはとても強かったのです。

その悔しさもあったのでしょうか、4年目の2016年には投手として10勝をあげ、打者として22本のホームランを打つという投打での活躍により、チームを日本一へと導きます。それから8年、大谷はついにワールドシリーズ優勝という「世界一」の景色を目にするのです。

133

「勝つには最高のシチュエーションだった」

『大谷翔平を追いかけて 番記者10年魂のノート』P102

大谷翔平の異次元の活躍を評する時、しばしば使われるのが「まるで漫画のよう」であり、「漫画でも描けない」といった表現です。どういう意味かというと、例えば第5回WBCの決勝戦での最終回のマウンドに大谷が立ち、最後のバッターとなるマイク・トラウトを空振り三振に打ち取って優勝するというストーリーは、まさに漫画や映画のクライマックスシーンです。こうしたストーリーを漫画で描きたいというと、「そりゃあ、出来過ぎだろう」と言われかねないほど、現実離れしているからです。

2015年、大谷は対西武ライオンズ戦で先輩の菊池雄星と投げ合い、1安打完封で勝利し、日本ハムを4年ぶり7度目のリーグ優勝に導いています。最大11.5ゲーム差からの奇跡の大逆転でした。

前日、マジックナンバー1で試合に臨んだ日本ハムは、西武に負けたものの、ソフトバンクがロッテに負ければ優勝が決まるところでしたが、ソフトバンクが勝利したことで、翌日の大谷の登板試合に優勝が持ち越されることになりました。

他の選手が試合に負けてがっかりする中、大谷は「明日取るだけなので、しっかり抑えて勝ちます」と平然としていました。そして当日、大谷は優勝が決まる一戦で自分が先発すること、相手が菊池であることに対し、「勝つには最高のシチュエーション」と気合いを入れます。最高の場面で最高の投球をして優勝する。大谷はまさに、漫画の主人公のような選手なのです。

134

「期待は応えるもの じゃなくて、超えるもの。 だから、周りが考える、 そのもう一つ上を行けたら いいんじゃないかなと」

『大谷翔平 野球翔年Ⅰ日本編 2013-2018』P31

「スターがファンの期待に応えるものだとしたら、期待を上回るのがスーパースター」とは、「ミスタープロ野球」の長嶋茂雄の言葉ですが、大谷翔平も「期待は応えるものじゃなくて、超えるもの」という言葉を好んで使い、そしてそれを実行してきました。

2016年7月、優勝争いをしているソフトバンクとの3連戦で、日本ハムファイターズの栗山英樹監督は大谷を「1番・ピッチャー」で起用します。何としても勝利したい栗山監督は、「どの打順が相手に一番プレッシャーがかかるのか」を考え、大谷の1番バッターとしての起用を決めます。それを告げた時、大谷は特に返事はしませんでしたが、のちに「ホームランを狙っていくつもりというか、狙っていました」と振り返っています。

打席に入った大谷は、プレーボールからわずか5秒後にホームランを放ちます。プロ野球史上初となる、ピッチャーによる初球・先頭打者ホームランですが、それは栗山監督を含めて誰もが想像しなかったものであり、すべての人に強い衝撃を与えました。

「本当にこういう選手がいるんだな」が栗山監督の驚きでしたが、この戦いを経てシーズン後半を迎えた日本ハムは、勢いそのままにリーグ優勝し、そして日本一を手にすることになったのです。大谷にとって期待は、「応えるものではなく、超えるもの」なのです。2024年の成績もまさに「期待は応えるものじゃなく、超えるもの」そのものでした。

135

「日本一は初めての経験でしたし、あの年は、楽しかったですね。優勝パレードでみなさんも喜んでくれているのかなというのを感じて、なおさら嬉しかったですね」

『道ひらく、海わたる 大谷翔平の素顔』P240

大谷翔平の「日本一」にかける思いは、とても強いものがありました。花巻東高校時代には甲子園に2度出場したものの、いずれも初戦で敗退しています。最後の夏は岩手大会の準決勝で、高校生として史上最速となる160キロを記録したものの、決勝で盛岡大府に敗れ、甲子園に出場することができませんでした。

試合後のインタビューでは「日本一に挑戦もできずに終わってしまい、申し訳ない。岩手の方々に日本一を取って喜んでもらいたかったが、それができなくて悔しい」と声を詰まらせています。

それから4年、大谷は日本ハムファイターズでついに念願の日本一を手にします。CSでは、プロ野球最速の165キロを記録し、日本シリーズでも第3戦の延長10回にサヨナラ打を放つなど、攻守に活躍して日本一に輝きます。「二刀流は勝つためにやる、日本一になるためにやる」という思いが叶った瞬間でした。大谷は、この時をこう振り返ります。

「日本一は初めての経験でしたし、あの年は、楽しかったですね。優勝パレードでみなさんも喜んでくれているのかなというのを感じて、なおさら嬉しかったですね」

優勝したことはもちろん嬉しいけれど、それ以上にファンの人たちが喜んでくれたことが嬉しい。大谷にとって、みんなの喜びが一番の喜びでした。

136

「最後だろうと思って、僕の中では1人も塁に出すつもりはなかったですし、1人もホームへ還すつもりはなかった」

『道ひらく、海わたる 大谷翔平の素顔』P244

大谷翔平は5年間、日本ハムに在籍し、2018年にメジャーリーグに移籍していますが、2017年10月4日の本拠地最終戦となる対オリックス・バファローズ戦に臨んだ大谷には、特別の思いがありました。

大谷は4年目にチームを日本一に導き、MVPも獲得していますが、日本での最終年となる5年目の2月、右足首の故障で念願だったWBC日本代表を辞退し、4月には左太もも裏の肉離れでチームを離れています。その結果、チームもリーグ5位と低迷し、大谷は「苦しさというよりも、申し訳ない気持ちが強かった」と振り返っています。

そんな大谷にとって、本拠地最終戦は「ギリギリで間に合った」ものだけに、「4番・ピッチャー」で登場した時にはこう考えていました。

「最後だろうと思って、僕の中では1人も塁に出すつもりはなかったですし、1人もホームへ還すつもりはなかった。5年間やってきたものを出したいと思っていましたし、不甲斐ないもので終わらせたくないという気持ちはありました」

この試合で大谷は、9回124球を投げ、被安打2、10奪三振で完封勝利します。この年、大谷はケガの影響もあり、前年までのような成績を残すことはできませんでしたが、最後に本領を発揮し、ファンに「リアル二刀流」の力を見せることができました。

137

「僕は今まで、結果を出すためにやり尽くしたと言える1日1日を、誰よりも大事に過ごしてきた自信を持ってます」

『大谷翔平 野球翔年Ｉ日本編 2013-2018』P207

「努力は必ず報われる。もし報われない努力があるのなら、それはまだ努力とは呼べない」は、世界のホームラン王・王貞治の言葉です。成功には努力が欠かせないことは誰しも知っていますが、多くの人はある程度の努力で結果が出ないと、「もう十分にやったから」と納得してしまいます。しかし、それではダメで、「成果が出るまで」とことんやり尽くして初めて本当の努力と呼べるのです。努力には成功という結果が必要なのです。

大谷翔平の二刀流への挑戦を提案し支え続けたのは、日本ハムファイターズの監督・栗山英樹ですが、栗山が「大谷ならできる」と思えた理由の一つは、大谷が子ども時代から実践してきた「自分がこうだと決めたら最後までやり続ける強さと忍耐力」だといいます。

大谷は高校時代の球速160キロへの挑戦が示しているように、「こうするんだ」と本気になったら、できるまで必ず「やり切る」ことを信条にしています。そんな大谷を知るからこそ、栗山は大谷に二刀流ができると信じることができたし、大谷自身も誰もやったことのない二刀流を形にすることができたのです。

「やる」ことはできても、最後まで「やり切る」ことができる人は案外少ないし、ましてや大谷のように何年にもわたって「やり続ける」ことのできる人はほとんどいません。大谷の「やり切る」力こそがプロ野球、そしてメジャーリーグでの成功を可能にしたのです。

138

「自分が決めた道に対して
そこに向かって頑張ってはいける
のかなと思っていますし、
それはもうこの5年間、
迷うことなく進んで来れた」

『ルポ 大谷翔平』P234

かつて、あるアスリートが「誰もが勝ちたいと思うが、勝つために頑張れる人間は少ない」という趣旨の話をしていました。確かに誰しも「勝ちたい」「成功したい」と願うわけですが、そのために早い時期から努力を続けることができるかというと、そうではありません。大抵の人は成功や勝利を願いつつも、幸運を願い、自分の力で頑張り切ることはできないものです。

大谷翔平の二刀流への挑戦を提案し支えたのは、日本ハムファイターズの監督・栗山英樹です。栗山は日本ハムの監督になる前、評論家として日米で多くの選手を取材しており、高校時代の大谷のこともよく知っていました。

そんな栗山から見て、大谷の投打の素質は素晴らしいものであり、自分が決めた目標に向かって努力し続ける姿勢も魅力的に映っていました。だからこそ栗山は、大谷に二刀流ができると信じ、大谷も二刀流を形にすることができたのです。メジャーリーグ移籍を前に、大谷はこんな決意を口にします。

「自分が決めた道に対してそこに向かって頑張ってはいけるのかなと思っていますし、それはもうこの5年間、迷うことなく進んで来れたのかなと思っています」

「やる」ことはできても、最後まで「やり切る」ことができる人は案外少ないものですが、大谷の「やり切る」力こそが、メジャーリーグでの成功を可能にしたのです。

139

「実感はそんなにないですね、自分で通帳を見たりとか全然しないので」

『別冊カドカワ【総力特集】大谷翔平』P22

大谷翔平の日本ハム時代の年俸は次の通りです。

〇2013年＝1500万円

〇2014年＝3000万円

〇2015年＝1億円

〇2016年＝2億円

〇2017年＝2億7000万円

今の大谷から見れば、わずかな金額ですが、それでも20歳の頃には既に1億円プレーヤーですから大したものです。普通はこれだけのお金を手にすれば、高級ブランドで身を包み、高級車に乗るところですが、当時から大谷はお金の管理は両親に任せ、両親から渡される月10万円くらいで生活をしていました。

インタビューで高額年俸のことを聞かれた大谷は「実感はそんなにないですね、自分で通帳を見たりとか全然しないので」と答えています。2024年3月、大谷は通訳の水原一平から多額の金銭を搾取されていたことが発覚しました。

その際、「通帳も見ないなんて考えられない」と指摘する人もいましたが、大谷にとって、通帳を見ないのは日本ハム時代からのことであり、金銭欲のなさも当時からまったく変わらないものだったのです。

140

「それ(年俸)が自分の評価ではあると思うし、自分がやってきたことがどの程度チームにプラスになってるかどうかとか、球団に対してプラスになってるか、あるいは球界に対してプラスになってるかの基準でもあると思う」

『別冊カドカワ【総力特集】大谷翔平』P22

日本のプロ野球選手にとって、年俸が1億円を超えることは今や普通のことになってきましたが、かつてはスーパースターの王貞治や長嶋茂雄でさえ、その壁を超えることはできませんでした。初めて1億円を超えたのは落合博満で、実に3度の三冠王をとってようやく越えられるほどの高い壁でした。

大谷翔平が1億円に到達したのは、入団3年目の2015年のことで、この年、大谷は投手三冠を獲得するほどの活躍をすることになります。大谷自身は、金銭への強いこだわりはありませんでしたが、それでも高額の年俸をもらえるようになったことについて、「選手会が動いてくれて、長い間先輩たちがやってきてくれたお陰」と感謝の言葉を口にしています。年俸を上げるため、これまでの選手たちの努力を知っていたのでしょう。

それと同時に、年俸は「自分の評価」だけではなく、自分がやってきたことが「チームや球団、そして球界に対してどの程度プラスになっているかの基準」だと考えていました。年俸というと自分があげた成績に対する評価と考えがちです。もちろん成績があっての年俸ですが、大谷はそれ以外にもチーム、球団、さらには球界への貢献も評価に入ると考えています。

メジャーリーグに移籍した大谷は今、しばしば「野球人気」のことを口にしています。野球人気を高め、減少傾向のある野球人口を増やすこと、それも大谷にとっては大切なことなのです。

141

「お金はあったに越したことはないですし、いらないなんて気持ちはないですけど、ただ今の自分に、その金額が見合うかといえば、僕はあまりピンとこないので」

『道ひらく、海わたる 大谷翔平の素顔』P46

大谷翔平がメジャーへ移籍したのは23歳の時です。大谷がエンゼルスと交わした契約金230万ドル、年俸約54万ドル（メジャーリーグの最低年俸）も、野茂英雄を除けば日本からメジャーへ移籍したスタープレーヤーとしては破格の安さでした。

当時、メジャーでは労使協定により25歳以下の海外選手（大谷は23歳）は、契約金の上限が決められていたため、これほどの安価な契約になったわけですが、あと2年待てば確実に数億ドルの大型契約が結べるにもかかわらず、あえて最低年俸でのメジャーリーグ移籍を選んだことは大きな話題になりました。

大谷は巨額の契約金よりも、「やりたいこと」を優先したいとして、「もしも2年待てば一生安泰ぐらいの金額をもらえる可能性はあるかもしれません。親のこととかを考えれば、お金はあったに越したことはないですし、いらないなんて気持ちはないですけど、ただ今の自分に、その金額が見合うかといえば、僕はあまりピンとこないので、それよりも今やりたいことを優先したい」と、その理由を話しています。

大谷は、ドジャースとの契約でも年俸のほとんどを後払いにして、それをチーム強化に充てて欲しいという希望を口にしています。大谷にとって大切なのは挑戦であり、勝つことです。お金は必要ではあっても、主たる目的とはならないのです。

142

「(英語は)喋れるに越したことはないですよね、自分の意図を自分の言葉で伝えるっていうのが一番信憑性もあると思います」

『別冊カドカワ【総力特集】大谷翔平』P24

最近では日本の野球選手もサッカー選手も、海外で活躍することが増えています。今では最初から海外挑戦を意識しているのか、ある程度は話せる状態で行く選手も増えているようです。

以前は言葉の壁にぶつかって、思うように活躍できないまま帰国する選手も目に付きました。確かに野球であれば、まだ通訳を介して会話する余裕もありますが、サッカーやラグビーでは、自分で会話ができるかどうかは、とても大切なことなのでしょう。

大谷翔平は、高校を卒業してすぐにアメリカにわたることを考えていましたが、当時も日本ハム時代も、英語に関しては「それなりにもできないです。身振り手振りって感じじゃないですか」と言うほど、英会話に自信はありませんでした。一方で、必要性も十分に認識しており、日本ハム時代にこう話しています。

「(英語は) 喋れるに越したことはないですよね、自分の意図を自分の言葉で伝えるっていうのが一番信憑性もあると思います」

エンゼルス時代に通訳を務めていた水原一平が解雇された後のドジャースベンチを見ると、それまでの大谷とは違い、誰とでも気軽に話をしてコミュニケーションをとり、笑ったり、鼓舞したりしているように見えます。インタビューはともかく、試合中は通訳という壁を取り払った自分なりの言葉のほうが相手にも伝わり、人間性も理解してもらえるということのようです。

143

「選手として大きくなって、どこからでも欲しいって言われるのがいい環境だと思っているので、まずはそこを目指して、みんな頑張っているんじゃないかと思います」

『別冊カドカワ【総力特集】大谷翔平』P181

サッカーや野球などのチームスポーツには、監督がいる以上、どの選手を必要とするか、誰を使うかはどうしても監督やコーチ、あるいはフロントの好みなどが反映されます。そこで、サッカー選手などがしばしば口にするのが、「監督が使わずにはいられない選手になる」です。使われない不満を言うよりも、好き嫌いに関係なく使わずにはいられない選手になることが大切だという意味です。

大谷翔平は、日本ハムファイターズが「二刀流をやってみないか？」と提案してくれなかったら、「別の人生になっていたかもしれない」と話しているように、人は周りの環境によって左右されることがたくさんあることをよく知っています。

一方で、自分がやりたいことをやるためには、自分がやっていけるように努力し、仕向けることが大事だと考えています。

大谷は2017年、「選手として大きくなって、どこからでも欲しいって言われる」存在を目指して頑張りたいと話していましたが、2023年のシーズンを終えてFAとなった大谷は、まさにそういう存在でした。

年俸を払えるかどうかは別にして、大谷を欲しくないチームはどこにもないほどの選手、それはまさに大谷が目指していたものでした。大谷がいい環境を目指して頑張った成果の一つでした。

144

「まったく違う環境に行くということは、どの分野でも不安なことが多いと思う。でも、さらに良くなる可能性がそこにあったら、僕はチャレンジしてみたい」

『道ひらく、海わたる 大谷翔平の素顔』P52

新しい学校に入る、新しい職場に行く、住み慣れた場所から引っ越しをするなど、人は人生で何度か違う環境に行くという経験をするものですが、そこには期待と同時に、「うまくやっていけるのだろうか」「おかしなことにならないだろうか」といった、たくさんの不安があるものです。

大谷翔平は、一旦は高校からそのままメジャーリーグを目指したいという意思を表明しますが、ドラフトで日本ハムファイターズが指名したことによって、違う選択をすることになりました。大谷は交渉中に、監督の栗山英樹に「アメリカではどうやって失敗するんですか」という質問をして驚かせています。

成功ではなく、日本人選手が失敗するのはどんなケースかと質問する大谷を見て、栗山は「彼は野球選手として大丈夫な方向に進むはずだ」と確信したといいます。

新しい環境へ移ることは、誰しも大きな期待の一方に大きな不安も抱えています。当然、大谷にもその不安はあったはずですが、大谷自身は技術的にも人間的にも、少しでも自分が「良くなる可能性」があれば、新しい環境で「やってみたい」と考えていました。

失敗の恐れがあることを十分に承知したうえで、なおかつさらなる成長に向けて挑戦をするというのが大谷の考え方です。

145

「こういうふうになりたいではなく、その人を超えるように頑張ってほしい」

『大谷翔平 挑戦』P1

大谷翔平が第5回WBCの決勝戦直前、選手たちで円陣を組んだ際に口にした「憧れるのをやめましょう」は、大谷自身の経験からの言葉でもありました。

大谷翔平が花巻東高校への進学を決めた理由の一つに、菊池雄星の存在があります。大谷が中学3年生の時に花巻東はセンバツで準優勝、夏の大会でもベスト4に進出しています。その原動力となったのはエースの菊池ですが、菊池たちの活躍によって岩手が野球で熱狂し、みんなが一つになるのを目の当たりにした大谷は、花巻東への進学を決意します。

菊地という大エースが卒業してすぐに、大谷が入学したことで花巻東の佐々木洋監督は喜び、かつ強い責任感を感じます。指導にあたり、大谷に話したのが、「『誰かみたいになりたい』ではなく、『超えたい』と思わなければダメなんだ」でした。

スポーツに限らず、芸能や芸術の世界でも誰かに憧れ、尊敬はしたとしても、それがあまりに強すぎると模倣に走ります。尊敬はしながらも、「超えていく」という強い思いがあってこそ、人は憧れの存在を凌駕することができるのです。大谷はメジャーリーグへ旅立つ前、札幌ドームでの会見で子どもたちへのメッセージを求められ、「こういうふうになりたいではなく、その人を超えるように頑張ってほしい」と答えていますが、それは大谷自身が恩師に教えられ、大切に守ってきたものでもありました。

146

「ファンの方や いろんな人たちから 『彼が一番だ』と言ってもらう ことは幸せなことだと 思います。そういう選手を 目指して頑張っていきたい」

『道ひらく、海わたる 大谷翔平の素顔』P43

大谷翔平がメジャーリーグへの挑戦を決めたのは2017年のシーズンオフですが、シーズン中、花巻東高校の監督・佐々木洋は、電話で大谷と話をした際に、「夢も大事だし、チャレンジも大事だけど、大人としての生活もある」と、リスクを考えて、もう少し日本でやってからアメリカへ行ってはどうかと伝えたといいます。これまでのメジャーリーグへの挑戦者がそうであったように、日本で確固たる地位を築いてから挑戦するのがベター、という意味でしょうか。

しかし、大谷の「行きたい」という意思が変わることはありませんでした。そんな大谷を見て佐々木監督が感じたのは、日本での揺るぎない実績をバックに「自信があるから行く」のではなく、「挑戦したいから行く」という「野球少年」そのままの思いの強さでした。メジャーへの挑戦を正式に表明した日、大谷が口にしたのは「プレーしている中で、一番の選手になりたい」でした。

オリンピックと違い、野球には金メダルというわかりやすい「一番」はありません。野球はチームスポーツのため、個人としての一番は見えにくいものがありますが、多くの人が「彼が一番」だと言うようになれば、そこが「一番」というのが大谷の考え方です。そしてそのために、大谷が選んだのがメジャーという世界最高峰の舞台でした。大谷は今、世界中の多くの人から「彼が一番」と言われる存在となりつつあります。

147

「野球をやっているからには『てっぺん』を目指したいんです」

『道ひらく、海わたる 大谷翔平の素顔』P51

ダルビッシュ有は、日本ハムファイターズでエースとして活躍した後、2012年からテキサス・レンジャーズに移籍、日米通算200勝を達成してなお、現在はメジャー4チーム目のサンディエゴ・パドレスで活躍を続けています。ダルビッシュのメジャー挑戦の理由の一つは「僕はすごく勝負がしたい」でした。

ダルビッシュの日本での力量は群を抜いていました。通算7年で93勝をあげていますが、勝率が7割を超える年が5年間あるうえ、通算防御率も1点台です。日本で敵なしになったダルビッシュにとって、さらなる成長には、さらに強い相手が欠かせなかったというのがメジャー挑戦の理由でした。

大谷も常に「野球をやっているからには『てっぺん』を目指したい」と考えていました。早くから「すごいレベルの高いところで野球をやってみたい」と考えており、高校時代はプロ野球選手を目指し、さらにその上のメジャーリーグでやってみたいという思いが生まれたのはごく当然のことでした。とはいえ、大谷が言うように、オリンピックと違って野球には金メダルというわかりやすい「てっぺん」はありません。では、何をもって大谷は「てっぺん」と言うのでしょうか。

チームスポーツでは、個人のてっぺんは見えにくいものがありますが、多くの人が「彼は今までで一番良い選手だった」と言うようになれば、そこが「てっぺん」なのです。

148

「僕はここまで野球がうまくなったということを自分の中に残したいんです」

『大谷翔平 野球翔年Ⅰ日本編 2013-2018』P223

コンピュータゲームの世界で、キャラクターのレベルや能力値といった数値データが上限に達し、これ以上は増えなくなった状態を「カンスト（カウンターストップ）」と言います。これまでの大谷翔平の発言を見ていると、野球の世界における「カンスト」を目指しているのではと思えてきます。

「ちっちゃい頃から始めて、終わるまでの野球人生、30年以上あったとして、全部の技術を習得することはできないと思うんです。だからどこまでそこへ近づけるのかが一番の楽しみですし、現役のうちにできる野球の技術、すべてに取り組みたい。僕はここまで野球がうまくなったということを自分の中に残したいんです。すべてレベル100の全スキルを持っているのは野球の神様だけですからね」

別の機会には、こんなことも言っています。

「プロ野球選手にとって勝ち続けることは大事ですけど、それとは別に、自分の中に何かを残すことはそれ以上に大事なのかなと思っているんです」

果たしてそれが何なのかは、大谷自身も「わからない」と言いますし、それは「終わってみなければわからない」とも言っていますが、それは「野球の極意」とか「奥義」のようなものなのかもしれません。「世界一」になってなお、長い道のりが続くようです。

第4章

大谷翔平のロサンゼルス・エンゼルス時代 2018年～2023年

超一流の名言

149～278

日本ハムファイターズでの5年間で、投打の二刀流としての実績を積んだ大谷翔平は、2017年12月、ロサンゼルス・エンゼルスと契約します。23歳という年齢のため、契約はマイナー契約であり、契約金額も年俸も低いものでしたが、大谷は25歳まで待って多額の契約金を手にすることよりも、いち早くメジャーリーグという厳しい環境で自らを成長させることを望み、挑戦を決意しています。

大谷以前、メジャーリーグに挑戦するのは日本で功成り名を遂げた選手がほとんどでしたが、「自分の才能は伸びしろ」と考える大谷はできるだけ若いうちに挑戦して、たくさんの技術を身に付けることで大きく成長したいと考えたのです。

入団したエンゼルスは、高校時代から大谷をマークしていたドジャースと違い、最初はあまり下馬評にあがっていませんでしたが、大谷はDH制があること、温かく暮らしやすい環境であること、マイク・トラウトなどの名選手がいることからエンゼルスを選んでいます。

しかし、そのスタートは散々でした。日本でさえ当初は二刀流に懐疑的な見方が多かったわけですから、野球の本場アメリカで、ま

第4章 大谷翔平のロサンゼルス・エンゼルス時代 2018年〜2023年

してメジャーリーグで投手と打者の両方でトップレベルの成績をあげられると信じている人はほとんどいませんでした。実際、1年目のスプリング・キャンプを見た関係者やファンは、大谷のバッティングを「高校生のようだ」と評し、ピッチングへの評価も高くはありませんでした。

大谷自身、自信を失いかけたこともありましたが、エンゼルスの監督やGM、イチローの「自分の才能を信じなさい」という励ましもあり、最終的に4勝、22本塁打という成績で新人王を獲得します。しかし、シーズン終盤に右ひじの靭帯の損傷が判明し、トミー・ジョン手術を受けたことで、以後の2年間は「このままでは二刀流は無理」という状況に陥ります。

しかし大谷は、見事な成長を遂げ、2021年に初のリーグMVPを獲得、3年間にわたって大活躍をします。しかし、大谷だけではチームを勝たせることはできません。選手としてメジャーリーグを代表する存在にまで成長した大谷は、「ヒリヒリした戦い」を求めてFAを行使することになったのです。

149

「技術的な進歩とかフィジカルの成長とか、そういうことの大事さって、それがないと通用しないところへ行かないと身に付けようとも思いませんからね」

『野球翔年 II MLB 編 2018-2024 大谷翔平ロングインタビュー』P16

「井の中の蛙大海を知らず」という諺がありますが、確かに人は狭い世界の中でトップになり、「自分が一番だ」という思いが強くなると、もっと上を目指そうという気持ちがなくなるものです。

大谷翔平は日本ハム時代に二刀流として活躍し、「2桁勝利・2桁本塁打」や「投手三冠」も達成してチームの日本一に貢献、MVPも受賞しています。20代前半の若さでこれほどのことを達成してしまうと、日本のプロ野球では大スターです。

そのまま日本に留まれば、まさに「俺様」でいられたわけですが、ロサンゼルス・エンゼルスに移籍したことで、「足りないことの多さ」を実感したといいます。

自分の野球はダメだとか、自分は通用しないという絶望感はないものの、自分が持っている技術やフィジカルのままでは通用しないと実感したことが、その後の成長につながったといいます。

日本にいれば、今のままでも通用するものの、上の世界に行けばそれだけでは通用しなくなる。これは普通の人にとってはショックなことかもしれませんが、大谷にとって上に行けば通用しなくなるのは「普通のこと」であり、むしろそういう状況を求めるからこそのメジャーリーグへの挑戦でした。足りないことを知ること、それは大谷にとって自分が成長するために不可欠なことでした。

150

「本当は27番が良かったんですけど、埋まっていたので17番にしました」

『大谷翔平 二刀流メジャーリーガー誕生の軌跡』P35

野球選手にとって背番号というのは、特別な意味を持っています。日本のプロ野球におけるエースナンバーの代表は「18」ですが、チームによって過去の名選手が付けていた背番号が、期待の若手に与えられることもよくあります。

大谷翔平が日本ハムファイターズ時代に付けていたのは「11」です。それはダルビッシュ有が日本ハム時代に付けていた背番号であり、大谷への期待の高さが表れています。今や「11」は「伝説の背番号」となりつつあります。ロサンゼルス・エンゼルスに移籍した時の背番号は「17」です。イチローがメジャーリーグに移籍した際、シアトル・マリナーズはオリックス・ブルーウェーブ時代の「51」を用意していました。エンゼルスでは、日本ハム時代の「11」は永久欠番（ジム・フレゴシ）でした。大谷はこんな感想を口にしました。

「空いていたら『11』でも良かったんですけど、新たな気持ちというか。『11』は一応、一つの区切りとして自分の中では終わったのかなあ、と」

この時、大谷は「本当は27番が良かったんですけど、埋まっていたので17番にしました」と言って会場を爆笑の渦に包みました。「27」というのは、大スターのマイク・トラウトが付けている背番号であり、大谷にビデオ通話で入団を勧めてもいます。2人の活躍はやがて「トラウタニ」とも呼ばれるようになります。

151

「契約自体がマイナー契約なだけで、プレーできることに変わりはありません。僕にとって肝心なのはそこだけ」

『道ひらく、海わたる 大谷翔平の素顔』P46

1995年、野茂英雄がロサンゼルス・ドジャースとマイナー契約を交わした時の契約金は200万ドルで、年俸はわずか10万ドルという驚くべき安さでした。以後、野茂やイチローの活躍もあり、日本人選手がメジャーと契約する際の条件は、日本では考えられない高額になることがほとんどでした。そんな中、大谷翔平が交わしたのは契約金230万ドル、年俸約54万ドル（メジャーリーグの最低年俸）という破格の安さでした。

当時、メジャーでは労使協定により25歳以下の海外選手（大谷は23歳）は契約金の上限が決められていたため、これほどの安価な契約になったわけですが、あと2年待てば確実に数億ドルの大型契約が結べるにもかかわらず、あえて最低年俸でのメジャーリーグ移籍を選んだことは大きな話題になりました。

「なぜ大金を棒に振ってまで」という声に対し、大谷は「お金よりも今やりたいことを優先したい。たまたま優先したいものがあったということなんです」と、大金を手にすること以上に、メジャーでプレーするという「やりたいこと」には変えられないと淡々と話していました。

こうした大谷の挑戦する姿勢は、メジャーの選手からも「彼はお金のためにアメリカに来ているのではないと示したんだ。野球をやるためだけに来るのさ」と好意的に受け止められ、アメリカのファンからも歓迎されることになりました。

152

「だって、もらってる額が違いますもん」

『野球翔年 II MLB 編 2018-2024 大谷翔平ロングインタビュー』P39

大谷翔平は、今でこそ10年7億ドルの契約を結ぶ超高額所得者です。ただし、こちらはほとんどが後払いのため、今すぐに支払われるわけではありませんが、大谷の場合、約100億円ともいわれる広告関係の収入があるため、やはり高額所得者であることに変わりはありません。

しかし、そんな大谷もロサンゼルス・エンゼルス時代は破格の安さで契約しています。大谷がメジャーへ移籍したのは23歳の時です。大谷がエンゼルスと交わした契約金230万ドル、年俸約54万ドル（メジャーリーグの最低年俸）は、野茂英雄を除けば日本からメジャーへ移籍したスタープレーヤーとしては破格の安さでした。

2023年を除けば、「こんなに安いの」という金額でこれまでプレーしています。だからといって、大谷がそれを嘆いていたわけではありません。エンゼルス時代、シーズン中は球場で用意された食事で済ますことが多いと聞いた『Number』の記者が「ほとんどの日本人メジャーリーガーは、遠征先では当たり前のように、外食に出ますよ」と言うと、大谷は「だって、もらってる額が違いますもん」と笑いながら答えています。

もちろんお金がないから外食に行かなかったわけではありませんが、それを笑いながら言えるところに大谷の魅力があるのです。

153

「（エンゼルスの）あの温かさに助けられたから、その後の成長曲線を右肩上がりの放物線で描くことができた」

『Number 1094・1095』P8

大谷翔平は、日本ハムでの5年間を経てロサンゼルス・エンゼルスに入団していますが、入団後、エンゼルスは地区優勝はおろか、1度もポストシーズンに進出することができませんでした。そのため「大谷の才能がムダになった」と言われることもありましたが、大谷自身は「あの時の選択は間違いではなかったと言い切れます」と語っています。その理由は、エンゼルスにいたからこそ「ストレスフリーに野球ができた」からです。

入団1年目のスプリング・トレーニングで、大谷は期待通りの結果を出すことができず、マスコミや一部のファンからも懐疑的な見方をされていますが、尊敬する先輩であるイチローからの言葉で自信を取り戻します。

さらに助けられたのがフロントや選手、ファンの人たちの対応でした。大谷は言います。

「フロントの人、選手、ファンの人たちが本当に温かくて、『まだ開幕してないんだから』というスタンスを貫いてくれました。あの温かさに助けられたから、その後の成長曲線を右肩上がりの放物線で描くことができたんだと感謝しています。僕の中でエンゼルスでの大事な6年間を忘れることはない」

人は時に不安になり、自信を失いかけることがありますが、そんな時の「温かい言葉」や「温かい視線」はその人の背中を押し、困難に向かう力を与えてくれるのです。

154

「キャンプから勝負だと思っている。勝ち取りに行く立場」

『大谷翔平を追いかけて 番記者10年魂のノート』P160

スポーツの世界は厳しい競争社会だけに、前の年に良い成績をあげて、「これで自分も安泰だ」などとのんびりしていると、あっという間に他の選手に追い抜かれるということがあります。

もちろんプロ野球の世界なら、レギュラーの座が約束されている選手もいるわけですが、それでもそのポジションに安心するのではなく、絶えざる向上心を持って取り組む人が伸びていくようです。

2018年は、大谷翔平にとってメジャーリーグに挑戦する年となりました。前年オフにエンゼルスへの入団が決まり、二刀流での挑戦がスタートしたわけですが、大谷自身はメジャーリーグでのキャンプに臨む直前、体調面では「100%でいける」と自信を持ちながらも、「開幕出場」に関しては、「開幕のイメージはない」と答えています。理由はこうでした。

「キャンプから勝負だと思っている。勝ち取りに行く立場。やっぱり1年目なので良いものをキャンプの中から見せていければと思う」

エンゼルスにとって、大谷は期待の選手ではあっても、二刀流の選手は初めてであり、本当にメジャーリーグで通用するのかは未知数でした。二刀流として活躍した日本ハムと違い、前年までの実績はゼロです。厳しい環境で自分をどこまで伸ばせるか。大谷にとってメジャーリーグ1年目は、ゼロから自分を認めさせる挑戦のスタートでした。

155

「パスポートと野球道具と気持ちがあれば、何でもできると思っていきたい」

『大谷翔平を追いかけて 番記者10年魂のノート』P164

女優のオードリー・ヘップバーンは、長期ロケの撮影に臨む場合、ロケ地に近いホテルに50箱を超える荷物を持ち込み、部屋の調度品から何から何まで、自分の好みに変えたといわれています。ホテル暮らしというよりは、ホテルを自分の家に変えるという考え方だったようです。

一方、日本ハムファイターズからロサンゼルス・エンゼルスに移籍した際の大谷翔平の荷物は、最低限のものだったといいます。もちろん現地で落ち着いてから家具や家電などを揃え、生活環境を整えればいいわけですが、2018年2月、キャンプインに向けてアリゾナに移動する際、大谷はこんなことを言って周囲を驚かせています。

「最低限（の荷物）で来たつもり。パスポートと野球道具と気持ちがあれば、何でもできると思っていきたい」

日常生活にしろ、キャンプにしろ、長期の旅行にしろ、快適さを求めれば、オードリー・ヘプバーンほどではないにしても、あれもこれもと持って行きたくなるものですが、大谷の場合は野球をやるための道具と、「自分のできることをしっかりやろう」という気持ちさえあれば、それで十分でした。1日の時間のほとんどは野球と睡眠に充て、食事はチームが用意してくれたものでいい。それが大谷でした。

156

「どちらも楽しみにしていますし、最高なのは、どちらも一緒の試合でできることだと思っています」

『SHO-TIME 大谷翔平 メジャー120年の歴史を変えた男』P93

大谷翔平がロサンゼルス・エンゼルスの入団会見に臨んだのは、2017年12月9日のことです。本拠地・エンゼルスタジアムで行われた会見には、約1000人のファンが詰めかけており、大谷の英語での自己紹介に大歓声で応えています。

当時、大谷が日本の二刀流スターであることは知られていましたが、二刀流自体に馴染みのないファンや専門家にとって、大谷が果たしてどのくらいできるのか、本当にメジャーリーグでも二刀流でやっていけるのかに疑問を持つ人は少なくなかったようです。

しかし、大谷は本気でした。記者からの「投手として初勝利をあげるのと、打者として初ホームランを放つのと、どちらに期待しているのか」という質問にこう答えます。

「どちらも楽しみにしていますし、最高なのは、どちらも一緒の試合でできることだと思っています」

確かに日本の投手の中には、高校時代に4番を打っていた選手もおり、自分が投げた試合でたまたまホームランを打つことはあっても、大谷のようにプロに入っても「エースで4番」というのは、野球の本場アメリカでは考えられないことでした。しかし、エンゼルスは本気でした。「我々は間違いなく二刀流を認めるつもりで、それについては一点の曇りもない」という監督マイク・ソーシアの言葉は、大谷にとってとても力強いものでした。

157

「そこに転がっている石ころを投げてくれと言われてもできるようにしないと」

『Number 1094・1095』P19

「物事ができない理由は100ほどもある」という言葉があるように、人間というのは「できない理由」を探すのが上手です。しかし、現実には「できない理由」を上手に述べたところで、それで成績が上がることはないし、成果も出ません。

日本のプロ野球で活躍した二刀流も、キャンプやオープン戦を見る限り、「打席ではピッチャーに押され気味で、マウンドではことごとく相手に打たれてしまう」という、ファンにとって「どの程度の選手かわからない」レベルでした。「和製ベーブ・ルース」はどこにいったのか、それがファンの声でした。大谷自身、環境の変化に戸惑い、マウンドやボールの違いに慣れるのに苦労をしていました。対戦以前に、自分自身の慣れとの戦いでした。

確かに、日本のプロ野球とメジャーリーグで使うボールは違い、大谷に限らず滑るボールに苦労する投手は少なくありません。試合数が多く、球団数も多いため、マウンドごとの違いも大きなものがありますが、大谷はこう言い切っています。

「そこに転がっている石ころを投げてくれと言われてもできるようにしないと」

違いを言い訳にせず、与えられた環境の中で最善を探しながら努力を続ける。成果をあげる者は「できない言い訳」ではなく「何ができるか」に集中するのです。

158

「『自分の才能を信じたほうがいい』というイチローさんの言葉のおかげで自信を持てましたし、その自信を持ってグラウンドに入って行けるようになったのは、あの言葉がきっかけです」

『Number 968・969』P17

大谷翔平はいつも自信にあふれ、楽しそうに野球をやっているように見えますが、そんな大谷もメジャーリーグ1年目のスプリング・トレーニングは思うような結果が出ず、少し自信を失いかけていました。

日本の若きスターで、ベーブ・ルース以来の二刀流に挑戦するというだけでも大きな話題ですが、長い歴史の中で誰もやろうとはしなかった二刀流に対し、アメリカのマスコミやファンの中には「本当にそんなことができるのか」と懐疑的な見方をする人もたくさんいました。そんな中、結果を求められるわけですから大変です。

当初、大谷は投手としても苦戦、打者としても低い評価しか得られませんでしたが、その頃、大谷はイチローを訪ね、1時間ほどの会話を交わしています。その時、イチローから言われたのが「自分の才能を信じたほうがいい」でした。この言葉のおかげで大谷は「自信も持てましたし、自信を持ってグラウンドに入って行けるようになった」と振り返っています。同じ頃、大谷は自分の獲得に力を尽くしてくれたエンゼルスのGMビリー・エプラーからも「能力はあるんだから、自信を持ってやればいい」と励まされています。

どんな人でも不安になり、自信を失いかけることがありますが、そんな時に周りの人がどんな目で見て、どんな言葉を口にするかは、その人の人生を大きく左右することになります。

159

「だって、スーパー過保護ですよ」

『野球翔年 II MLB 編 2018-2024 大谷翔平ロングインタビュー』P24

大谷翔平の二刀流は日本のプロ野球においても、メジャーリーグにおいても、ほとんど前例のない取り組みだけに、監督やコーチは、当初は手探りでの起用を続けるしか方法がありませんでした。ロサンゼルス・エンゼルスは、当初は日本での起用法を参考に、先発は6人でローテーションを組み、登板日と前後の3日間は打席に立たないというやり方を採用しています。

中4日でのローテーションが当たり前のメジャーリーグにおいては、極めて異例のやり方ですが、大谷の疲労を考慮しながら二刀流を続けさせたいという思いが強くありました。

さらに1年目の6月、大谷はDL（故障者リスト）入りしていますが、大谷によるとロイヤルズ戦でマウンドを下りたのはマメの影響でした。検査の結果、問題は見つからず、大谷自身は次の試合も当然のように投げるつもりでしたが、チームは大事をとって故障者リストに入れています。

大谷を大事に思えばこその処置ですが、大谷はこうしたやり方を「スーパー過保護ですよ」と物足りなさを感じていました。大事にしてもらうのはありがたいけれども、自分はいつでも行く用意がある。

やがてエンゼルスも大谷をフル稼働させるようになり、2022年には近代野球で初めて、規定投球回数と規定打席の両方を達成するほどの活躍を見せます。大谷にとって試合に出ることは、疲労や大変さを超えるとても楽しいことなのです。

160

「オファーしてくれたすべてのチームに対して、ベストな投球をしたいと思っています。スカウトに乗り出したのが間違いでなかったと思っていただきたいです」

『大谷翔平 二刀流メジャーリーガー誕生の軌跡』P117

大谷翔平がメジャー移籍の意思を表明した際、関心を示さない球団はありませんでした。日本ハムに2000万ドルの譲渡金を支払ったとしても、投打二刀流でMVPを獲得するほどの活躍をしたうえにチームを日本一に導いた、伸び盛りの23歳のスター選手をバーゲンセールのような金額で獲得できるのですから、多くの球団が獲得に名乗りを上げたのは当然でした。

大谷はその中からドジャース、エンゼルス、マリナーズ、レンジャーズ、パドレス、ジャイアンツ、カブスの7つの球団に絞ったうえで面談を行い、最終的にエンゼルスを選んでいます。選ばれなかった球団のGMの1人は、残念な思いはしながらも、大谷の真摯な態度に感銘を受けたと話しています。大谷の真摯な態度、相手への敬意はその後の対戦にも表れます。

2018年5月、大谷は候補に残った球団のシアトル・マリナーズと対戦し、7回途中まで投げて2失点、6奪三振で、3勝目を記録します。その時にこうコメントしました。

「オファーしてくれたすべてのチームに対して、ベストな投球をしたいと思っています。スカウトに乗り出したのが間違いでなかったと思っていただきたいです」

獲得しようとしてくれたことへの感謝と、それに相応しい選手になるという決意のこもった言葉です。相手に敬意を持って接するからこそ、相手も敬意を払ってくれるのです。

161

「チームというのは毎年、メンバーが変わりますからね。当然、自分への確約みたいなものはないと思っています」

『Number 1048』P11

大谷翔平は今や「世界最高の選手」の1人と言われ、メジャーリーグを代表する選手ですが、ロサンゼルス・エンゼルスに入団した当初は、その実力は高校生みたいだと言われたこともあります。そしてそこから実績を積み重ねることで、今日の地位を築いたわけですが、2021年のシーズンが始まる頃は、このままだと二刀流はできなくなるのかな、という危機感さえ抱かせています。

そうした不安は2021年に投手として9勝2敗、打者として46本のホームランを打ち、リーグMVPを獲得することで払拭されますが、それでも2022年のシーズンが始まる前の大谷は「チームというのは毎年、メンバーが変わりますからね。当然、自分への確約みたいなものはないと思っています」と話していました。

確かにメジャーリーグの場合、たとえ優勝しようとも、世界一になろうとも、メンバーが何人も変わることがあります。FAで入ってくる選手もいれば、出ていく選手もいて、トレードも盛んに行われます。

自分より優れた選手が入ってくれば、どんな選手でもレギュラーの座を追われることになります。だからこそ大谷は、1年の好成績に満足することなく、オープン戦からしっかりと調整して、公式戦でも「どこで投げるにしろ『行け』と言われたところでいい成績をあげるようにしたい」と考えていたのです。

162

「それはもう、早ければ早いほうがいいでしょう。シーズンが終わったら、その瞬間からもう次のシーズンに入っているわけで、早いに越したことはない」

『Number 968・969』P13

「タイムアップの笛は次の試合のキックオフの笛だ。さあ、今から練習を始めよう」は、「日本サッカー界・育ての親」と言われるデットマール・クラマーの言葉です。1964年の東京オリンピックの順位決定戦で大敗した選手を、クラマーは閉会式を待たずにグラウンドに集め、この言葉とともに練習を開始します。その甲斐あって、日本代表は次のメキシコオリンピックで銅メダルを獲得します。

2018年10月1日、メジャーリーグ1年目の戦いを終えた大谷翔平は、シーズン終了の翌日朝5時に自宅を出て、早朝にトミー・ジョン手術を受けます。手術日は、ドクターが提案した候補日の中から最も早い日を選んでいます。その理由を聞かれて、こう答えます。

「それはもう、早ければ早いほうがいいでしょう。シーズンが終わったら、その瞬間からもう次のシーズンに入っているわけで、早いに越したことはない」

普通はシーズンの疲れをとるために、数日はゆっくりしそうなものですが、大谷にとってシーズン終了は次のシーズンのスタートでもあることに加え、その後の長いリハビリ期間を考えれば、「とにかく早く」が大谷の偽らざる心境でした。初めての手術には不安もあり、つい様子を見たくなるものですが、大谷はいつだって前だけを見て、最善の準備をしようとしていました。

163

「昨年の僕はトミー・ジョン手術が必要という診断を受けたころ、本当によくバットが振れていてボールもよく見えていたので、なんとか1シーズンをまっとうするという経験をしたかった」

『SHO-TIME 大谷翔平 メジャー120年の歴史を変えた男』P172

大谷翔平は、メジャーリーグ1年目の9月初めに右ひじ靭帯の損傷という診断を受け、トミー・ジョン手術が必要と告げられています。そしてシーズン終了後、すぐにトミー・ジョン手術を受けていますが、それまでの1ヵ月近くは打者としての出場を続けています。

本来、ケガは大変なショックなはずですが、大谷はシーズン終了までバッターとしての出場を続け、トミー・ジョン手術が決まった週には週間MVPを獲るほどの活躍を見せています。バッターとして出続けることへの不安はなかったのでしょうか？　半年後にその理由をこう話しています。

「昨年の僕はトミー・ジョン手術が必要という診断を受けたころ、本当によくバットが振れていてボールもよく見えていたので、なんとか1シーズンをまっとうするという経験をしたかった」

手術を1ヵ月早くすれば、その分、リハビリ期間に充てられるので、復帰には好ましいはずですが、大谷はそれ以上に自分がその時期に打者として成長しているという実感がありました。

だからこそ手術はシーズン終了後すぐにするとして、それまでは打者としての成長に賭けたのです。その甲斐あってか、大谷は打者として大きく成長し、今やメジャーリーグを代表する強打者の1人となっています。

164

「（投げられない時）試合に出るのは楽しいんですけど、1つがないので、やっぱりマウンドっていうのは特別なものなんだなということを改めて感じています」

『Number 980』P21

大谷翔平にとって、投打二刀流はとても楽しいもののようです。それについて、こう話しています。

「ピッチングをやってバッティングをしていれば、楽しい瞬間はいっぱいあるんです。そういう瞬間が訪れるたびに、僕は投打両方をやっていて『良かったなあ』と思う」

しかし、2018年のシーズン終了と同時に、大谷はトミー・ジョン手術を受けたことで、バッティングは数ヵ月のリハビリで打てるようになったものの、投げることに関して、2019年は休養することになりました。

二刀流が当たり前だった大谷にとって、この年は初めての当たり前ではないシーズンとなります。気持ち的には「バッター一本のシーズン」だとわかってはいても、投げないことで「シーズンを戦っている感じにはならなかった」と言います。そして何より感じたのが「やっぱりマウンドは特別なもの」という思いでした。

大谷によると、マウンドに立つにはものすごく準備が必要であり、1試合に投げることは、1打席立つこととは違う感覚があるだけに、1つがないと、シーズンを戦っている感覚が薄くなるというのです。リハビリでキャッチボールはするものの、そのくらいではシーズンを戦う感じにはならないといいます。投打二刀流で試合に出続けるのは大変ですが、大谷にとってはその大変さも含めて「当たり前」のものなのです。

165

「もどかしいですし、それなりにストレスもあります。（野球という）一番の娯楽がなくなった感じもしますしね」

『Number 980』P21

2018年のシーズンオフ、大谷翔平は右ひじのトミー・ジョン手術を受けています。それまでも大谷は何回かのケガをしてリハビリも経験していますが、トミー・ジョン手術後の1年を超えるリハビリは初めての経験でした。

2019年の5月には、バッターとして復帰していますが、投げることに関してはまだリハビリの途上にありました。『Number』の記者がリハビリについて質問したところ、メニュー通りに来ているものの、「不安はあります」として、こう答えています。

「もどかしいですし、それなりにストレスもあります。（野球という）一番の娯楽がなくなった感じもしますしね」

やはり大谷にとって野球は「仕事」ではあっても、「一番の娯楽」でもありました。だからこそ、不安もあるし、もどかしさもあるわけですが、リハビリ中ならではの気づきもありました。

大谷によると、リハビリ中というのは患部にかかるストレスを感じやすいため、ピッチングでも1球1球、「今の形は良かったな」「今のはストレスがかかっちゃってるな」というのがはっきりわかるというのです。

その結果、何かをやったとして、いいか悪いかがわかりやすいため、時折、劇的な進歩を感じる時があるというのが大谷の見方でした。大谷はリハビリ期間中でさえ、ストレスを進歩に結び付けようとしていました。

166

「打って、投げるのが一番、楽しいので、バッターとしてずっと試合に出ていても、多分、いつ投げられるのかなということしか考えないと思うんです」

『大谷翔平 野球翔年 I 日本編 2013-2018』P278

メジャーリーグに移籍してから、大谷翔平は2度の右ひじの手術を受けています。その結果、2019年と2024年は投げることを禁止され、バッターだけに専念しています。特に2024年は、DHとしてほぼすべての試合に出場して「50–50」という史上初の偉業を成し遂げています。

トミー・ジョン手術となれば、手術をする前から少なくとも1年間はピッチングできないことがはっきりしています。そうではないケガなどで投げられない時の大谷は、いつ投げられるかわからない中でも、打者として出場し続けるのはもやもやするし、楽しくないと話していました。

日本ハムの監督・栗山英樹もバッター大谷に期待しながらも、「心がもたないかもしれない」と心配するほど、大谷の投手への思い入れは強いものがありました。

日本ハムでの最終年となる2017年、大谷は右足首の痛みで投げることができずにいました。開幕当初、バッティングは好調だったものの、4月8日に左太ももの裏を痛めたこともあり、投手としての復帰はさらに遠のきます。

リハビリを経て、試合には出るようになりますが、打って、投げることにこだわる大谷は、バッターとして試合に出ながらも「いつ投げられるのか」が気になって仕方がなかったといいます。大谷にとって、投げることと打つことは、両方が揃ってこそ「楽しい」ものなのです。

167

「僕には『今日のメニューは5球を5セット』という練習はまったく合わないということがわかったんです」

『野球翔年 II MLB編 2018-2024 大谷翔平ロングインタビュー』P92

大谷翔平は、日本ハム時代から他人からアドバイスを受けたり、あるいは自分で閃いたアイデアなどを練習ですぐに試すようにしていました。監督やコーチから「こうしなさい」と決められたメニューをこなすというよりは、自分で考えて、自分で試すということを大切にしてきました。

メジャーリーグ2年目の2019年、大谷は前年に右ひじのトミー・ジョン手術を受けた関係で、右ひじのリハビリをしながらバッティングの練習に取り組むことになります。

右ひじの状態を見極めながら、スイングの数にも制限を設けることになりますが、メジャーリーグでもトミー・ジョン手術を受けた投手がバッティング練習をするという例はないだけに、大谷は外で打つのか打たないのか、どのくらいの数を打つのかを自分で決めることになりました。

大変ですが、一方で「この練習は100%いいな」というものも見つかったといいます。同時に「これは向かないな」というものも見つかっています。

その一つが、「僕には『今日のメニューは5球を5セット』という練習はまったく合わない」です。続けて5球のスイングをして何ラウンドも回るより、3球で良ければそれでやめて、5球でダメなら15球打ってもいい。大谷はこうした「考え、試す」ことを通して、自分なりの「いい練習」を見つけていきます。

168

「ここで工事をして、(靭帯を)もっと強い筋力でカバーしながら、うまく補正できたら自分はどんなボールを投げられるようになるのか、それは、今の状態で投げるよりもワクワクします」

『Number 963』P18

トミー・ジョン手術が確立されたのは1974年のことです。フランク・ジョーブ博士が、靭帯の損傷により選手生命が終わりかけていたロサンゼルス・ドジャースの左腕投手トミー・ジョンの手術を行い、31歳のジョンは2年後に復帰し、そこから14シーズンで164勝をあげる見事な復活を遂げています。

以来、高いレベルの投球をする投手は、靭帯を損傷した際、トミー・ジョン手術を受けることが多くなります。確かに靭帯というのは筋肉と違って鍛えることは困難で、大谷のように速いボールを投げる投手にとっては、靭帯の損傷は避けて通れないものになっています。メジャーリーグ1年目、大谷はひじの違和感を覚え、それから3ヵ月近く、手術を避けるための処置を受けますが、2018年9月に手術が必要と診断されます。

その間、大谷は「いつかトミー・ジョン手術の日がやってくるのだろうな」と覚悟していたといいますが、同時に「今の状態で投げるよりも全然、ワクワクします。一からつくり直して、再来年に100%で投げたいな、という気持ちのほうが強い」と前向きに捉えていました。

トミー・ジョン手術を受けた投手の中には、「本当にマウンドに戻れるのか」という不安に駆られる人も少なくないといいますが、大谷は何事も前向きに考え、トミー・ジョン手術さえ、さらなる成長につなげようとしていました。

169

「普通なら1年と半年は試合に出ることができないので、その中で、まだ貢献できるものがあるということは、むしろプラスかなとは思っている」

『ルポ 大谷翔平』P49

野球選手にとって、ケガは避けて通れないものですが、大谷翔平も高校時代、日本ハム時代、そしてメジャーリーグと幾度のケガや故障を経験しています。高校2年生の夏、骨端線損傷という大きなケガのため、長い期間、投げることができなくなりますが、この時期、バッティングでは痛みを感じませんでした。この時期にバッティング練習に多くの時間を割いたことで、「バッター・大谷翔平」は成長したとも言われています。

まさに「ケガの功名」と言えるかもしれませんが、大谷自身はケガをプラスの経験と捉えることはありません。その代わりにケガをしたとしても、その中でできることに最善を尽くすという考え方をしています。

メジャーリーグ1年目の2018年、大谷は新人王を獲得するほどの活躍を見せますが、9月に右ひじ靭帯に損傷が発覚、トミー・ジョン手術を勧められます。手術を受けた場合、少なくとも1シーズンはリハビリが必要になり、2019年に登板することはできません。打者としても復帰には数ヵ月を要します。

それは大変なことですが、大谷は「打席に立てる」ことを前向きに捉え、その直後に週間MVPを獲るほどの活躍を見せたのです。そんな大谷を見て、マイク・トラウトは「二刀流選手はいいね。一方をケガでできなくなっても、もう一方が残っているから」と大谷の強さを讃えますが、大谷は逆境にあっても、常にその時の最善を尽くすことのできる選手でした。

170

「つらいのは自分だけじゃないですから。いいプレーをすることで、明るいニュースを届けられればと思っていました」

『大谷翔平 二刀流メジャーリーガー誕生の軌跡』P214

大谷翔平は、2024年シーズン終了時点で週間MVPを通算11回受賞（史上15人目）しています。そのうちの2回は、2018年のルーキー時代ですが、2018年9月10日に受賞した2回目には、特別な思いがこもっていました。

同年6月、大谷は右ひじの内側側副靭帯（ないそくそくふくじんたい）がグレード2の損傷と診断され登板ができなくなりますが、その後、PRP注射と幹細胞注射の治療を受けることで、9月に投手として復帰します。

しかし、登板した試合で2イニングは良かったものの、3イニング目に球速が目に見えて低下し、エンゼルスの医師団はトミー・ジョン手術を勧める決断を下します。トミー・ジョン手術を受ければ、少なくとも1年間は投手として登板することはできません。

みんながネガティブな気持ちになる中、大谷はそんな騒動が続く1週間で打率.474、4本塁打、10打点を記録し、週間MVPを受賞するほどの活躍を見せたのです。さらに周りを驚かせたのは、「つらいのは自分だけじゃないですから。支えてくれるみなさんにも、つらい思いをさせてしまっているので。いいプレイをすることで、明るいニュースを届けられればと思っていました。だから良かったと思います」というコメントでした。

投手ができなくなることで一番つらいのは大谷のはずですが、そんな素振りも見せずに、周りを安心させて笑顔にさせるところに大谷のすごさがありました。

171

「プレーのいい悪いをひざのせいかもしれないと考えてしまったら、純粋な反省材料にできませんからね」

『野球翔年 II MLB 編 2018-2024 大谷翔平ロングインタビュー』P91

自信のない人は、何かをやる前から言い訳を用意するところがあります。例えば、テストの前の勉強をしっかりしない人は、テストの点数が悪かった時、「忙しくて十分に勉強ができなかった」と言い訳ができますし、試合の前に用具の点検や整備を怠る人は、結果が悪い時、その原因を用具に求めることができます。

いわば、最初から言い訳を用意することで、敗北や失敗の原因を自分以外の何かに委(ゆだ)ね、つまらない自尊心を守るということになるのです。

大谷翔平は、ロサンゼルス・エンゼルスの1年目にひじを手術し、2年目に左ひざの手術をしています。ひじはともかく、ひざに関しては日本ハム時代から時折痛んでいたといいますが、プレーができないほどの痛みではなかったといいます。それでも手術に踏み切ったのは、「自分が満足できるレベルのプレーをする」ためでした。

「気持ち良くプレーしたいし、プレーのいい悪いをひざのせいかもしれないと考えてしまったら、純粋な反省材料にできませんからね」

ミスをしたり、打てない時、「ひざが悪くて」という言い訳をすると、技術などへの反省ができなくなります。できない理由をひざではなく、自分の技術やフィジカルに求めるためには、ひざは治したほうがいいというのが大谷の考え方でした。

172

「健康ならば、やりたいことをやり切れる」

『Number 1069』P15

大谷翔平は自ら「睡眠欲がすごい」と言うように、睡眠に気を使っていますし、食べるものに関しても、ほとんど外食をせず健康にいい食事を心がけています。かつてプロ野球選手というと、派手に飲み歩き、派手に遊ぶイメージがありましたが、大谷はそこから最も遠いところにいます。

大谷がこれほど健康にこだわるのは、「健康ならば、やりたいことをやり切れる」からです。大谷は高校生の頃からケガに悩まされ、手術も経験しています。日本ハム時代もメジャーリーグでも同様で、メジャーリーグ2年目には、1回目のトミー・ジョン手術によって投げることのできなかった時期もありますし、ケガによって十分に身体を動かせないという経験もしています。大谷はこう言います。

「健康ならば、やりたいことをやり切れる。フィジカルをマックスで使って、100%の体調で強化する練習ができているのが何より嬉しいんです。ベクトルがリハビリに向かう練習か、全部の能力を上げたい練習なのか、どちらがうまくなりますかといったら、それは後者でしょう」

身体がいい状態で、毎日、しっかりと練習を継続できること、それが大谷にとって最も大切なことであり、だからこそ人一倍身体や睡眠に気を使っているのです。

173

「僕は、今も投げる準備をしています。それが今の計画ですから」

『SHO-TIME 大谷翔平 メジャー120年の歴史を変えた男』P193

大谷翔平は2018年のシーズンオフと、2023年のシーズン終盤の2度、右ひじの靭帯損傷によりトミー・ジョン手術を行っています。前回と今回の違いは、前回が新人王こそ獲得したものの、二刀流としての評価が十分には確立しておらず、その後の2年間、「もはや二刀流を諦めるべきではないか」という声が多かったのに対し、今回は大谷の二刀流を否定する人はおらず、本塁打王2度に輝く打棒とともに、サイ・ヤング賞への期待を込めて2025年の二刀流復活を期待する声が多いことです。

大谷にとって、2019年と2020年はつらく厳しい時期でした。2019年は投手として投げることはできず、2020年も新型コロナの影響により、試合数が減ったことで投手としては、わずか2試合にしか登板することはできませんでした。

この時期、エンゼルスは大谷に外野や一塁手の練習もさせています。そこには投手として登板できなくなった時、DH専念ではなく、守備をこなすことができるのかを見極める意図があったとも見られています。

一方、大谷自身は二刀流を諦めるつもりはありませんでした。思うように投げられなくとも、「僕は、今も投げる準備をしています。それが今の計画ですから」と準備を欠かしませんでした。その思いや準備があったからこそ、2021年の活躍が可能になったのです。

174

「たまたま出た、みたいなホームランは、別に悪いわけじゃないですけど、いや、やっぱり悪いかな」

『野球翔年 II MLB 編 2018-2024 大谷翔平ロングインタビュー』P93

ボクシングの世界に「ラッキーパンチ」と呼ばれるものがあります。例えば、一方的に攻められて、不利な状況に追い込まれ、このままだと負けは確定というような時、一発のパンチが当たり、ダウンを奪って勝利するというケースです。実力が伯仲していれば、ラッキーパンチとはいいませんが、弱者が強者を倒した時などに、この言葉は使われます。

ビジネスの世界でも、思いがけない幸運に恵まれて大きな商談を手にした時などに使われますが、こうしたラッキーパンチを自分の実力と誤解して過信すると、2度と幸運に恵まれないのに対し、「成功は運のお陰」と過信せずに努力を重ねれば、最初のラッキーが2度3度と当たり前のものとなっていきます。

メジャーリーグ2年目、大谷翔平は自らのホームランを振り返って、「いいものも悪いものもありました」として、こう話しています。

「たまたま出た、みたいなホームランは、別に悪いわけじゃないですけど、いや、やっぱり悪いかな」

ホームランという結果は素晴らしいものの、その打ち方に納得ができない場合、それを「結果オーライ」ではなく、「悪い」とするからこそ、次への学びが生まれます。成長する人は「成功した時にこそ反省する」と言いますが、大谷は結果だけで一喜一憂するのではなく、その中身にまで目を向けるからこそ、成長し続けることができるのです。

175

「僕は差し込まれたホームランが好きなんです」

『Number 980』P19

大谷翔平のホームランの特徴の一つに、投げた側が「打ち取った」と思ったにもかかわらず、ホームランになってガックリするというシーンがあります。

普通の打者の感覚でいけば外野フライになるはずが、思いのほか伸びてホームランになることもあれば、振り遅れて三振か凡打かなと思っていたら、あっという間にスタンドに飛び込むこともあります。

これはキャッチャーにとってショックなようで、差し込まれたように見えたホームランの衝撃については、YouTubeなどで多くのキャッチャーが話しています。一方、バッターの立場からすると、それが狙い通りであれば快感となります。大谷は言います。

「僕は差し込まれたホームランが好きなんです。レフトに上がってもいいし、ライトに上がってもいい。なるべく身体に近いところでボールを捉えて、差し込まれたように見えても、入った、というホームランが好きですね」

大谷によると、差し込まれたように見えるほど、身体に近いところでホームランが打てるのは、それだけスイングスピードが速いということです。そこでホームランが打てるなら、前で捌いてホームランを打つこともできるわけですから、打てるポイントが2つになります。打つポイントが幅広いからこそ、大谷はホームランを量産できるのです。

176

「チームを勝たせる。そこを目指してこそ、僕が2つをやる意味があると思っています」

『Number 1040』P15

大谷翔平は、花巻東高校時代に甲子園で優勝するという目標を叶えることはできませんでしたが、日本ハムファイターズでは投打の二刀流でMVPを獲得するなど、チームの日本一に貢献しています。

勝てない悔しさを経て、勝つ喜びを経験しただけに、メジャーリーグに移籍した大谷にとって、「勝つこと」は何より大切なことでした。ところが、ロサンゼルス・エンゼルスは、プホルスやトラウトといったメジャーリーグを代表する打者がいたにもかかわらず、思うように勝つことができず、ポストシーズンに進むこともできませんでした。

2021年、大谷はホームラン王まであと2本という46本のホームランを打ち、投手としても9勝をあげますが、チームは77勝85敗で西地区4位に沈みます。

大谷はこのシーズンをこう振り返りました。

「チームを勝たせる。それは、自分1人の力だけではどうしようもないこともあるんですけど、そこを目指してこそ、僕が2つをやる意味があると思っています」

この年、大谷は初めてMVPを手にするなど、個人としては大満足の結果を残していますが、チームが勝てなければ喜びも半減します。「自分さえ良ければ」ではなく、「チームが勝ってこそ意味がある」というのが、大谷の偽らざる気持ちでした。

177

「(ホームラン王を)獲っちゃったら獲っちゃったで、自分の中の何かが変わってしまうのも嫌なので、ここから先をもっと頑張っていくために獲らなくてよかったのかな、と思ったりもします」

『Number 1040』P15

スポーツの世界に「1位になるためには、何度も2位にならなければならない」という言葉があります。どんなにいい戦いをしても、いい数字を残したとしても、勝者は1人しかいない場合、そのアスリートは何度も2位や3位を経験することになります。そしてその悔しさを糧に、さらに強くなって1位になるという意味だと思われます。

2021年、大谷は投手として9勝をあげ、打者としては46本のホームランを打ちますが、2本差でホームラン王のタイトルを逃します。この数字に関して大谷は「10勝に関しては何とも思っていない」とあっさりしていました。それは、1年を通して投げることができて、防御率が2.90と3.10の間を保てていれば、いずれ10勝はできると思っていたからでした。

一方のホームラン王に関しては、自分がどれだけ打っても、誰かがそれ以上に打てばタイトルを獲ることはできません。この点に関しては、自分ではコントロールできないだけに、最善を尽くすだけです。そして、こう話しています。

「獲ってみたかったというのはあります。でも獲っちゃったら獲っちゃったで、自分の中の何かが変わってしまうのも嫌なので、ここから先をもっと頑張っていくために獲らなくてよかったのかな、と思ったりもします」

しかし大谷は、2023年から2年連続でホームラン王に輝くことになります。

178

「(本塁打王を)もちろん獲りたいなという気持ちはありますが、獲りたいなというだけで獲れるものではない」

『Newsweek 2021.10.12』P20

2021年のシーズンに、大谷翔平は46本の本塁打を打ったものの、2本差で本塁打王のタイトルを逃しています。一方で26個の盗塁を決めたことで、「同一シーズンに45本塁打以上、25盗塁以上」を達成し、メジャーリーグでは、バリー・ボンズやホセ・カンセコといった名選手らに続く6人目の選手となっています。

まさにメジャーリーグ史上に残る名選手の仲間入りを果たしたわけですが、この時点では残念ながら、まだ打者としての大きなタイトルは獲得していませんでした。その意味では2021年は絶好のチャンスといえましたが、大谷はその難しさも実感していました。9月12日の試合後の記者会見でこう話しています。

「（本塁打王を）もちろん獲りたいなという気持ちはありますが、獲りたいなというだけで獲れるものではない。いい打席を毎日続けていけたらと思う。基本に忠実になり、1打席ずつ大事にしながら打ちたい」

2022年、ヤンキースのアーロン・ジャッジとのMVP争いが話題になっていた時も、「モチベーションにはなります」と認めつつ、やはり「1試合1試合、勝ちを意識して頑張っていけば、自ずと数字は付いてくると思うので、一番はそこかなと思います」と、似たようなコメントをしています。「いい打席を毎日続けたい」の延長上にタイトルはあるのです。

179

「これでさらに多くの人が試合を見てくれるなら、それだけで僕は嬉しいです。野球全体にとっていいことですから」

『SHO-TIME 大谷翔平 メジャー120年の歴史を変えた男』P295

大谷翔平は2021年のオールスターに、史上初めて投手と打者の両方で選ばれています。ファン投票では、アメリカン・リーグ指名打者枠でダントツの1位を獲得していますが、オールスター直前までの打率.279、33本塁打、70打点、12盗塁という成績から、当然のことといえます。

大谷の出場を喜んだのはファンだけではありません。MLB機構は、大谷を「野球界の歴史の中でも一番独特で、革命的な選手」として、大々的に売り出します。大谷を紹介するCMをつくり、ニューヨークの本部ビルに巨大な写真を貼り出します。

そんな期待に応えようと、大谷もホームラン競争への出場を受諾し、翌日のオールスターに先発登板をして、同時に指名打者として打席に立つことに同意します。

本来ならシーズン前半をフルに戦ってきただけに、ここまでする必要はないはずですが、大谷はその理由をこう話していました。

「これでさらに多くの人が試合を見てくれるなら、それだけで僕は嬉しいです。野球全体にとっていいことですから」

実際、大谷が出場したホームラン競争は、2017年以来、最も多くの人が視聴しています。いかに多くの人が大谷を見たいと思っていたかを証明することになりました。

180

「単純に日本人が出ているところを見てみたいなと、まあ僕じゃなくても、ていう単純な理由なんですけど」

『ルポ 大谷翔平』P103

大谷翔平の魅力の一つに、メジャーリーグでも1、2を争う圧倒的な打球の飛距離があります。第5回WBCにおいても、大谷の練習前のフリーバッティングは圧巻で、それを見た日本を代表するホームランバッターの中には、「野球選手をやめたくなった」と口にした選手もいたほどでした。

大谷自身、飛距離には自信を持っているものの、一方で飛ばそうと意識しすぎると、それがフォームを崩す一因になるということも理解していました。実際、グラウンドでのバッティング練習よりも、屋内での練習を重視する傾向があります。

それでも大谷の飛ばす力は、メジャーでも屈指なだけに、2021年のオールスターゲームの前夜に行われたホームランダービーには、日本人として初めて出場しています。短時間のうちに、ホームランだけを狙って強振することは、身体の負担になることはもちろん、スイングが乱れて調子を崩す恐れもあるだけに、大谷の出場に懸念を示す人もいましたが、大谷は「出てみたいという気持ちのほうが強かった」と、いつもの「興味があるなら、まずやってみる」と出場を決意します。

大谷はフアン・ソトとの戦いで、タイブレークにもつれ込むほどの接戦を演じますが、最後の最後に敗れます。疲労はかなりのものでしたが、大谷は参加金15万ドルをチームスタッフに寄付するという、粋な計らいも見せています。

181

「いや、もう1本ホームランを打ちたい」

『SHO-TIME 大谷翔平 メジャー120年の歴史を変えた男』P175

大谷翔平は、2024年シーズンに197安打を放っていますが、その内訳は単打98本、二塁打38本、三塁打7本、本塁打54本というもので、単打と長打の比率がほぼ半々になっています。

それぞれの塁打数を合計した「塁打数411」というのは、2001年にバリー・ボンズたちが記録して以来、ほぼ四半世紀ぶりの400超えという大記録でした。

これほど多くの長打を打つことのできる大谷らしさが全開になったのは、2019年6月、対タンパベイ・レイズ戦でサイクル安打を達成した時です。サイクル安打というのは、1試合で1人の打者が単打、二塁打、三塁打、本塁打を1本以上打つことで、メジャーリーグでも300人くらいしか達成したことのない難しい記録です。

この日、大谷は第1打席でホームランを放ち、続けて二塁打と三塁打を打っています。まさに走れる長距離バッターの面目躍如というところですが、その記録に気づいたチームメイトが「あと1本でサイクルヒットだぞ」と大谷に伝えたところ、返ってきたのは「いや、もう1本ホームランを打ちたい」でした。

打席に入った大谷は明らかに長打を狙っていましたが、結果的にセンター前にヒットを打ち、チームとしてはマイク・トラウト以来のサイクル安打を達成したのです。大谷は確かに単打よりも本塁打が大好きなのです。

182

「ホームランを打てるバッターが毎試合、逆方向のシングルヒットを狙うのを見ていて楽しいかと言われたら、僕は絶対に楽しくないと思う」

『Number 1048』P12

昔、日本では「王シフト」というものがありましたが、メジャーリーグで大活躍する大谷翔平対策として、2022年までは一、二塁間に野手を3人配置する「大谷シフト」（今は禁止）が敷かれることがありました。左バッターにとっては不利なシフトですが、中にはこうした極端なシフトの裏をかいてセーフティーバントを試みたり、野手が守っていないところを狙い打つという考え方もあります。

こうした考え方に対して、大谷は「それじゃ、面白くないでしょう」と否定的な意見を持っていました。理由は「ホームランを打てるバッターが毎試合、逆方向のシングルヒットを狙うのを見ていて、楽しいかと言われたら、僕は絶対に楽しくないと思う」からです。

大谷がしばしば比較されるベーブ・ルースは、かつて記者から「バットを短く持ってレフトへ流し打ちすれば4割打てるのに」と言われ、「私がレフトへ二塁打を3本飛ばすより、ライトへホームランを1本打つのをファンは見たがっている」と答えています。

大谷は足も速いだけに、打率だけを考えれば、セーフティーバントも狙えるし、流し打ちをしてヒットを稼ぐこともできますが、それはあくまでも「たまに」か、「ここぞ」という場面であり、やはりファンが大谷に期待するのは豪快なホームランです。大谷はルース同様に、しみったれたヒットを期待されてはいないのです。

183

「明日201号が打てるように頑張ります」

『Newsweek 2023.10.10/17』P30

大谷翔平は、2024年のシーズン終了時点で日本で48本、メジャーリーグで225本、日米通算273本のホームランを打っています。本塁打王も2回獲得し、イチローがかつて話していた「メジャーリーグに来た初めての日本人のホームランバッター」であることを見事に証明しています。

これだけの本数のホームランを打つと、節目の記録や、日本人初、アジア人初といった記録も生まれます。節目の記録の一つ「日米通算200号」を大谷が達成したのは、2023年6月24日の対ロッキーズ戦です。

最近の大谷の記録には日本人初が多いのですが、この時は日米通算ということで、メジャーリーグを経験した日本人選手としては、カブスの鈴木誠也に次ぐ12人目となります。

もっとも、鈴木が日本で182本のホームランを打って渡米したように、これまでの記録到達者はいずれも日本でかなりのホームランを打っているだけに、大谷のように日本で48本の選手が、メジャーリーグで通算200本に到達するというのは極めて異例のことでした。

当時、ホームラン争いのトップを走っていた大谷の感想は、「明日201号が打てるように頑張ります」というあっさりしたものでした。記録や数字はシーズンが終わってから振り返ればいい、というのが大谷のスタンスでした。

184

「(ポストシーズンが厳しくなった中)だからこそ自分の中の課題であったり、来年につながるようなことを一つでも見つけられたらいいなと、常にそう思って試合に入っていました」

『Number 1040』P14

大谷翔平の「勝つ」ことへの意欲は、とても強いものがあります。投打の二刀流として成長し続けることはもちろん大切なことですが、その先にチームの勝利があってこそ、自らの成績にも意味があるというのが大谷の考え方です。

メジャーリーガーであれば、誰もが手にしたいのがワールドシリーズの優勝リングです。過去に11人の日本人選手（2023年時点）が手にしていますが、メジャーリーグに移籍して以降、大谷が目指していたのは「打って、投げて、走って、勝って」というフル回転をして、ワールドシリーズに出場し、優勝することでした。

しかし、残念ながら大谷が入団して以降、エンゼルスは西地区で勝ち越すことさえままならない状況が続きます。頼みのマイク・トラウトは故障がちで、投手陣も大谷の孤軍奮闘が目に付きました。その結果、ポストシーズンの進出も難しく、8月、9月は来年を見すえての戦いとなり、モチベーションを高く維持するのが難しくなるわけです。

そんな中でも大谷は、常に全力プレーを怠ることはありませんでした。理由はポストシーズンが厳しくなったからこそ、「自分の中の課題に取り組んだり、来年につながることを見つけることが大切になる」からです。テンションを高く維持することが難しくなったとしても、できること、やるべきことはたくさんある、というのが大谷の考え方です。

185

「ワールドシリーズですか？僕、最後まで見てないんですよ。プレーしてみたいなって思いましたけど、でもなんだか上から見てるのが変な感じだったので、途中で帰っちゃいました」

『Number 1040』P15

大谷翔平は2021年10月、MLB・ヒストリック・アチーブメント・アワード（コミッショナー特別表彰）を受賞するために、ワールドシリーズが行われるテキサス州ヒューストンのミニッツメイドパークを訪れました。

同賞は、MLBで大きな意義のある偉業を成し遂げた選手や球団に贈られるもので、過去には2004年にシーズン最多安打を記録したイチローや、カル・リプケン、デレク・ジーターなど15人と1球団が受賞しています。

マンフレッド・コミッショナーが就任してからは、大谷が初の受賞となりますが、コミッショナーはシーズンを通して二刀流として活躍した大谷の偉業を讃えました。

受賞会見の後、大谷はアトランタ・ブレーブス対ヒューストン・アストロズの戦いを観戦しますが、最後まで見るのではなく、途中で退席しています。その理由はこうでした。

「プレーしてみたいなって思いましたけど、でもなんだか上から見てるのが変な感じだったので、途中で帰っちゃいました」

メジャーリーガーなら誰もがワールドシリーズで戦うこと、勝って世界一になることを夢見ています。それは大谷も同様で、試合は観客席から見るものではなく、グラウンドで戦うものだったのです。2024年、大谷の夢が叶うことになります。

186

「投げて、打って、走って、その結果、プレーオフに行ってみたいなという気持ちが一番です」

『Number 1048』P16

2023年9月、大谷翔平は右ひじの手術を受けました。手術は無事成功していますが、それについて発表した大谷の代理人であるネズ・バレロの声明は次のようなものでした。

「今後を見据えて最終的な判断と術式を決めた。翔平はこの先、何年にもわたって二刀流を続けることを希望した」

大谷が手術をすることになった靭帯の損傷の原因に関しては、WBCに合わせるために早くから調整をしたからとか、過去に例のない二刀流への挑戦が身体に大きな負荷をかけることになったという理由をあげる人もいます。

それだけに、二刀流をやめて圧倒的才能を持つ打者に専念すれば、という声があったのも確かですが、バレロの声明にある通り、大谷自身は日本ハム時代からそうであったように、「投げて、打って、走って、その結果、プレーオフに行ってみたいなという気持ちが一番です」という想いを持ち続けていることがよくわかります。大谷自身、二刀流の大変さや、身体への負荷の大きさは誰よりも理解しているはずですが、それでも「投げて、打って、走って」を続けたいし、何より「優勝したい」という、野球少年のような思いこそが大谷を突き動かす原動力なのです。

そんな思いが叶ったのは2024年シーズンです。大谷は投げることはできなかったものの、史上初の「50–50」を達成し、チームを牽引して世界一に輝きます。

187

「それ以上に勝ちたいという気持ちのほうが強いですし、プレーヤーとしては、それのほうが正しいんじゃないかと思ってます」

『もっと知りたい！大谷翔平 SHO-TIME 観戦ガイド』P176

内川聖一や村田修一が、横浜DeNAからFAによって他球団に移籍した理由が「優勝してみたい」であったように、野球選手にとって優勝への思いはとても強いものがあります。

大谷翔平は、日本ハムファイターズでは日本一を経験していますが、ロサンゼルス・エンゼルスに移籍して以降は、優勝どころか優勝争いさえ経験したことがありません。MVPを獲得するほどの活躍をした2021年、大谷が「ヒリヒリするような9月を過ごしたい」と発言したことは、もっと強いチームでプレーしたいという、いわばトレード志願につながる発言ではないかと物議を醸しましたが、野球選手である以上、誰もがそのような気持ちを抱くのではないでしょうか。

それ以来、2023年オフにFAの権利を得る大谷の去就が注目され続けたのは、以後もエンゼルスの成績が一向に上向きにならなかったためでした。大谷にとってエンゼルスは、ケガや不調でも二刀流への挑戦を後押ししてくれたチームです。

しかし、「世界一の野球選手」を目指す大谷は、それだけでは満足できないのも事実です。「ファンの人も好きですし、球団自体の雰囲気も好きではあるので、ただ、それ以上に勝ちたいという気持ちのほうが強いですし、プレーヤーとしては、それのほうが正しいんじゃないかと思ってます」という言葉に、大谷の勝利への強い意欲が表れていました。

188

「全体的に良かったけど、今日で終わってしまうのは不本意。本来ならここからが本番、ぐらいの感じでいければ。それを目指して頑張る」

『大谷翔平を追いかけて 番記者10年魂のノート』P364

大谷翔平は2024年9月に、5回目となる月間MVPを獲得していますが、この時期の成績はすさまじいものでした。打率.393、本塁打10本、32打点、16盗塁はいずれもメジャーリーグトップの数字です。特に9月19日には6打数6安打、10打点、本塁打3本と2個の盗塁により、メジャーリーグ史上初の「50–50」も達成しています。

この時期、ドジャースはパドレスの激しい追い上げを受け、一時はマジックが消えることもありましたが、「大谷無双」ともいえる大活躍により、見事に地区優勝を果たし、その勢いのままにワールドシリーズ優勝を手にしています。

大谷は2021年と2023年の2回、リーグMVPを獲得するほどの活躍をしていますが、チームはプレーオフに進出することはできず、大谷自身の成績も9月は下降する傾向にありました。当時、そのことを聞かれ、「全体的に良かったけど、今日で終わってしまうのは不本意。本来ならここからが本番、ぐらいの感じでいければ。それを目指して頑張る」と話していました。

その言葉通り、ドジャースに移籍して、優勝争いを繰り広げていた時期の大谷は、エンゼルス時代とは見違えるほどの活躍をしています。メジャーリーガーにとって、プレーオフやワールドシリーズは特別なものですが、大谷にとっても、9月そして10月は「ここからが本番」と力の入る季節だったのです。

189

「もっともっと楽しいというか、ヒリヒリするような9月を過ごしたい。来年以降、そうなるように頑張りたいなと思っています」

『ルポ 大谷翔平』P118

大谷翔平は2024年、メジャーリーグに移籍して、初めてポストシーズンへの進出を経験しています。ロサンゼルス・ドジャースで地区優勝を決め、リーグ優勝、そしてワールドシリーズ制覇と、それまで願い続けても叶わなかった目標のすべてを達成しています。

そんな大谷の戦いぶりに対して、マスコミの報道などでしばしば目にしたのが「ヒリヒリするような」です。この言葉の元となったのが2021年9月26日、所属するロサンゼルス・エンゼルスが74勝82敗と、6年連続の負け越しが決まった後の大谷の発言でした。試合後、大谷はこんな思いを口にしました。

「もっともっと楽しいというか、ヒリヒリするような9月を過ごしたいですし、クラブハウスの中もそういう会話で溢れるような9月になるのを願ってますし、来年以降、そうなるように頑張りたいなと思っています」

この年の10月3日、大谷は少しだけ「ヒリヒリする戦い」を経験します。相手のシアトル・マリナーズにとっては、20年ぶりのポストシーズン進出がかかる負けられない試合だけに、T-モバイル・パークには4万人を超えるファンが駆け付け、熱気に包まれます。

大谷はこの試合で11試合ぶりの46号ホームランを打ち、チームを勝利に導きます。ヒリヒリした試合であればあるほど、大谷の本領が発揮されるのです。

190

「僕はここのファンを愛しています。ただ、ファンと僕を応援してくれるすべての人が喜んでくれるようなシーズンの終え方をしたいだけです」

『SHO-TIME2.0 大谷翔平 世界一への挑戦』P147

2024年のシーズン終了から2日後、ロサンゼルス市ではワールドシリーズを制覇したドジャースの優勝パレードが行われ、20万人を超える人々が沿道でチームの世界一を祝っています。監督やコーチ、選手にとって最高の瞬間ですが、それは同時にファンにとっても最高の瞬間であることがよくわかる光景でした。

2023年7月後半、大谷が所属するエンゼルスはプレーオフ進出まで3.5ゲーム差と踏ん張っていました。メジャーリーグのトレード期限は7月末です。この時期、プレーオフ進出の望みが断たれたチームは選手を売りに出すのに対し、望みのあるチームは逆に補強に精を出します。

シーズンオフにFAになる大谷の去就は、大きな注目を集めていましたが、エンゼルスは大谷を放出するのではなく、補強に力を入れることで大谷とともにプレーオフ進出に向けて戦うという決断をします。

決定直後、大谷はタイガースとのダブルヘッダーの第1試合で完封勝利を演じた後、第2試合では2本のホームランを放ちます。大谷は言います。

「僕はここのファンを愛しています。ただ、ファンと僕を応援してくれるすべての人が喜んでくれるようなシーズンの終え方をしたいだけです」

大谷の希望は、チームが勝って、プレーオフに進出することだけでした。

191

「エンゼルスがどうするか、しないかというより、僕は他の球団がそのように高く評価してくれることをありがたく思っていました」

『SHO-TIME3.0 大谷翔平 新天地でつかんだワールドシリーズ初制覇』P44

2024年シーズンオフは、ニューヨーク・ヤンキースからFAになったフアン・ソトをどの球団が獲得するかが大きな話題でした。最終的にソトは、ニューヨーク・メッツと15年総額7億6500万ドルという、プロスポーツ史上最高額の契約を結ぶことになりました。

ソトは才能豊かで若く、安定した成績を残し続けてきた選手ですが、これほどの高額な契約金になったのは、2023年シーズンオフに大谷翔平がロサンゼルス・ドジャースと結んだ、10年総額7億ドルがあったからというのは確かなようです。

当時、大谷との契約を望む球団はメジャーリーグのほぼすべてといっていい状況でしたが、唯一違っていたのは所属先のロサンゼルス・エンゼルスでした。エンゼルスは大谷との契約を継続するとしても、他球団ほどの金額を提示するつもりはありませんでした。大谷はこの時をこう振り返っています。

「僕自身、ドジャースを含め他球団のほうが高く評価してくれていると感じていました。エンゼルスがどうするか、しないかというより、僕は他の球団がそのように高く評価してくれることをありがたく思っていました」

大谷は年俸の97%を後払いにしたように、大金をすぐに手にしたかったわけではありません。大谷が目指していたのは、どの球団からも「来てほしい」と望まれることだったのです。

192

「僕はただ、所属するチームのためにベストを尽くすだけ、ワールドシリーズ優勝を目指しているだけなんです。僕はそれでいいんです」

『SHO-TIME3.0 大谷翔平 新天地でつかんだワールドシリーズ初制覇』P44

2023年シーズンオフのFAの目玉は大谷翔平でした。2023年シーズン後半に右ひじの手術を受けたことで、少なくとも1年間は投手として投げることはできないものの、2023年にホームラン王を獲得し、過去2回MVPを獲得した実績は圧倒的で、大谷を必要としない球団はありませんでした。

とはいえ、当初から史上最高額での契約が予想されていました。すべての球団がそれを支払えるわけではありませんが、最終的には古巣のエンゼルスの他、ドジャース、ブルージェイズ、ジャイアンツが有力候補とされ、エンゼルス以外は10年総額7億ドルの金額を支払うつもりでした。

最終的には、ドジャースとの契約合意となりましたが、「もしエンゼルスが同額を提示したら契約したのか？」と問われた大谷はこう答えています。

「僕側から金額を提示したわけではないので、はっきりとしたことはわかりません。僕はただ、所属するチームのためにベストを尽くすだけ、ワールドシリーズ優勝を目指しているだけなんです。僕はそれでいいんです」

大谷の契約に臨む姿勢をドジャースのGMであるブランドン・ゴメスは「究極の無私と勝利への意志」と評しましたが、確かに大谷が望んでいたのは、お金以上にチームの勝利でした。

193

「トレードされたらされたで、そこでまた頑張ればいい、ということです。むしろ自分に価値を見出してもらっているということですからね」

『野球翔年 II MLB 編 2018-2024 大谷翔平ロングインタビュー』P213

大谷翔平はこれまで、日本ハムでもロサンゼルス・エンゼルスでもトレードの経験はありませんが、2023年シーズンオフにはFAの権利を得ることがはっきりしていたため、エンゼルス時代の後半は、しばしば大谷を巡るトレードの話題が出ていました。

FAで出ていく場合、チームは何の見返りもありませんが、2021年にMVPを獲得したほどの選手なら、ポストシーズン進出を狙うチームにとって喉から手が出るほど欲しい存在です。しかも当時の大谷は、2023年こそ年俸が3000万ドルに上がりましたが、それまでは破格の安さでした。

メジャーリーグではポストシーズンへの進出の見込みがなくなると、大抵はチーム再建のために売り手に回ります。エンゼルスも2022年には早々と売り手に回ることがはっきりしたことで、大谷をトレードに出すか出さないかの判断を迫られます。大谷はこうした環境について、前向きに捉えた発言をしています。

「トレードされたらされたで、そこでまた頑張ればいい、ということです。そもそもチームが自分を必要としていないとか、嫌いだとか、そういう次元の話ではありませんし、むしろ自分に価値を見出してもらっているということですからね」

大谷にとって大切なのは、「常に必要とされる」ことでした。

194

「来年、僕が契約したのはエンゼルスですから、今はエンゼルスでの未来しか見えていません」

『野球翔年 II MLB 編 2018-2024 大谷翔平ロングインタビュー』P213

大谷翔平に限らず、アスリートであれば誰もが勝利すること、一番になることを目指しているわけですが、そんな大谷にとってエンゼルスでの6年間は毎年、負け越しが続く、順位も良くて西地区3位、あとは4位が指定席という、ワールドシリーズ優勝など夢のまた夢というチーム状況でした。

2021年にMVPを獲得した大谷を巡っては、トレードの噂が絶えず、「エンゼルスは負けが込んでいるから、もっと勝てるチームに行ったほうがいい」という声もありました。

そんな声に大谷は、「どういうチームが勝つのかわからないでしょう」と答えています。大谷によると、同じ勝つにしても勝ち方はいくつもあり、どれが正解かはわからないといいます。

とにかく大金を使っていい選手を集めるやり方もあれば、レイズのようにお金をかけることなく選手を育てることで勝ちを目指すチームもあれば、今のチームを解体して出直すことで強さを取り戻そうとするチームもあります。しかもトレードは、自分で「ここに行きたい」と選べるわけでもありません。「勝てるチームへ」と言われても、決して簡単ではないのです。

そうだとすれば、今自分が契約しているチームで、チームの未来だけを見て、自分にできるベストを尽くす。それが2023年シーズンに向かう大谷の思いでした。

195

「時間はあるだけあったほうが野球はうまくなりますよね」

『Number 1069』P12

「成果をあげる人は、時間を制約条件だと知っている」という言葉があるように、時間というのは限りあるものだけに、その時間をどう使うかで成果には差が出ます。

大谷翔平は、日本ハム時代からクリスマスにさえ練習をするほどの熱心さで知られていました。外食もほとんどしませんし、飲み歩くこともありません。いわば、試合以外のほとんどの時間を野球の練習と、睡眠を含む休養に充てていることになります。

「まさに野球漬けの日々」を送っているわけですが、それでも時間は足りないと感じているようです。2017年、「クリスマスプレゼントに何が欲しいか」と聞かれ、その答えは「あと1ヵ月の時間が欲しい」でした。2023年、それを受けて「今は時間が足りていますか」と聞かれたところ、返ってきたのは「短期的に見たらそれなりに時間は足りている」が、「自分がもっとうまくなるという」点では、「開幕まで、自分だけさらにあと1年という時間があるといい」というものでした。

「もっと時間が欲しい」と願う人は少なくありません。しかし、大抵の場合、仕事などがあまりに忙しすぎて、休む時間がないとか、ゆっくり遊ぶ時間がないという理由からですが、大谷の場合、持てる時間のほぼすべてを野球のために使いながら、さらに野球のための時間が欲しいというのです。どこまでも「野球一筋」な大谷です。

196

「ストライクを打って、ボール球を振らないこと。シンプルですけど、それが一番難しい」

『Number 1048』P12

大谷翔平のバッティングについて、エンゼルス時代は監督が細かく口を出すことはありませんでしたが、ロサンゼルス・ドジャースではロバーツ監督が時に大谷を絶賛し、時にボール球を振ったりして、うまくコントロールできていない課題を指摘することがありました。

ドジャースというチームは、個人の成績も大切ですが、それ以上にチーム一丸となって勝利に向かうことを何より大切にするだけに、たとえ大谷であっても気になることがあれば、遠慮なく指摘していたのでしょう。

当然そのことは大谷も理解しており、自分が求めるものについてこう話しています。

「バッターとしてどのカウントでも、どんな場面でも、ボール球は見送る、ストライクは振る、振ったらホームランを打つ。常にそこを求めて練習していかなくちゃ、とは考えています」

ボール球を振らずにストライクを打てれば、打率も上がるし、出塁率も上がります。その中に少しでも甘い球があれば、ホームランを含む長打も増えます。

反対にストライクを見逃して、ボール球に手を出すようだと、打率は下がります。大切なのは「ストライクを打って、ボール球を振らないこと」ですが、このシンプルなことが簡単にできないところに、バッティングの難しさと面白さがあるのでしょう。

197

「いつも出たいと思うタイプなんで。選手なら出たいと思うのが普通でしょ」

『Number 1048』P16

2024年のシーズンは、大谷翔平は右ひじの手術後のリハビリ期間ということでDH専任で159試合に出場しています。メジャーリーグの試合数は162試合ですから、わずか3試合休んだだけで、ほとんどの試合に出場したことになります。

結果、DHとして圧倒的な成績を残したわけですが、それでもシーズン中に「大谷の守備」が話題になることがありました。もし大谷が外野を守ることができれば、フリーマンやベッツをDHにして、守備の負担を軽減することができるからです。実際、大谷は日本ハム時代に外野を守ったことがありますが、足も速く、肩も強いだけに、そのプレーの素晴らしさはYouTubeなどでも見ることができます。

大谷自身、エンゼルス時代には「僕に守れる選択肢があれば使い勝手も違うだろうし、そう考えると全部できたほうがいいに決まってますよね」と、「休む」ことよりも「出る」ことを何より優先していました。今の大谷は紛れもなく、史上最強のDHであり、2025年からは投手としても出場するようになります。しかし、それだけの実績がありながら、なおかつ「守れたら」と考えるのが大谷です。

故障を恐れ、出場が制限されていた頃、そうした配慮を「過保護」と言っていた大谷にとって、「試合に出る」ことは当然であり、とても楽しいことなのです。

198

「自分が残した成績がいいのか悪いのかは、自分ではよくわからないんです。2つやるというところで僕の数字には過去のサンプルがありませんから」

『Number 1048』P16

野球に限ったことではありませんが、今の自分がどのレベルにいるのかを評価するには誰かと比較するのが近道です。大谷翔平が日本ハム時代、自分のそれまでの成績を振り返って、「1年目は5勝2敗を予想していたので足りなくてショックだった」と話したことがあります。

実際には3勝無敗でしたが、「あと2勝ですよ」には、恐らくダルビッシュ有の「1年目5勝5敗」があったのではといわれています。

2022年のMVP争いで大谷は、ニューヨーク・ヤンキースのアーロン・ジャッジに敗れますが、成績そのものは投手として15勝9敗、防御率2.33、奪三振219でした。打者として打率.273、本塁打34、打点95、盗塁11と圧倒的なものでした。MVPに選ばれて当然の成績でしたが、両者の差はこれまで二刀流の選手がいなかったため、投打二刀流の数字より、ジャッジのホームラン数のほうがわかりやすかったということかもしれません。

大谷も認めているように「比べる相手がいないと、評価は難しい」ものです。もっとも、2023年と2024年の大谷は、2年連続のホームラン王を初め、誰かと「比べる必要もない」ほどの活躍をしており、それはそれですごいことといえます。大谷は野球選手としてパイオニアであり、自らの数字も超えていく存在なのです。

199

「限られた時間の中、何を捨てて何をするかという話なんです。今はできないことを捨てているだけですから」

『Number 968・969』P13

メジャーリーグにおいて、トミー・ジョン手術などを受けた場合、どのくらいの期間で打者として復帰できるのか、どのくらいの期間で投手として復帰できるのか、そういった復帰までのスケジュールが明確なのは、その間のリハビリメニューがきちんとできており、それに沿ってメニューをこなすことで復帰が可能になるからです。

スケジュール管理の意味では安心ですが、メニュー通りのリハビリを続けることは大変なのではないでしょうか？　2018年のシーズン終了後にトミー・ジョン手術を受けた大谷翔平は、日本に帰国後、『Number』のインタビューにリハビリ開始からの期間を「53日目です」と即答しています。スケジュールに沿って丁寧にメニューをこなしていることが想像できます。

さらに「やり過ぎちゃいけないリハビリメニューを課されて、つらくないですか」という質問にも「いや、そんなにつらくないです」と答えています。大谷によると、練習というのは何でもやればいいというものではなく、限られた時間の中で、必要なものをどう組み合わせて効率良くやるかを考えることが大切だと言い切っています。

手術の関係でバットを振ることはできなくとも、鏡の前でバットを持ってボールの軌道をイメージすることはできます。できないことを悔やむのではなく、できないことは捨てて、できることを効率良くやればいいというのが大谷のリハビリに臨む姿勢でした。

200

「できないことがあって、それをクリアすればするほど、次の足りない技術ばかりが見えてくる」

『Number 963』P18

少しの知恵で「自分は何でも知っている」と慢心する人もいれば、「知れば知るほど、知らないことがたくさんあることに気づく」という人もいますが、どちらがより成長できるかははっきりしています。

メジャーリーグの1年目、大谷翔平は投手として4勝、打者として22本のホームランを放ち、新人王に輝いています。これは日本で培った技術が通用したということですが、大谷自身は「できないことがあって、それをクリアすればするほど、次の足りない技術ばかりが見えてくる」と課題を口にしています。大谷にそう思わせたのが、エンゼルス時代のチームメイトでありMVPを過去に3度も獲得したマイク・トラウトの存在でした。

大谷が最も感心したのが、トラウトは「打てる範囲が広い」ものの、「それをそれ以上に広げない」ことでした。敬遠されることも多く、相手も「四球ならOK」という投球をしますが、トラウトは無理に打とうとはせず、四球も選びながら打率は3割を超えます。

その結果、出塁率は高くなり、打率も残し、長打もあるということで、大谷が重視しているOPS（出塁率＋長打率）もトラウトは「千（1.000）」を超えることになります。それは大谷の目指す数字でもあります。

大谷が1年目に身に付けた技術はたくさんあるといいますが、「これでいい」という終わりが見えないことも、大谷が野球に夢中になる理由でもあります。

201

「短期間、少ない量の中で感覚を養っていく練習方法を見つけないといけないというのもまた、いい経験です」

『Number 980』P17

大谷翔平の2024年は、記録ずくめの年であり、打者としての大谷が絶頂期にいることを証明してくれました。そんな大谷の活躍を語る一方で、しばしば言われたのが「この人はリハビリ中の投手なんだよね」です。

大谷はあくまでも投手として登録された選手であり、2023年にトミー・ジョン手術を受け、リハビリ中でした。リハビリ中ということは、投げることはもちろん、打つことについても制限があるはずですが、そうした制限の中で、なぜこれほどの活躍ができたのでしょうか？

2018年～2019年の経験が活きたのかもしれません。最初のトミー・ジョン手術を受けた後、5月7日にDHとして実践復帰した大谷はこう話していました。

「時間的な感覚だと今が12月とか1月の感じなんです。スイング量でいえば、いつもなら11月の後半までに振ってしまっているくらいの数しか振れていない。そういう制限された量の中で3月後半の感覚を養っていくのは難しかったですね」

制限された中で実戦の感覚を養うことは難しく、練習量の不足も感じていたはずですが、それでも「短期間、少ない量の中で感覚を養っていく練習方法を見つけないといけないというのもまた、いい経験です」とも話していました。この経験が2024年のシーズンに大いに役立ったのではないでしょうか。

202

「数をこなすことが大事なのではなくて、数をこなす分、良かった、悪かったの回数が増えていくことで、それがより洗練されていくのに、つながっていく」

『Number 980』P14

野球に限ったことではありませんが、試合に出て、思うような結果が出ないこともしばしばです。そんな時には、「もっと練習をやりたい」と、特打ちなど長時間練習に励む選手も少なくありませんが、それでも試合で思うような結果が出ないとすれば、一体どうすればいいのでしょうか。

名選手にして名監督だった野村克也によると、努力には「正しい努力」と「間違った努力」があり、後者はどれほどの量をこなしたとしても、良い結果が出ることはありません。

この努力は「正しい努力」なのか、「間違った努力」なのかを見極めることも大切で、そこができて初めてよく言われる「努力は裏切らない」が成立することになるのです。

大谷翔平は、多くの時間を野球の練習に割いているわけですが、確かに練習をやればやるだけプレーは洗練されていくものの、大事なのはただ単に「数をこなすことではない」と話しています。

数をこなすことで「良かった」「悪かった」の回数が増え、より洗練されていくことで、それが成果につながっていくのであり、闇雲に数さえこなせばうまくなる、結果が出るとは考えていません。練習にも「正しい練習」と「間違った練習」があり、前者を続けることで初めて結果につながっていくのです。

203

「終わってみないとトータルの数字がどれだけ残っているのかなんてわからないし、別に今、それを考える必要はないのかなと思います。それ(引退)までは何も考えずに1年1年、出し切っていきたいと思っています」

『Number 1040』P15

日本プロ野球界でただ1人、バッターとして三冠王を3度獲得した落合博満は、プロ入りが25歳と遅かったこともあり、通算のホームラン数や安打数などでは歴代トップにはなれないと考え、「では球史に名前を残すには何があるか」と考えて、誰もやっていない3度の三冠王に挑戦します。

大谷翔平は、高校を卒業してすぐにプロ入りをしていますが、メジャーリーグへの移籍は23歳の時です。しかし、投打の二刀流ということで、日本の名球会の基準となる通算200勝や、バッターとしての2000本安打が達成できるかどうかは、どちらかに専念する選手よりは難しいのではといわれています。

もちろん大谷は既に「50-50」など、誰もやっていない記録を達成していますし、「2桁勝利・2桁本塁打」も日米通算で4回も達成するなど、誰にもできない記録をつくっています。

トータルでどんな数字を目指すのかについて、大谷は具体的な数字をあげることなく、「終わってみないとわからない」と言い切っています。大谷は自分の記録に強いこだわりを持たないことで知られていますが、大谷にとって記録や数字というのは、引退した時に振り返って感慨に浸るか、悔しがるのかすればいいもので、大切なのは1年1年出し切ることでした。

204

「悔しいなっていう思いが今年のモチベーションかなと思います」

『ルポ 大谷翔平』P71

大谷翔平は花巻東高校の時もそうですが、プロ野球選手になってからもケガや手術のため、思い通りの活躍ができなかったシーズンを何度か経験しています。日本ハムでの4年目には、チームを日本一に導いたものの、日本最後の年となった5年目には、ケガの影響から活躍できず、「申し訳ない」という思いを口にしています。

メジャーリーグに移籍してからも、1年目は新人王を獲得したものの、2年目と3年目はトミー・ジョン手術の影響もあり、数字的には苦戦しています。3年目のシーズンオフ、大谷は2021年を、チームが与えてくれた「二刀流のラストチャンス」と解釈し、2年間の悔しい思いを胸にシーズンに臨みます。その時のことをこう話しています。

「リハビリも最終段階になる3年目ですから、そろそろちゃんとした形にならないといけないというところだったでしょう。だからこそ大事にいくというより、思い切っていくみたいな、そういう感じだったのかな」

当時、大谷の投打の素質を疑う人は誰もいませんでしたが、「このまま二刀流をやらせるべきか」という、二刀流への疑念があったことは確かです。それを払拭して二刀流を続けるためには、きちんとした結果を出さなければというのが大谷の思いでした。

十分に活躍できなかった2年間の悔しさをバネに、大谷はMVPを獲得するほどの大活躍をします。

205

「1試合で何かが変わるということはもちろんない。翔平が出てる試合は勝ちになるゲームが多いなと思ってもらえるように、そういう仕事が1打席1イニングずつできるようにやっていきたい」

『ルポ 大谷翔平』P86

「信用を築き上げるのには長い時間がかかるが、壊れるのは一瞬だ」という言葉があります。企業もそうですが、高い信用やブランド力を築き上げるためには、とても長い年月がかかりますが、大量の不良品をつくったり、問題が起きた時の対応を間違えてしまうと、時間をかけて築いた信用もブランド力も、瞬く間に崩れ去ることになります。

スポーツの世界も同様です。たった1試合、ほんの数試合で素晴らしい成績をあげたとしても、それだけでは信頼される選手にはなれません。半年、1年、2年……と安定した成績をあげて、初めて「あいつは頼りになる」「あいつがいると勝てる」とチームメイトやファンからの信頼を得ることができます。

「このまま二刀流は続けられるのか」という不安な声がある中で、スタートした2021年、大谷は投手として9勝をあげ、打者として46本のホームランを打ちます。リーグMVPも獲得するなど、まさに二刀流・大谷の実力が証明された年でした。

しかし、それでも大谷は慢心することはなく、「1試合1試合、1打席1イニングずつ」精一杯のことをやることで、「翔平が出てる試合は勝ちになるゲームが多いな」と思ってもらえるようにしたいと考えていました。以後、4年にわたってMVPに相応しい活躍を続けた大谷への信頼は、揺るぎないものになっています。

206

「小さい頃から見ていた憧れていた選手に並べたっていうのはすごく嬉しいことだなと思います。一歩一歩、積み上げていけたらなと思っています」

『ルポ 大谷翔平』P86

メジャーリーグで活躍した日本人野手の中で、イチローと松井秀喜は日本人にとって特別な選手であり、多くの人は「もうこういう選手は出ないだろうし、2人の記録を抜く選手は簡単には出てこないんだろうな」と思っていたものでした。しかしほどなくして、大谷翔平が登場して彼らの持つメジャーリーグでの記録を次々と更新していくのに驚かされたものです。

松井は1990年代から読売ジャイアンツで活躍した後、2003年から名門ニューヨーク・ヤンキースに移籍し、勝負強いバッティングでクリーンアップの一角を担っています。2009年にはワールドシリーズでMVPも獲得しています。ホームランバッターだけに、当然、打者・大谷にとっては憧れの選手の1人となります。

大谷は2024年に松井の持つメジャーリーグでの日本人最多の通算本塁打数を更新します。2021年には、松井の持つ日本人のシーズン最多本塁打の31本を更新します。大谷は「憧れていた選手に並べたっていうのはすごく嬉しいことだなと思います」と喜びのコメントを発表しますが、抜かれた側の松井は、大谷にとって31本という記録は「ただの通過点」であり、「彼こそが真の長距離打者」と、その才能を高く評価します。

それ以来、大谷は言葉通り「一歩一歩、積み上げていく」ことで、日本人には不可能と言われていたホームラン王に2度輝きますが、その記録はさらに伸びていきそうです。

207

「今のところは、こういうところに出たことなかったので思い出になってますし、一番はポストシーズン、ワールドシリーズに出れれば、また更新されると思う」

『ルポ 大谷翔平』P108

2021年のメジャーリーグのオールスターゲームは、「大谷づくし」でした。オールスター前に大谷は84試合に出場して、ホームラン32本を打ち、70打点、12盗塁を記録したばかりか、投手としても4勝をあげていました。ファン投票の指名打者部門で、63%の得票を集めて出場が決まったうえに、選手間投票での投手部門でも選出され、史上初めて投打で選出された選手となります。

試合の前日には、初めてホームランダービーに出場し、当時まだ19歳だったフアン・ソトと競った結果、残念ながら敗れました。試合には「1番・DH」で出場し、先発投手も務めています。ヒットを打つことはできませんでしたが、1イニングをしっかりと抑え、勝利投手となっています。

試合後、大谷は初めてだらけの経験に、「楽しかった」「ありがたい」と何度も口にします。そして「思い出になった」ことを認めつつ、「一番はポストシーズン、ワールドシリーズに出れれば、また更新されると思うので、そこを目指して頑張りたいなと思います」という感想を口にしました。

ホームランダービーに、先発投手、さらにはバッターと、肉体的にはかなりきつかったはずですが、大谷は最高の舞台で、最高の選手と戦う楽しさを知ったことで「さらに上を」という気持ちも掻き立てられたのではないでしょうか。

208

「僕は、投げ続ける必要があるんです。毎回、投げるたびに何か新しいことを学べますし、力もあがっているんです。来年も、それ以降も投げ続けます」

『SHO-TIME 大谷翔平 メジャー120年の歴史を変えた男』P322

大谷翔平について、多くの人が危惧することの一つが、二刀流という負担の大きい選手でありながら、ほとんど試合を休むことなく出場し続けることのリスクです。2020年までの大谷は、ひじの手術の影響などもあり、二刀流としてフル出場することはありませんでしたが、MVPを獲得した2021年以降は、ほとんど休みなしに出場しています。

2021年、大谷は投手として9勝、打者として46本のホームランを打つ活躍をしていますが、シーズン後半にはチームがポストシーズンへの出場の見込みがなくなり、「もう少し休めば」という声がありました。

エンゼルスのマドン監督も「かなり疲れているだろう」からと、休みを入れることを考えますが、大谷は「躊躇なく、プレーしたいと言った」と言います。理由はこういうことです。

「僕は、投げ続ける必要があるんです。毎回、投げるたびに何か新しいことを学べますし、力もあがっているんです。来年も、それ以降も投げ続けます。今年1年で重ねた経験が、今後の野球人生で大きな助けになると思います」

確かに練習と違い、実戦でしか学べないものもたくさんあるのでしょう。投げるたびに力があがるし、打席に立つたびにうまくなることができる。そう考える大谷にとって、「休む」という選択肢は普通の選手に比べ、遥かに小さいものなのかもしれません。

209

「毎試合、毎試合、集中していくだけです。自分を疑っている人に対して、間違っていただろうとかそういうふうに思うことはないです」

『SHO-TIME 大谷翔平 メジャー120年の歴史を変えた男』P21

自分に対してひどいことを言ったり、ひどい仕打ちをしたりした人に対して「仕返ししてやろう」「見返してやろう」という思いは、成功のバネになることもありますが、そうした感情が強すぎると、健全な成功から遠のくこともあります。

大谷翔平がやっている投打の二刀流に関して、日本において完全に「疑いが晴れた」のは2016年でした。MVPを獲得し、チームを日本一に導いた時だとすると、メジャーリーグにおいて同じく「疑いが晴れた」のは、4年目の2021年に46本のホームランを打ち、投手としても9勝をあげ、156個の三振を奪った時です。

大谷はリーグMVPを獲得し、コミッショナー特別表彰やMLB選手会による年間最優秀選手賞も獲得します。まさに、MLBあげて大谷の活躍を讃(たた)えた年といえます。同年、大谷はそれまでの2年の期待外れの数字により、「二刀流としてやっていけるのか」という疑念を持たれ始めていましたが、同年以後の活躍により、その才能を疑う人はいなくなりました。

疑っていた人間を実力でねじ伏せたといえるわけですが、大谷自身は「自分を疑っている人に対して、間違っていただろうとかそういうふうに思うことはないです」と、あくまでも謙虚であり続けています。大谷は見返すために野球をやっているわけではありません。「世界一の野球選手」を目指して、「毎試合、毎試合、集中していく」というのが大谷の流儀です。

210

「僕のことをもっと沢山起用して欲しいと思います。僕はもっと試合に出たい」

『SHO-TIME 大谷翔平 メジャー120年の歴史を変えた男』P128

2021年にリーグMVPを獲得して以降の大谷翔平の活躍は、素晴らしいものがありますが、一方で懸念され続けたのが二刀流としてほとんど休みなしに試合に出続けることのリスクです。

2023年夏、大谷はダブルヘッダーの第1試合を投手として1安打完封した後、1時間も経たないうちに第2試合はDHとして2本のホームランを打ち、チームの連勝に貢献しました。しかし、翌日の試合では両足に痙攣を起こし、途中交代しています。

さすがに「もう少し休んだら」という声があがりました。日本ハムでの5年間、そしてエンゼルスでの3年間（2018年～2020年まで）、誰もが大谷の投打の才能を認めながら、「どのように起用するか」について、チームは試行錯誤を繰り返します。時には「過保護」と言われたこともありますが、どんな時も大谷自身は「もっと沢山起用して欲しい。もっと試合に出たい」という姿勢を崩すことはありませんでした。

そんな思いに応えるかのように、エンゼルスは2021年から「本人が望む限り試合に出して、野球をやらせる」という制限の解除をしますが、以後、大谷の成績は圧倒的なものとなります。ドジャースでの1年目もDH専任とはいえ、大谷が休んだのはわずか3試合でした。投げるたび、打席に立つたびに「何か新しいことを学べる」と考える大谷にとって、試合に出ることは、イコール自らを成長させることなのです。

211

「僕の前にも、多くの偉大な日本人選手がこちらにやって来ました。その中で僕が初めて達成できたというのは本当に嬉しいですし、今後の大きな自信につながっていく」

『SHO-TIME 大谷翔平 メジャー120年の歴史を変えた男』P176

2019年6月、大谷翔平は対タンパベイ・レイズ戦でサイクル安打を達成しています。サイクル安打というのは、1試合で1人の打者が単打、二塁打、三塁打、本塁打を1本以上打つことですが、これまでの野球の歴史の中で日本のプロ野球では70人余り、メジャーリーグでも300人くらいしか達成したことのない難しい記録です。

サイクル安打で最も難しいのは三塁打です。三塁打にするためには長打力だけでなく、走力も必要になるだけに、多くの場合、最後に三塁打が打てずに終わることも多いのですが、大谷の場合は長打力も走力も備えているだけに、何度も王手をかけることができるのです。

日本人として初めてサイクル安打を達成した日、大谷は「日本人初」に関して、「今後の大きな自信につながっていくかなと思います」と喜びを表しています。

大谷はその後も何度もあと1本でサイクル安打というチャンスを掴んでいますが、記録として惜しまれるのは2023年4月の対アスレチックス戦です。この日、大谷は「3番・投手兼DH」で出場し、投手として4勝目をあげるとともに、打者としてはサイクル安打をあと1本で逃します。

もし達成していれば「史上初の先発投手でサイクル安打」が達成できただけに残念でしたが、大谷であればまたいつの日か達成するかもしれません。

212

「僕は何もできなくてイライラしていて、それが一番つらいことでした」

『SHO-TIME 大谷翔平 メジャー120年の歴史を変えた男』P195

プロ野球選手になって以来、大谷翔平はほとんどの場合、期待を超える成績を残していますが、日本ハム時代の最終年（2017年）と、エンゼルス時代の3年目（2020年）は悔いの残るシーズンとなっています。

その中でも大谷自身が「情けない」と口にした2020年は、トミー・ジョン手術から2年目ということで、2試合に登板したものの0勝1敗、防御率37.80、打者としても本塁打7本、打率も.190とプロ入り以来初めて２割を切りました。9月には、あまりの不調でベンチを温めることもあったほどです。

この時期、大谷は自らを「役立たず」と感じ、こんな感想を口にしています。

「僕は何もできなくてイライラしていて、それが一番つらいことでした」

その年は新型コロナの感染拡大もあり、試合数が短縮され、選手やスタッフの密を避けるために、試合中にビデオを見ることもできませんでした。それまでの大谷は打席の後、ビデオでフォームをチェックすることを習慣にしていましたが、それができなくなったことも影響していたようです。

極度の不振を経験した大谷は、シーズン終了時に「シーズンオフにやるべきことがいくつも見つかりました」として課題克服に挑みます。翌年、大谷は9勝をあげ、46本塁打と圧倒的な成果をあげました。

213

「この舞台を見たい人が沢山いることもわかっています。そして、そんな楽しみにしてくれる人を喜ばせたい、それが今回の僕の目標です」

『SHO-TIME 大谷翔平 メジャー120年の歴史を変えた男』P289

日本でも、プロ野球が地上波で放送されることはほとんどなくなり、野球人口の減少も叫ばれていますが、それはアメリカにおいても同様です。大谷翔平は2021年のオールスターに、史上初めて投手と打者の両方で選ばれていますが、それは野球人気の復活を目論むMLB機構にとっても千載一遇のチャンスとなりました。

MLB機構は、大谷を「野球界の歴史の中でも一番独特で、革命的な選手」として、大々的に売り出します。大谷を紹介するCMをつくり、ニューヨークの本部ビルに巨大な写真を貼り出しました。その期待に応えるべく、大谷もホームラン競争への出場を受諾し、翌日のオールスターに先発登板をして、DHとして打席に立つことに同意します。

従来のルールであれば、先発した大谷が1イニングを投げて降板すれば打席に入ることはできませんが、MLB機構はルールを変えることで、降板してもそのまま打席に立てるようにしたのです。

まさに大谷のための変更ですが、シーズン前半をフルに戦ってきただけに、ここまでする必要はないはずです。しかし大谷は、アメリカン・リーグの監督を務めたレイズのケビン・キャッシュらの「これぞ、ファンが見たいものだから」という期待に応えるべくフル稼働します。そんな大谷の姿にキャッシュは、「畏敬の念でいっぱいだ」と最大の賛辞を送ります。この時に大谷は、間違いなく野球というスポーツの未来も背負っていたのです。

214

「僕としては、ホームランか空振りかのどちらかにしたかったんですよ。何か中途半端な結果で、僕はすっきりしていないですね」

『SHO-TIME2.0 大谷翔平 世界一への挑戦』P68

メジャーリーグには優れた投手がたくさんいますが、その中には「レジェンド」と呼ぶに相応しい投手がいます。その一人が2024年から大谷翔平のチームメイトともなったクレイトン・カーショーです。

カーショーは大谷より6歳年長で、これまでに432試合に登板して212勝をあげ、通算防御率も2.50、サイ・ヤング賞を3度も獲得したドジャース一筋の投手です。まさにドジャースの大黒柱であり、将来の殿堂入りも確実視されています。ケガの影響もあり2024年はほとんど投げることができませんでしたが、カーショーの存在はやはりチームにとって、投手陣にとって欠かせない存在です。

2022年のオールスターで大谷は、ナショナル・リーグのカーショーと対戦します。カーショーにどう対峙するかと聞かれた大谷は、「1球目で、振り抜くこと。それだけです」と英語で語りますが、カーショーの速球にバットを折られ、それでも打球がセンター前に落ちて出塁します。カーショーは「フェンス越えしなかったから、オレの勝ちだよ」と語り、大谷は「僕としては、ホームランか空振りかのどちらかにしたかったんですよ。何か中途半端な結果で、僕はすっきりしていないですね」と悔しさを表します。

さらに大谷は、一塁でカーショーの牽制に刺されてアウトというおまけがつきました。大谷にとってカーショーから学んだものはとても多かったのではないでしょうか。

215

「ああいうのを聞くのは、いつだって気持ちいいですよ。もっとうまくなりたいと、さらに意欲を掻き立てられますから」

『SHO-TIME2.0 大谷翔平 世界一への挑戦』P151

2024年のシーズン終盤、史上6人目となる「40-40」を達成して、史上初の「50-50」達成へと挑戦する中、ドジャーススタジアムの観客から打席に向かう大谷に対して、「MVP、MVP」というコールが繰り返されることがよくありました。これは大谷の偉業を讃えるとともに、世界一に向けて頑張ってくれ、という願いも込められていたのではないでしょうか。

2023年6月後半、エンゼルスは44勝37敗でシーズンの中間点を折り返します。大谷は投打二刀流としてチームを牽引していましたが、その日は「ジャパニーズ・ヘリテージ・デイ」という、日本の文化や伝統を祝う夜でした。

エンゼルススタジアムに来ていた3万3000人のファンは、大谷に「MVP、MVP、MVP、MVP」と大合唱をします。勝ち越しを続けるエンゼルスと絶好調の大谷に、ファンも満足していました。これに対して大谷は、こんな感想を口にします。

「ああいうのを聞くのは、いつだって気持ちいいですよ。もっとうまくなりたいと、さらに意欲を掻き立てられますから」

最終的に大谷は2度目のMVPを獲得したものの、エンゼルスは73勝89敗で9年連続となるポストシーズン進出を逃します。

216

「僕は、今年の数字は最低限のものだと思っています」

『SHO-TIME 大谷翔平 メジャー120年の歴史を変えた男』P346

2021年、大谷は投手として「9勝2敗、防御率3.18、奪三振156」、打者として「打率.257、本塁打46本、打点100」という素晴らしい成績を残し、MVPも獲得しています。その数字がどれほど素晴らしいものだったかは、シーズン終了後、MLBがコミッショナー特別賞を贈ったことが証明しています。

2014年以来の賞を贈るにあたり、コミッショナーのロブ・マンフレッドは「1シーズンでこれだけのことを成し遂げた選手が目の前にいるのに、それを何もせずに見逃すのは大きな間違いだ」とその理由を説明しました。つまり、この年の大谷の活躍はそれほどの衝撃を与えたということです。

ところが、こうした周囲の声に対して、大谷自身は「僕は、今年の数字は最低限のものだと思っています」と言い切ります。誰もが「最高の数字」と考えるものが、大谷にとっては「最低限」であり、今後の「基準」と考えていたのです。

ある記者が「ちょっと言い過ぎでは」と聞いたところ、大谷は「一度できたことは、もう一度できるようにならないといけない」と本気でそう思っていました。

大谷のこの言葉を聞いたエンゼルスのGMペリー・ミナシアンは、笑いながら「アーメン」とつぶやいたといいますが、その言葉通り大谷は2022年～2024年と、MVP級の活躍を続けるのです。

217

「考える時間、イメージする時間が多くなれば、175キロも投げられるかなと思います」

『野球翔年 II MLB 編 2018-2024 大谷翔平ロングインタビュー』P46

メジャーリーグでの投手の最速記録は、アロルディス・チャップマンが記録した105.8マイル（約170.3キロ）です。そしてチャップマンに次ぐ球速を誇るのがベン・ジョイスで、こちらは105.5マイル（約169.8キロ）です。一方、大谷翔平の最高球速は165キロですから、約5キロの差があります。

もっとも、球が速ければそれでいいというわけではなく、勝つためには他にどんな球種を持っているか、精度はどうなのかといったことも大切になります。それでも目茶苦茶速いボールを投げられるというのは、間違いなくその投手の武器となります。

2019年シーズンは、大谷にとってはトミー・ジョン手術後のリハビリ期間であり、打つことはできても、ボールを投げることはできませんでした。ボールを触ることはできても投げることのできない期間、大谷は「頭の中で考える」時間がとても多かったといいます。

頭の中で考えたことの確認作業はできないものの、頭の中で考えることはいくらでもできるため、考えてイメージしながら、「こうだろうな、ああだろうな」と、一種の思考実験を繰り返していました。大谷によると、自分は「頭の中で考えたほうがうまくなれることが多い」と言います。イメージの中での大谷は175キロも可能といいますから、いつかそれが実現するのかもしれません。

218

「この先、4タコ、5タコした時に、8タコしたことがあれば、気持ち的に楽になれる要素になるんじゃないですか」

『野球翔年 II MLB 編 2018-2024 大谷翔平ロングインタビュー』P95

読売ジャイアンツでエースとして活躍し、メジャーリーグに挑戦したこともある桑田真澄が、2001年に4勝しかあげることができず、引退を考えていた時、伝説の400勝投手・金田正一にかけられた言葉が「俺は400勝しているが、300敗（正確には298敗）してるんだぞ」でした。

大きな栄光の影には、同じくらいの敗北もあると知った桑田は翌年、12勝6敗の活躍でチームの日本一に貢献することになります。

大谷翔平は2019年、ボストン・レッドソックスとの試合で8打数ノーヒットを経験します。8タコは初めての経験でした。大谷によると、4タコ、5タコは悔しいけれども、8タコになると頭が真っ白になるといいます。イライラして荒れるし、打席に立っても、守っている人が10人以上もいるような気持ちになるといいます。どこに打っても捕られる感覚でしょうか。

とはいえ、いつまでも真っ白になっていても仕方がありません。大谷はこう考えます。

「この先、4タコ、5タコした時に、8タコしたことがあれば、気持ち的に楽になれる要素になるんじゃないですか」

野球というのは3割打てば一流といわれるように、打ち続けることも、勝ち続けることもできません。失敗や敗北の苦い経験を経て、成功や勝利があるのです。

219

「こういう成績に対してすごく悔しいなと強く思えることが、何よりもいいことだったと思っています」

『野球翔年 II MLB 編 2018–2024 大谷翔平ロングインタビュー』P99

大谷翔平は、2018年のシーズンオフにトミー・ジョン手術を受け、2019年は投げることなく、打者専任となっています。106試合に出場して、打率が.286、本塁打18本、打点は62となります。メジャーリーグ1年目とほぼ同じくらいの成績で、OPSも.848と悪くはない数字です。

この成績に関して、大谷は満足しているわけではありませんが、ひどく悲観しているわけでもありませんでした。成長への確かな手ごたえを感じていたようで、その理由として「こういう成績に対してすごく悔しいなと強く思える」ことをあげていました。

数字そのものはそれほど悪いものではなく、メジャーリーグ2年目、なおかつ投手のリハビリ中と考えれば、満足してもいいのかもしれませんが、大谷は「目指しているところが高くなっている」がゆえに、「すごく悔しい」と感じるというのです。

目指す目標が低ければ、たやすく目標に到達できて満足かもしれませんが、自分自身が成長できたという実感は得にくいのではないでしょうか。反対に目標が高ければ、達成できなかった時の悔しさはあるものの、頑張った分だけ成長することができます。

1年目と2年目の数字はそれほど変わらなくても、「もっとできるはず」という思いが強くなれば、それだけ悔しさも増し、それが成長のバネにもなるのです。

220

「今だったら OPSじゃないですか。それに加えてヒットとフォアボールを同じに考えない指標があるなら、それがベストかなと思います」

『野球翔年 II MLB 編 2018-2024 大谷翔平ロングインタビュー』P106

打者を評価するものといえば、かつては打率や打点、本塁打数でしたが、現在、メジャーリーグで重視されているのは「OPS」です。OPSというのは、出塁率と長打率を合計したもので、その選手がチームの得点にどれくらい貢献できているか、得点のきっかけをどれくらいつくれているかを数字で表したものです。

打率だけでは評価できない貢献度を知ることができるということで、OPSが高ければ高いほど、その選手はチームの得点に貢献していることになります。

大谷翔平の2024年のOPSは、1.036でリーグナンバーワンとなっています。大谷はバッターの優秀さを測る尺度としてOPSを評価していますが、できるならヒットとフォアボールを同じに考えない指標があれば、もっといいと考えています。

その理由はランナーが一塁にいる時に一・二塁になるフォアボールと、一・三塁になるヒットでは違いがありますし、1球目からヒットを打つのと、投手に何球も投げさせた末に選ぶ四球とでは、投手に与えるダメージに違いがあるからです。

こうした違いまで数値に組み込むとなると大変ですが、野球の指標というのはこうした複雑な評価を組み込むことで発展を遂げてきたのも事実です。その意味では野球はとても科学的なスポーツともいえます。

221

「いくら(お金を)払ってでも経験する価値のあること。クリアしていく楽しみというか、技術も含めて今後の自分にとって大事」

『大谷翔平を追いかけて 番記者10年魂のノート』P188

大谷翔平は、今でこそメジャーリーグを代表する選手であり、多くの選手が大谷との対戦を楽しみにする存在ですが、ロサンゼルス・エンゼルスに入団した当初は、メジャーリーグを代表する投手や打者と対戦し、時に苦い経験をすることも少なくありませんでした。

現在、41歳のジャスティン・バーランダーは、メジャー通算262勝をあげ、サイ・ヤング賞も3度受賞したメジャーを代表する投手の1人です。全盛期には165キロを超える速球の他に、イチローが「すべてが一級品、どれでも三振がとれる」と評した変化球を操る投手です。メジャー1年目の大谷は、対アストロズ戦でバーランダーと対戦しますが、4打数無安打、3つの三振を奪われています。大谷は「こういうチャンスがないと気づかないこともある。いい勉強になった」と振り返ります。

対アストロズ戦では、2024年のワールドシリーズでも対戦したゲリット・コール（通算153勝）とも対戦していますが、この時には「野球をずっとやってきて、打席で見た一番速い球。ここまで品のある球というか、スピードもなかなか経験したことがない」と驚いています。

こうした優れた投手との対戦について大谷は、打つことはできなかったものの、「いくら（お金を）払ってでも経験する価値のあること」と前向きに捉えています。すごい投手と戦い、そして乗り越えていく。それが大谷の挑戦であり、楽しみでもありました。

222

「単純にすごく嬉しい。素晴らしい選手の名前の中に並ぶことができて光栄だと思います」

『大谷翔平を追いかけて 番記者10年魂のノート』P203

今や日本人選手がメジャーリーグに移籍するのは当たり前の時代になってきましたが、これまでに新人王を獲得した選手は4人しかいません。

○野茂英雄（1995年、ロサンゼルス・ドジャース）
○佐々木主浩（2000年、シアトル・マリナーズ）
○イチロー（2001年、シアトル・マリナーズ）
○大谷翔平（2018年、ロサンゼルス・エンゼルス）

実は2003年にニューヨーク・ヤンキースでデビューした松井秀喜も素晴らしい成績を残したのですが、日本のスター選手だった佐々木とイチローが相次いで新人王を獲得したことで、「他のリーグで活躍した選手を新人と呼べるのか」という議論が起こり、数票の差で新人王を逃しています。その結果、大谷はイチロー以来の受賞となったのです。

松井も含め、いずれも日本で功成り名を遂げた選手ばかりです。その点、大谷の若さは際立っていますが、二刀流での活躍が評価され大差で受賞しています。大谷は「単純にすごく嬉しい。素晴らしい選手の名前の中に並ぶことができて光栄だと思います」という感想を口にします。

そして今、若くして挑戦する日本人選手や、日本のプロ野球を経ることなくメジャーを目指す若者も増えているだけに、将来的に受賞者は増えていくかもしれません。

223

「時代を代表するような選手という意味では目指すべきところ。一選手としてより高いレベルでプレーしたい」

『大谷翔平を追いかけて 番記者10年魂のノート』P204

日本ハム時代に大谷翔平は、ベーブ・ルース以来となる「2桁勝利・2桁本塁打」を2度記録しています。これだけでも十分にすごいことですが、2018年にメジャーリーグに移籍してからは、ベーブ・ルースが活躍していた同リーグだけに、これまで以上にベーブ・ルース（714本塁打、94勝）と比較されたり、記録を意識されるようになりました。

もっとも、ベーブ・ルースが「2桁勝利・2桁本塁打」を達成したのは1度だけで、ニューヨーク・ヤンキースに移籍して以降は、ほとんどを打者として出場しています。それでも4年にわたって2桁勝利をあげていますから、投手としても優れた才能を発揮していたのは事実です。

メジャーリーグ1年目を終えた大谷は、日本記者クラブでベーブ・ルースに関する質問を受け、「神話の中の人物と思うくらい現実から離れている存在」と敬意を表した後、「時代を代表するような選手という意味では目指すべきところ。一選手としてより高いレベルでプレーしたい」と答えています。

野球に限らずですが、優れた選手や人気のある選手というのは何人もいます。しかし、ベーブ・ルースのように「時代を代表する選手」「野球というスポーツを象徴する選手」は滅多に出てくるものではありません。当時の大谷にとって「時代を代表する選手」は目標でしたが、今やその域へと近づきつつあるようです。

224

「（イチローは）目標になるような存在。プレーする姿は見られないけど、昔から見てきたそういう選手像を目標にやりたい」

『大谷翔平を追いかけて 番記者10年魂のノート』P215

メジャーリーグのシーズン最多安打記録を持ち、日米通算4367安打を記録したイチローが引退を発表したのは2019年春に東京ドームで開催されたシアトル・マリナーズ対オークランド・アスレチックス戦の後です。日本で9年間、メジャーで19年間プレーした、日本を代表するだけでなく、メジャーを代表するレジェンドの1人であり、大谷翔平にとっては憧れの、そして忘れられない存在でした。

大谷は日本で、そしてアメリカで活躍するイチローを見て育ち、第2回WBC決勝でのイチローの一打に感銘を受けています。第5回WBCに臨むに際し、その思いを受け継ぎたいとも話していました。

メジャーリーグに移籍したばかりの頃、バッティングに悩むイチローからかけられた「自分の才能を信じろ」という言葉は、その後の大谷の支えとなっていますし、イチローも早くから大谷の才能を認め、メジャーリーグでホームラン王を獲れる選手と評価していました。日本人がホームラン王になるなど、不可能と言われていた時代の言葉だけに、イチローがどれほど大谷を高く評価していたかがわかります。

それほどの存在だったイチローの引退を知った大谷は、「（イチローは）目標になるような存在。プレーする姿は見られないけど、昔から見てきたそういう選手像を目標にやりたい」とコメントします。大谷にとってイチローは、やはり特別の存在でした。

225

「岩手県で野球をやっている子どもたちも楽しみに見てくれていたかもしれない」

『大谷翔平を追いかけて 番記者10年魂のノート』P224

岩手県の野球人というと、今や大谷翔平があまりに有名ですが、大谷以外にも花巻東高校の先輩である菊池雄星や、ロッテからロサンゼルス・ドジャースに移籍した佐々木朗希、スタンフォード大学で活躍する佐々木麟太郎など、世界レベルの選手が次々に誕生しています。

中でも菊池雄星は、岩手県で生まれた選手が岩手県の高校で日本一を目指すことの可能性を示してくれた、大谷にとっても尊敬すべき先輩といえます。菊池が西武ライオンズを経てシアトル・マリナーズに入団したのは2019年ですから、3歳年下の大谷のほうがメジャーリーグでは1年先輩となります。2人の対戦が実現したのは2019年6月のことです。「この舞台で対戦することができたのがすごく大きい」と感想を口にした大谷は、メジャーリーグでの先輩らしく、菊池からホームランを放っています。

高校の先輩後輩、日本人対決ということで、球場に詰めかけた大勢の日本のマスコミを前に大谷は、「岩手県で野球をやっている子どもたちも楽しみに見てくれていたかもしれない」と嬉しそうに話した後、ホームランボールは母校である花巻東高校に「あげたい」と口にします。

大谷はリトルやシニアでの経験を通して、岩手の子どもが集まれば甲子園でも優勝できると確信していました。大谷自身はその夢を果たすことはできませんでしたが、確かに2人の佐々木を見ていると、その夢は後輩たちが叶えてくれるのではないかと思わせます。

226

「実戦の中で打たれたからといって、それ(サイン盗み)を疑うことはあまりない。それを考えたら自分の成長がない」

『大谷翔平を追いかけて 番記者10年魂のノート』P247

大谷翔平の特徴の一つは、打たれたり、あるいは自分が打てなかったことの原因を外に求めないところにあります。投手として思うように投げられなかった時、体調が悪かったとか、捕手との呼吸が合わなかった、味方の守備がひどかった、味方が点を取ってくれなかったという点を理由にしてしまうと、自分の投球には非がないことになり、反省すべきは「自分ではなく、周り」になってしまいます。打つほうも同様です。

こうした姿勢は、2018年にメジャーリーグで問題になった「サイン盗み」でも変わることはありませんでした。サイン盗みを「良し」としているわけではありません。

誰もが同じ条件下で癖を盗むとか、配球を盗むのは「努力の成果」であるのに対し、ルールで許されていない外からの情報やカメラの使用はアンフェアであり、良くないことと断ったうえで、それでもなお大谷は、「実戦の中で打たれたからといって、それ（サイン盗み）を疑うことはあまりない。それを考えたら自分の成長がない」と考えていました。

当時、大谷はサイン盗みを行ったと認められたアストロズにかなり打たれていましたが、それを「サインを盗まれたから」という理由で片づけたら反省にならず、自分の成長につながらないというのです。たとえそうであっても、それ以外の課題を見つけて成長をする。成長は外ではなく、自分の内なる課題を見つけ、改善し続けることが大切なのです。

227

「東日本大震災から10年。自分自身でできることは微力ではあると思いますが、少しでも被災地の力になれるようにまだまだ頑張っていきたいと思います」

『大谷翔平を追いかけて 番記者10年魂のノート』P287

大谷翔平が東日本大震災を経験したのは、高校1年生の時です。大谷の実家や内陸部にある花巻東高校は、大きな被害を受けることはありませんでしたが、選手の中には沿岸の出身者もおり、監督の佐々木洋は選手の家族の安否を確認するために、選手とともに沿岸部へ向かい、避難所を訪ねたりしています。

その中には津波で実家が流されたり、身内を亡くした選手もいましたが、佐々木監督は夏の甲子園に向けて「花巻東ではなく、岩手代表として底力を見せる」と選手たちを鼓舞します。大谷自身も震災により今の日常を過ごせるありがたさを知り、被災地のためにも甲子園で勝たなければ、という思いで大会に臨んだといいます。しかし、残念ながら初戦で敗退、大谷は「被災地のためにも勝ち上がりたかった」と号泣します。

それから10年後の2021年3月、東日本大震災から10年、大谷はこのようなコメントを発表します。

「月日とともに薄れていくことも多い中で、忘れてはいけないこと、忘れられないことも多いかと思います。自分自身でできることは微力ではあると思いますが、少しでも被災地の力になれるようにまだまだ頑張っていきたいと思います」

大谷は2024年正月の能登半島沖地震に際しても、すぐに巨額の寄付を行うように、いつも被災地の人々のことを気にかけ続けているようです。

228

「理想は野球を知らない人でも、いいな、きれいだな、格好いいな、何か打ちそうだなと思うのがベストかと思います」

『大谷翔平を追いかけて 番記者10年魂のノート』P205

メジャーリーグのシーズン中、日本のワイドショーやニュースでは、大谷翔平の活躍する姿が長い時間を割いて放送されています。その情報の多さに「大谷ハラスメント」と言う人までいるほどですが、それでも多くの人がその活躍に一喜一憂し、普段は野球に関心などなかった人たちまでも大谷の活躍に注目しているだけに、これは仕方がないというか、ファンにとっては嬉しい限りとしか言いようがありません。

こうした日本での人気もあってか、2024年のワールドシリーズはアメリカでの視聴者数が増えただけでなく、日本や台湾など、海外の視聴者も圧倒的に増えたといわれています。

大谷ファンの中には、これまで野球にあまり関心がなく、今まで野球など見ていなかった人たちがたくさん含まれているところに特異性があります。そこにあるのは、大谷のプレーが見ていて格好いいとか、あるいは人間性の素晴らしさへの高い評価と関心です。

メジャーリーグ1年目、大谷はこんなことを言っていました。

「理想は野球を知らない人でも、いいな、きれいだな、格好いいな、何か打ちそうだなと思うのがベストかと思います」

野球をよく知らない人が見ても、大谷のプレーは魅力的に映ります。大谷は野球を超えて、世界を代表するアスリートの領域へと向かいつつあります。

229

「1年1年が勝負の年だと思って。それくらい出しきる気持ちで毎年やることがまず大事だと思っています」

『大谷翔平を追いかけて 番記者10年魂のノート』P278

大谷翔平の2024年の活躍は驚異的なものでした。

159試合に出場して打率.310、本塁打54本、打点130、盗塁59、OPS 1.036という圧倒的な数字に加え、メジャーリーグ史上初の「50-50」を達成しました。今後、果たしてこの記録を更新する人がいるのかどうかさえ、難しい数字といえます。

そのため大谷の今後に関して、「打者としては今年がキャリアハイになるのでは」という声が多いのも事実です。大谷自身はその点どう考えているのでしょうか。2020年、大谷は自身のピークについてこう話しています。

「毎年ピークだと思って頑張るし、今年がベストの年だと思ってやるからこそ、ピークに達した時により良くなるんじゃないかな」

大谷は30歳から35歳くらいにピークが来るのでは、と話していたことがありますが、確かに2024年はその入口にあたるわけです。それ以前の2021年からの3年間を見ても、MVPを2度も獲得するほどの成績をあげています。

それはいわば、30歳になる前からピークが来ているともいえるわけですが、それを可能にしたのは「1年1年が勝負の年だと思って。それくらい出しきる気持ちで毎年やることがまず大事だと思っています」という考え方です。日々全力を尽くす。大谷は確かにピークを更新し続けているのです。

230

「選手として良いパフォーマンスを保てる時期は長くない。自分の能力を伸ばせる時間は多くはないので、時間を大事にしながらやりたい」

『大谷翔平を追いかけて 番記者10年魂のノート』P325

アップルの創業者スティーブ・ジョブズの言葉に「この地上で過ごせる時間には限りがあります。本当に大事なことを本当に一生懸命できる機会は、2つか3つしかないのです」というのがありますが、大谷翔平を見ていると、プロ野球選手という限られた時間の中で、今できることを常に精一杯やろうとしているように思えます。

実際、プロ野球選手の平均的な現役期間はそれほど長いものではありませんし、その中でトッププレーヤーでいられる期間はさらに短いものです。もちろんイチローのように、日米で20年以上にわたって活躍した選手もいますが、それでも人生という尺度で見れば、やはりそれ以外の時間のほうが遥かに長いのです。

2021年、イチローが大谷に贈った「2021年シーズンを機に無理をしながら翔平にしか描けない時代を築いていってほしい」という言葉に対し、大谷は「選手として良いパフォーマンスを保てる時期は長くない。タイムリミットは毎年、毎年近づいている。自分の能力を伸ばせる時間は多くはないので、時間を大事にしながらやりたい」と答えます。

イチローの言う「無理」は「無茶」という意味ではありません。限りある時間を大切に精一杯努力して最高の選手であって欲しい。それがイチローの思いであり、大谷の思いでした。

231

「これからも、ベストの状態で毎回登板できるとは限りません。半分くらいはベストじゃないと思ったほうがいいですね。それをどうするかが課題です」

『大谷翔平 二刀流メジャーリーガー誕生の軌跡』P95

「手も足も出ないというボールは、今はもうないし、打たれたら、そんなのベストピッチじゃないと思ってるところもありますからね」は、日本ハム時代の大谷翔平の言葉です。

プロに入った大谷は順調に成長を遂げ、3年目には投手三冠を獲得し、4年目にはMVPを獲得してチームを日本一に導くほどの活躍をします。当時の大谷は、ベストピッチを打たれた記憶もなければ、これは打てないと思わされたボールに出会うこともなかったといいます。いわゆる「大谷無双」といえる状態でしょうか。

メジャーリーグに移籍してからの3年間は、そこまでの状態になることはありませんでしたが、エンゼルス入団の4年目、MVPを獲得した2021年以降、絶好調の時の大谷は投打とも「手が付けられない」ほどの活躍をすることがしばしばでした。とはいえ、それはあくまでも「ベストの状態」の話であり、投手としても爪の状態が良くなかったり、マメができる、あるいは疲労などによってベストでないことがあるのも事実です。

では、ベスト以外の状態の時にはどうすればいいのでしょうか？　大谷に限らず、仕事でもスポーツでも「いつもベスト」という人はまずいません。「今日はベストじゃないから」と言い訳に使うのではなく、「半分くらいはベストじゃない」と自覚して、「何ができるか」を考える。それがシーズンを通して活躍するために大谷が考えていたことでした。

232

「調子はいい、でも結果が出ないのは運がないからだと思うようにしていました」

『野球翔年 II MLB 編 2018-2024 大谷翔平ロングインタビュー』P215

「運も実力のうち」という言葉があります。実力があっても運が良くないと、思うような結果が出ないこともあれば、思いがけず運に恵まれることで実力以上の成果があがることもあります。確かに実力があっても、「あいつは運がない」と同情したくなる人がいるのも事実です。

2022年、大谷翔平は投手として15勝をあげ、34本のホームランを打っています。残念ながらMVPはヤンキースのアーロン・ジャッジが獲得したものの、2年連続のMVPを獲ってもおかしくない活躍ぶりでした。

しかし、開幕当初はなかなか勝ち星がつかず、ホームランも出ないという日が続きます。前年が40本を超えるホームランを打っていただけに、周囲からは「不調」と言われます。この時期、大谷は「バッティングに関しては運がない」と考えるようにしていました。

その理由は、今は禁止されている大谷シフトにより、いい当たりが野手の正面だったり、いい当たりのライナーがアウトになるなど、シフトの罠にかかることが多かったのです。

もしその半分でもヒットになっていれば、もっと気持ちよく打席に立てたし、ホームランも出たはずですが、そうはなりませんでした。そんな時、大谷は「調子はいいが、運がない」と考えることで、自分のバッティングを崩さないように努めます。やがて運に関しては、「帳尻が合う」ようになり、素晴らしい成績をあげるようになったのです。

233

「去年より数字は下がっていますけど、それが成長につながっていないということではなくて、むしろ良くなっていると思っているんです」

『野球翔年 II MLB 編 2018-2024 大谷翔平ロングインタビュー』P96

ある飲食店チェーンの経営者が、店の数字と店長の成長について調べたところ、店の数字が下がってくると店長自身はどうしても「自分はダメだな、成長していないな」と落ち込みがちなのに対し、実は店の数字が下がっている時に、改善策を考えて工夫することで、成長する店長が多いというのです。数字と人の成長は必ずしも同じではなく、逆の動きをすることもあるようです。

大谷翔平はメジャーリーグ1年目に4勝して、22本のホームランを打っています。しかし、右ひじのトミー・ジョン手術をして投げることができなくなった2年目の2019年に、ホームランは18本と少なくなり、打率はほぼ同じでした。3年目の2020年は、コロナ禍で試合数が少なくなったためホームランは7本、打率.190となっています。

数字が下がると、どうしても成長していないとか、壁にぶつかったと言われがちですが、大谷自身は「去年より数字は下がっていますけど、それが成長につながっていないということではなくて、むしろ良くなっていると思っているんです」と考えていました。

そう思える理由は、自分のレベルが上がれば、それだけできないこともっと見つかるし、気づきも増えて、考えること、試すことが増え、それが成長につながるからです。その言葉通り大谷は2021年に9勝、46本塁打でMVPを獲得します。

234

「ここまで2つやってきて、やらないなんてもったいないじゃないですか。やるべきだな、目指すべきだなと思っています」

『野球翔年 II MLB 編 2018-2024 大谷翔平ロングインタビュー』P98

メジャーリーグ1年目の9月、右ひじの靭帯を損傷してトミー・ジョン手術を受けたことは、大谷翔平にとって「二刀流をこのまま続けるかどうか」という分岐点でした。トミー・ジョン手術を受ければ、投手として少なくとも1年半は投げることができません。ただし、大谷の場合は打つことができるため、試合に出場することはできます。

この時期の大谷は、1年目に22本のホームランを打ち、4勝をあげて新人王を獲得したとはいえ、打者としてまだ確固たる地位を築いていたわけではありません。手術を経て、投手としてどれだけの成績を残せるかは未知数のうえ、かつての力を取り戻せるかどうかもはっきりしていませんでした。

二刀流を諦めてバッターに専念し、ある程度投げられるようになったら、日本ハム時代に経験のある外野守備の練習をして、外野手として活躍できるのでは、と考えてもおかしくありません。

しかし、大谷は「二刀流に対する意識が変わったのか？」という問いに「ここまで2つやってきて、やらないなんてもったいないじゃないですか。やるべきだな、目指すべきだなと思っています」とはっきり答えています。

日本ハム時代から取り組んできた二刀流を簡単に諦めるのではなく、挑戦し続ける。それが当時の大谷の思いでした。

235

「170キロを投げられたらそれは武器になりますから、いいなと思います。でも170キロを投げられても、ストライクが入らなければ意味がありません」

『野球翔年 II MLB 編 2018–2024 大谷翔平ロングインタビュー』P105

投手にとって球速「170キロ」は夢の数字と言われています。投げてから0.3秒後にホームプレートに到達するのに対し、打者の一般的な反応速度は0.4秒のため、絶対的な武器になるというのです。

現在、メジャーリーグでの投手の最速記録はアロルディス・チャップマンが記録した105.8マイル（約170.3キロ）です。大谷翔平の165キロより5キロも上回る、まさに剛速球です。

もっとも、米スポーツ医学の研究者によると、161キロを超えると人間のひじの靭帯に無理がかかるため、故障のリスクも増えるという研究結果もあります。最近の投手の故障の多さから、果たして170キロを投げる意味があるのかは難しいところのようです。

大谷は日本ハム時代から160キロを連発していただけに、球速へのこだわりは強いものがありますが、「170キロを投げられても、ストライクが入らなければ意味がありません」とも考えています。

速いボールを投げられることはそれだけで相当なポテンシャルですが、そのボールを自分の思うようにコントロールできなければ、勝てるピッチャーにはなれないし、ナンバーワンにもなれません。

速いボールをインコースとアウトコースにきちんと投げ分けることができればバッターを抑えられ、ナンバーワンになれるというのが大谷の考え方です。

236

「本人（トラウト）にしてみれば、もっと上に行ける要素があるなら何かを変えて一時的に調子を落としたとしてもそれはいいんだって感覚なんですよね。それって重要なことなんです」

『野球翔年 II MLB 編 2018–2024 大谷翔平ロングインタビュー』P110

企業における改善や改革の難しさの一つに、変えた直後の停滞やトラブルがあります。それまでの慣れたやり方を新しいやり方に変えた当初というのは、どうしても問題が起き、生産性などが停滞します。そこで「元に戻せ」とやってしまうと、永久に変えることはできないのに対し、ここで我慢して改善を続けていくと、やがて新しいやり方が効果を発揮して大きく飛躍することができます。

大谷翔平がエンゼルスを選んで幸いだったのは、年齢は3つ上、メジャーリーグでの経験では8年の差があるマイク・トラウトがいたことです。当時、トラウトは既に3度のMVPを獲得したメジャー最高の打者の1人でした。

大谷によると、トラウトは打席が終わる度にベンチでコーチと「ああでもない、こうでもない」とバッティングについて議論をしていたようです。トラウトは世界一の打者であり、素晴らしい成績もあげているだけに、普通に考えれば何も変える必要がないわけですが、それでももっと上を目指して、一時的に調子を落としても何かを変えることに貪欲だったのです。

その姿を見て大谷は、「変えることの大切さ」を再認識します。何かを大きく変えようとすれば、ある程度の時間も必要ですし、一時的に調子が落ちることもあります。それでも変えることに挑戦する。それこそがさらなる飛躍につながるのです。

237

「絶対に(プロ野球選手)なるんだと言って、毎日、真剣に練習しているのであれば、それはもう、その時点で人生、勝ちだなって思うんです」

『野球翔年 II MLB 編 2018-2024 大谷翔平ロングインタビュー』P114

「夢は困難なほど面白い。それは僕の信念だ。多くの人は、頑張れば手が届きそうな夢を描く。僕は『そんなん無理じゃね？』と言われることを宣言する」は、日本ハムの監督として、低迷していたチームを3年目に2位にまで躍進させた新庄剛志の言葉です。

新庄は2020年、48歳の時にプロ野球のトライアウトに挑戦しています。結果的に現役復帰はできませんでしたが、そのバッティングはダルビッシュ有が「長いブランクがあるのにプロの球を芯でとらえるのはすごい」と称賛するほどでした。

それ以前にも新庄は、メジャーリーグへの挑戦や、帰国後に入団した日本ハムを日本一にするなど、周りが「無理だよ」ということを口にして、いずれも実現しています。現在の監督業でもそうですが、たとえ笑われても、無理と言われても、それをはっきりと口にして挑戦し続ける。そして多くを達成する。そこに新庄の魅力があります。

新庄のトライアウトへの挑戦を大谷は高く評価していました。結果はどうあれ、「絶対にプロ野球選手になる」という強い想いで必死に練習する、その日々はとても幸せなものであり、その時点で「人生、勝ちだな」というのです。それは大谷も同様で、「絶対に世界一になりたい、一番の選手になりたい」という気持ちで練習に取り組むからこそ、それは面白いし、何より楽しいものなのです。

238

「しょうがないと思っています。うまくなる期間が長くなるとプラスに捉えています」

『野球翔年 II MLB 編 2018-2024 大谷翔平ロングインタビュー』P117

2020年のメジャーリーグは、例年より4ヵ月も遅い7月23日に開幕し、わずか60試合でシーズンが終了しています。これは世界的に猛威をふるった新型コロナウイルスの流行によるものですが、キャンプインも7月に入ってからということで、メジャー3年目の大谷翔平も、初めて長いシーズンオフを経験することになりました。

この時期、大谷は土日と水曜日以外はエンゼルスタジアムに行って練習をして、残りの日は自宅で身体を動かしていたといいます。投球練習をすることもあったといいますが、選手同士が一緒に練習することはできないため、1人で球場を使うというスタイルでした。

これほど長い期間、試合ができないと選手にはどんな影響が出るのでしょうか？　大谷はこう話していました。

「しょうがないと思っています。いろいろ考えてもしょうがないですし、プラスに捉えるほうへ考えていきたいなと」

大谷によると、個の力が伸びるのはオフのほうが多いといいます。その意味では例年以上にオフの期間が長いだけに、オフの練習メニューをより時間をかけてできるため、その分、うまくなる時間も長くなる、というのです。大谷は、時間はあるだけあったほうが野球はうまくなると考えています。大谷は試合のできない期間の長さもプラスに捉えていたのです。

239

「焦らないようにはしていません。焦ることはいいことだと思ってますし、やらなすぎるよりは、やりすぎるくらいのほうがいいかなと思っているので」

『野球翔年 II MLB 編 2018–2024 大谷翔平ロングインタビュー』P141

大谷翔平がしばしば口にしているのが「時間がない」「時間が足りない」です。大谷が日本ハム時代から目指しているのは、ホームランを何本打ちたいとか、ヒットを何本打ちたいではなく、野球に関するすべての技術を身に付けることです。もちろんすべてができるのは、大谷も言うように「野球の神様」だけですが、大谷自身、可能な限り多くの技術を身に付け、できるだけ長く野球をやりたいと願っています。

とはいえ、プロ野球選手の選手寿命はそれほど長いものではありません。もちろん、最近では40代後半まで現役を続ける選手もいますが、それでも長くて20年余り、そのうちのピークの時期は5年〜10年といったところでしょうか。

プロ野球選手になって8年が過ぎた2020年オフ、大谷は「焦りはないか？」と聞かれ、「プロに入ってからは、時間がないな、ということしかないんです」と「焦りはある」と答えています。「あまり焦らないほうがいいよ」という言葉をかけたいところですが、大谷は「焦らないようにはしていません」として、むしろ「焦ることはいいことだ」と話しています。

人間に与えられた時間が有限である以上、やりたいことが山ほどある人にとって、時間はいつも不足しがちです。だからこそ大谷は「やらなすぎるよりは、やりすぎるほうがいい」として、いつも持てる時間を目一杯野球のために使っていました。

240

「日頃、自分で左右できないことは考えないタイプなので、何事も自分の行動一つで変わっていく、ということを意識しています」

『野球翔年 II MLB 編 2018-2024 大谷翔平ロングインタビュー』P146

世の中には「自分で変えられるもの」と「自分では変えられないもの」があるわけですが、とかく人間というのは「自分が変わる」のではなく、「相手が変わる」とか、「世の中が変わる」ことを願う傾向があるようです。

例えば、ものが売れないのは自分のやり方の問題ではなく、お客の問題であり、景気の問題だと考えるほうが楽になれるからです。しかし、現実には「相手が変わる」とか、「世の中が変わる」ことはほとんどありません。

2020年、メジャーリーグはコロナ禍により試合数が60試合に短縮され、選手たちも練習のやり方や、試合中の行動など、さまざまな制約を受けました。2021年に入ってもコロナ禍は収まらず、先の見えない状況が続きましたが、大谷翔平は「僕一人の力でコロナウイルスをなくすことはできないし、そこへ心血を注ぐことはありません」と「自分では変えられないもの」に心を煩わせることはありませんでした。

大谷の基本は、「相手の気持ちは変えられないけれど、印象を変えるために自分でできることはある」です。

例えば、自分の行いや言葉使い、身なり一つで相手の印象を少しずつでも変えていくことができるように、たとえ無観客であろうとも、懸命にプレーをすれば、テレビで見るファンの心を熱くすることはできます。自分にできないことを嘆くのではなく、できることに全力を注ぐ。それが大谷の考え方でした。

241

「メジャーは毎年、相手が変化していく難しさがあるんです」

『野球翔年 II MLB 編 2018-2024 大谷翔平ロングインタビュー』P151

メジャーリーグのシーズンオフは、FA選手がどのチームに移籍するのかを中心に、選手の獲得や移籍に関する話題が連日続くことになります。2023年シーズンオフの話題の中心は大谷翔平でしたし、2024年のシーズンオフはヤンキースのフアン・ソトが中心にいました。こうした目玉選手を獲得できたチームは確実にチーム力がアップしますし、獲得できなかったチームはその代わりに誰を獲り、誰を出すかに取り組むことになります。

その結果、それぞれのチームのメンバーは「いつもと同じ」ではなく、がらりと変わることもしばしばです。大谷によると、メジャーで戦い続けることの難しさは、こうした「相手が変化していく難しさ」だと言います。

日本ハム時代にも、もちろんドラフトで新しい選手が入るとか、トレードやFAで選手が入れ替わることはありましたが、メジャーほど顔ぶれが変わるということはありませんでした。

一方、メジャーでは若い選手が急速に力を付けてきたり、それに刺激を受けてスター選手もさらに力を付けます。トップレベルの顔ぶれがあっという間に入れ替わるため、大谷自身もそのスピードに負けないように進化していかないと、あっという間に置いていかれることになります。

自分が絶えず成長することはもちろん、周りの進化に負けないようにしなければならないというのが大谷の考え方です。

242

「出し切ったうえで、できる限りの体調管理をしながら長く続けるというのが、僕のプロとして大事にしたいところです」

『野球翔年 II MLB 編 2018-2024 大谷翔平ロングインタビュー』P158

人の生き方として「太く短く」か「細く長く」のどちらがいいかはしばしば議論になるところですが、大谷翔平が目指しているのは「太く、そして可能な限り長く」です。

大谷はメジャーリーグ1年目に投手として4勝をあげ、22本のホームランを打ち、新人王を獲得しています。シーズン終盤に右ひじ靭帯の損傷がわかり、シーズンオフにトミー・ジョン手術を受けていますが、シーズンを戦ってみて大谷はこんな感想を持ちました。

「出し切った時にできるし、自分の力を出せなかった時には絶対にごまかせない」

自分の力を出し切れば数字は残るけれど、それができなければ数字は出ない、ということです。そこから2年間、投げることのできない時期を経て、2021年シーズンを前に大谷は1年間ローテーションを守り、バッターとしても登板前の休みを除き、すべての試合に出たい、という覚悟を示します。

投げて、打つという身体に大きな負担のかかる二刀流でほぼフル出場を目指すのは、ケガのリスクも大きいわけですが、大谷は「ケガをしないようにやめておくか、ケガをするかもしれないけど出るか。僕は1年1年、出し切ることを一番に考えています」と言い切っています。

ケガを恐れて制限するよりも、1年間、出し切ることを優先する。考えるべきは、「そのためにどうするか」というのが大谷の考え方でした。

243

「（走られるという）プレッシャーがあるだけで、自分の打席を守れると思っています」

『野球翔年 II MLB 編 2018-2024 大谷翔平ロングインタビュー』P165

大谷翔平は2024年に59個の盗塁を成功させ、54本塁打と合わせて、メジャーリーグ史上初となる「50-50」を達成します。これだけの盗塁を成功させるためには、別項で詳述するようにさまざまなトレーニングや工夫があったわけですが、大谷がメジャーリーグで盗塁を強く意識するようになったのは2021年のことです。

この年、大谷は46本のホームランを打つとともに、26個の盗塁も決めています。それまでの3年間が10個前後だっただけに、大きく数字が伸びています。その理由の一つは、西地区での3位、4位が定位置という弱いエンゼルスにいると、フォアボールが増えてきたのです。主砲のマイク・トラウトもケガで欠場することが多く、それでは大谷さえ歩かせてしまえば点は取られないとなるからです。大谷は言います。

「盗塁の数が増えれば、出したら走られるプレッシャーを相手のピッチャーに与えることができます。フォアボールもツーベースになると思わせれば、ピッチャーも勝負しようと思うかもしれません。だから走るということは大事なんです」

つまり、安易に大谷を歩かせると、盗塁で二塁、三塁にまで行かれる恐れがあるため、その分、投手は「歩かせるか、勝負するか」を迷うことになるというのです。走ることは自分の打席を守ることにつながる、というのが大谷の考え方でした。

244

「認められたのか、認められていないのかは、まだわかりません。2つやっていたからユニークでいいよね、と思われていただけかもしれません」

『Number 968・969』P12

自分に対する評価は、他人が思っている自分への評価に比べてとかく甘くなる傾向があります。自分で「俺はこんなにやっているのに」と思っても、他人から見れば「まだあんなものか」ということも多く、そこで「誰も評価してくれない」となると不満につながりやすいのに対し、他人の評価を自分の本当の評価と考えると、成長のきっかけにすることができます。

メジャーリーグ1年目の大谷翔平の成績は、4勝をあげ、22本のホームランを打ち、新人王に相応しいものでした。スプリング・キャンプの頃、「高校生レベル」と言われたバッティングの力も見せることで、二刀流への評価も変わり始めていましたが、大谷は「メジャーに二刀流を認めさせた感じはありませんでしたか」という質問にこう答えています。

「認められたのか、認められていないのかは、まだわかりません。2つやっていたからユニークでいいよね、と思われていただけかもしれません。2つやっていたからユニークでいいよね、絞るのはもったいないよね、と思われていただけかもしれません」

大谷によると、ピッチャーだけ、バッターだけなら、「このくらいのレベルはいるよね」になるところを、二刀流の珍しさが評価につながっているだけで、まだ高いレベルで認められてはいないというのです。自分を冷静に見るからこそ、大谷は成長できたのです。

245

「代わりにですか？ うーん、何ですかね。25歳は、30盗塁にしましょう」

『Number 968・969』P17

大谷翔平の投打両方の素質は、早くから多くの人が認めるところでしたが、花巻東高校の監督・佐々木洋はこう評価していました。

「魅力の一番は投手、二番は走塁、三番は外野守備、バッティングは四番目。彼の野球センスって、実は走塁に凝縮されている」

メジャーリーグで既に2度も本塁打王を獲得した大谷のバッティングを四番目というのですから、他の素質がどれだけ優れていたかがよくわかります。実際、身体の大きさからは考えられないほど大谷にはスピードがあり、走る力もあったわけですが、日本ハム時代は、5年間でわずか13個の盗塁しか成功させていません。

監督の栗山英樹がリスクを考えて盗塁を禁止していたようですが、メジャーに移籍してからはそうした制約がなくなったのか、試合数が少なかった2020年を除いて毎年、2桁の盗塁を成功させています。

こうした自信も背景にあったのでしょうか。2018年のシーズンオフ、メジャー1年目を終えた大谷に『Number』の記者が高校時代に書いた「人生設計シート」の「25歳で175キロ」について質問すると、その年はトミー・ジョン手術で投げることのできない大谷は、「代わりに25歳は30盗塁にしましょう」と答えています。少し遅れたものの、この目標は2024年に「30歳、59盗塁」として達成します。

246

「取ってもらった点というのは大事にしたがることもあると思うんですけども、自分で取れるなら、よりアグレッシブにマウンドでも攻められるかなと思っています」

『ルポ 大谷翔平』P79

大谷翔平の魅力は「100マイルを超えるボールを投げて、400フィートを超える（最長は493フィート＝約150メートル）ホームランを打つ」ところにあります。これは「ピッチャーの割に打てるね」というレベルではなく、メジャーにおいても、投と打の2人のスーパースターが共存していることになります。

2021年4月、大谷は対ホワイトソックス戦で「2番・投手」でスタメン出場します。アメリカに来てから、公式戦では初めてとなる投打での同時出場です。

もし大谷が打たれて早期にマウンドを降りれば、「2番」に投手が入ることになるというリスクの高い打順でしたが、大谷は1回表を無失点に抑え、その後の第1打席で飛距離137メートルの特大アーチをスタンドに叩き込んで見せたのです。

そこに至るまでの3年間、大谷が二刀流として成功するかどうか懐疑的な見方をする人もいましたが、この日の投打二刀流を見たエンゼルスのジョー・マドン監督は、「野球選手として『完全』だとしか言えない。あれ以来、誰もが可能だと信じられるようになった」と振り返っています。自分が投げている時に、中軸として打席に立つのは大変に思えますが、「自分で打って点を取り、自分が投げて抑える」というアグレッシブなスタイルは、最も「大谷らしさ」の出るものだったのです。

247

「伸びしろですか？伸びしろしかないと思ってます」

『大谷翔平 野球翔年Ⅰ日本編 2013-2018』P300

大谷翔平のメジャーへの移籍と、それまでの日本人選手の移籍の大きな違いは、年齢的な若さはもちろんのこと、それまでは日本でトップになり、やるべきことはやり尽くした選手が挑戦するというイメージを変えたところにあります。

打者でいえば、イチローや松井秀喜は誰もが認める「日本のナンバーワン」でしたし、松坂大輔やダルビッシュ有、田中将大も日本で圧倒的な成績を残し、「日本には敵はいない」と言える状態でメジャーに移籍しています。もちろん大谷も二刀流として素晴らしい成績を残し、チームも日本一へと導いていますが、本来なら「あと2、3年」やって、それこそ「大谷無双」状態で行くというのがそれまでの球界の常識でした。

しかし大谷は「『トップに上り詰めてから』というのは素敵だと思いますし、格好良いとも思います。でも僕は『今、行きたい』から行く」という考えで移籍を決意しています。それと同時にこうも考えていました。

「伸びしろを持った状態でアメリカへ行って、その中でピークを迎えたい」

確かに日本でもできることはまだまだあるものの、それがアメリカでできないかというと、そうではありません。「伸びしろしかない」と考える大谷にとって、日本以上の成長や飛躍を引き出してくれる場所がアメリカだったのです。結果、その通りになりました。

248

「やっぱり楽しいですよね。一番のドーピングじゃないかなと思っているので、声援があるかないかは」

『ルポ 大谷翔平』P80

野球に限ったことではありませんが、2020年に始まった新型コロナウイルスの世界的流行は、それまで当たり前だったものが当たり前でないことを教えてくれました。

国によって違いはあるものの、多くの国で大勢の人が1ヵ所に集まることや、声を出して応援するといったことが厳しく制限され、多くのスポーツやエンターテインメントが中止や無観客に追い込まれました。

メジャーリーグは、2020年には予定より4ヵ月遅れで開幕し、試合数は60試合に短縮されています。選手たちはビデオルームが密になるのを避けるため、試合中に映像を見られなくなったことで、大谷も自分の投球や打撃を「客観的に見れないってのは嫌だった」と振り返っています。幸い翌2021年からは、人数制限はあるものの、客席にはファンが戻ってきたことで大谷は元気を取り戻します。観客について、こう話しています。

「『試合やってるな』っていう感じはしていたので、やっぱり楽しいですよね。一番のドーピングじゃないかなと思っているので、声援があるかないかは」

大谷の思いは、観客の前でプレーすることで、打席でもマウンドでもより集中でき、データには表れないものの、球場全体の雰囲気がボールとバットに乗り、大きな力になるというものです。同年、大谷は見事に初めてのリーグMVPを獲得します。

249

「投げないと成長できない」

『ルポ 大谷翔平』P117

メジャーリーガーであれば、誰もが手にしたいのがワールドシリーズの優勝リングです。日本人選手では松坂大輔、上原浩治、松井秀喜（MVPも獲得）などが手にしていますが、野茂英雄やイチローはワールドシリーズに出場することもできませんでした。

当然、大谷翔平が目指しているのは「二刀流」としてワールドシリーズに出場し、優勝することですが、残念ながら何年もの間、エンゼルスは西地区で勝ち越すことさえままならぬ状況が続いていました。その結果、ポストシーズンの進出も難しく、8月、9月は来年を見据えての戦いとなり、モチベーションを高く維持するのが難しくなるわけです。

そんな中でも大谷は、常に全力プレーを怠ることはありません。「ポストシーズンの望みもない中、どんなモチベーションでマウンドに上がっているのか」と聞かれ、こう答えています。

「投げないと成長できない」「バッターとして言うなら、ピッチャーとの感覚は実戦でしか養えません」

大谷が目指しているのは、1試合ごと着実に成長していくことです。それは練習だけで養えるものではなく、実践の場でバッター相手に投げること、バッターとして打席に立つことで養われて磨かれるものです。たとえ目標は遠のいたとしても、試合に出ることで成長できれば、それがいつか目標に近づくことになるというのが大谷の考え方です。

250

「（選手生活は）ファンの方々、球団の方々とつくっていくものだと思っています。皆さんの応援で僕を成長させてほしいなと。僕もそれに応えて頑張っていきたい」

『大谷翔平 二刀流メジャーリーガー誕生の軌跡』P71

「ファンが選手を育てる」という言葉があります。

野球やサッカー、フィギュアスケートなど、会場やスタジアムに多くのファンが見に来て応援をしてくれる時、そこから生まれる声援や期待、そして緊張感は、すべてのアスリートにとって「頑張ろう」という気持ちを起こさせ、成長への糧となるのです。

もちろん負けが込んだり、ひどいプレイをすれば、声援はブーイングや罵声に変わることもありますが、それも含めてアスリートにとってファンはありがたい存在といえます。大谷翔平は、日本でもメジャーでもファンを大切にする選手として知られていますが、その思いを言葉としてはっきり表したのが、エンゼルスでの入団会見でした。エンゼルスを選んだ理由に触れた後、こんな言葉を口にしました。

「（選手生活は）ファンの方々、球団の方々とつくっていくものだと思っています。僕自身はまだまだ完成した選手ではないですし、皆さんの応援で僕を成長させてほしいなと。僕もそれに応えて頑張っていきたいと思います」

「応援よろしく」は誰もが言う言葉ですが、選手生活を「ファンの方々とつくっていく」は大谷独特の言い方です。二刀流という誰もやったことのないことをやり抜くためには、何よりファンの後押しが必要だという思いが込められた言葉なのではないでしょうか。

251

「僕は、今年と同じことを来年以降も繰り返していける自信が結構あります」

『SHO-TIME 大谷翔平 メジャー120年の歴史を変えた男』P345

日本のプロ野球の世界に「2年目のジンクス」という言葉があります。

例えば、入団して1年目に素晴らしい成績をあげた投手が、2年目以降も同じ成績をあげることは難しく、その中には1年目の数字を超えられないままやがて引退する選手もいるほどです。その理由は、敵である相手に徹底的に研究され、対策をされるためだからです。

こうした傾向は新人に限ったことではなく、ある年に素晴らしい成績をあげた選手が2年、3年と同じような成績をあげるのはとても難しいことなのです。2021年、大谷の成績は投手として「9勝2敗、防御率3.18、奪三振156」、打者として「打率.257、本塁打46本、打点100」という素晴らしい成績を残し、MVPも獲得しています。どちらか一方でも素晴らしいのに、投打両方を1人の人間が成し遂げたことに誰もが驚きます。

ところが、大谷は「今後」について聞かれて驚くような答えをします。

「僕は、今年と同じことを来年以降も繰り返していける自信が結構あります」

その言葉通り、大谷は2022年には15勝、34本塁打、2023年に10勝、44本塁打、さらに2024年には「50-50」を達成します。2022年の数字を見た、かつての名投手であるジョン・スモルツは、「人間が昨年のようなことを経て、翌年同じような活躍をしたり、それを超えるなんて想像できない」と驚きを口にしますが、大谷はそれを実行しています。

252

「何と言っても、比べる相手がいないので。どう評価すべきなのか、難しいところです」

『大谷翔平 二刀流メジャーリーガー誕生の軌跡』P245

大谷翔平は、2021年にはアメリカン・リーグのMVPを獲得していますが、2022年にはニューヨーク・ヤンキースのアーロン・ジャッジが大谷を抑えてMVPに輝いています。ジャッジのMVPは、同年62本のホームランを打ったことが決め手となりましたが、大谷の成績も見事なものでした。成績は下記の通りです。

○投手＝15勝9敗、防御率2.33、奪三振219

○打者＝打率.273、本塁打34、打点95、盗塁11

数字だけを見れば、大谷の成績はどちらもメジャートップレベルであり、その貢献度は投打両方をこなす大谷のほうがジャッジを上回るはずですが、メジャーで使われるWAR（選手の総合貢献度を表す指標）を算出すると、ジャッジが10.6、大谷が9.6になります。そうなった理由は、大谷はDHで守備につかないため、守備位置補正で-1.7がつき、結果的にジャッジの数字を下回ってしまうのです。

これまで大谷のような選手がいなかったため、投手と打者の両方で大きな貢献をする選手の「総合貢献度」を正しく評価できていないという問題が起きているのです。

大谷のような選手がたくさんいれば、比べることができるし、数字の良し悪しも評価しやすいものの、「比べる相手がいないので、評価が難しい」のも、パイオニアならではの悩みといえます。

253

「去年がそこそこ良かったので、去年と同じような成績を残そうと思っていたら、その基準をクリアするのさえ難しい」

『Number 1048』P15

名選手にして名監督だった野村克也は、プロ4年目にホームラン王を獲得したものの、翌年から成績が下降します。ある日、先輩から「殴った人間っていうのはそれを忘れても、殴られたほうは痛みを忘れない」と言われます。やられた相手は徹底的に研究して対策するため、成績をあげ続けるためには、その上を行く努力が欠かせないということです。

大谷翔平は、2021年にMVPを獲るほどの活躍をしますが、その翌年も同様の活躍をして、2023年、2024年と2年連続でホームラン王を獲得します。その姿を見た元メジャーリーガーが「いずれ失速すると思っていた」という話をしていました。それほどメジャーの競争は激しく、大谷が活躍すればするほど、大谷対策の研究も進むわけですから、MVP級の活躍を何年も続けるのは、それだけで驚嘆に値することなのです。

そんな厳しさを知るだけに、大谷は「去年がそこそこ良かったので、去年と同じような成績を残そうと思っていたら、その基準をクリアするのさえ難しい」と話していました。

去年どんな素晴らしい成績をあげたとしても、「去年できたんだから、今年も去年と同じようにやれば、同じくらいの成績が残せるだろう」という甘い考えでいたら、あっという間に成績は下降します。厳しいけれども、常に研究や練習を怠らず、自分をアップデートさせ、更新し続けいかなければならないというのが大谷の考え方です。

254

「僕の才能が何かと考えた時、それは伸び幅なのかなと思いました。だから投げることも打つことも、変えることは怖くないし、どんどん新しいこと、こうかなと思ったことをやってみることができる」

『Number 963』P20

大谷翔平は、今や世界一の野球選手の1人と評価されています。その才能や素質は、早くから多くの人が認めていたもので、花巻東高校の監督・佐々木洋は野球部の部長から「ダルビッシュ有みたいな投手が岩手にいます」と言われ、最初は「いるわけないだろう」と、半信半疑で中学生の大谷の映像を見て、「とんでもない素材だな」とビックリしています。

大谷を早い時期から追いかけていたロサンゼルス・ドジャースの日本担当スカウトの小島圭市も、高校卒業と同時にアメリカに渡り、3年くらいのマイナー経験を積めば、「サイ・ヤング賞を2、3回獲るのでは」と言うほど、大谷の才能に惚れ込んでいました。

まさに「才能の塊」のような選手ですが、大谷自身は自分の才能について、「伸び幅」と答えています。日本ハムファイターズ時代、最初の頃の大谷は、相手を寄せつけないボールを投げる一方で、ボールが急に暴れ出す危うさが同居していましたが、ある時期を境に投球が安定します。

2年目の大谷は、10勝目をあげたソフトバンク戦で、相手の先発ピッチャーだったスタンリッジの投げ方を見て、「そっちのほうがいいかな」と真似をします。普通はあり得ないことですが、大谷は「こうかな」と思ったら、すぐに挑戦するし、変えることを厭いません。投げることも打つことも、変えることは怖くないし、どんどんやってみることができるという、その観察眼や好奇心旺盛さが、大谷のさらなる成長を後押ししているのです。

255

「150年近い歴史がある リーグの中で、新しいルールが できちゃうんですよ。それって 嬉しいじゃないですか」

『Number 1069』P15

2022年3月、メジャーリーグ機構側と選手会側が新たなルールについて合意しました。その中の一つが「先発投手が指名打者（DH）を兼務できる」という、まさに大谷翔平のためにつくられたようなルールで、「大谷ルール」とも呼ばれています。

それまで先発投手は降板すると、ベンチに下がるしかありませんでした。試合に残るためには守備につく必要があります。しかし、新しいルールでは、投手として降板しても、DHとしてそのまま出場することができるのです。このルールは、前年のオールスターで大谷のために実施された特別ルールでしたが、通常のシーズンでも使用可能になったことで、大谷は投手として降板しても、そのまま打席に立ち続けることができるようになりました。

このルール変更を聞いたエンゼルスのジョー・マドン監督は、「試合のプランを立てるのも楽になる」と歓迎したうえで、「歴史を変えることになる。これは『ショー・ルール』だね」と大谷の影響力を讃えています。こうしたルールの変更は大谷にとっても、「今まででー番嬉しかった」出来事の一つだったと、こう話しています。

「150年近い歴史があるリーグの中で、新しいルールができちゃうんですよ。それって嬉しいじゃないですか」

自分のやってきたことが、野球が生まれた国で認められたという喜びもあったのです。

256

「第三者から意見をもらうのは、邪魔にはならないですから」

『SHO-TIME 大谷翔平 メジャー120年の歴史を変えた男』P207

大谷翔平は2年間の不振を経て、2021年にメジャーリーグにおいて二刀流での素晴らしい活躍を見せます。それを可能にした一つの要因が、シアトルにある野球トレーニング施設「ドライブライン・ベースボール」を訪れたことだといわれています。

大谷はキャンプなどでのキャッチボール前、同施設が提唱するさまざまな重さのボールを使い、壁投げなどでウォームアップをします。さらに投球練習に際しては、「腕にかかるストレスレベルを計測する」ために、右前腕にサポーター状のバンドを巻きますが、これも同施設の提唱するものです。こうしたトレーニングやデータを活用することで、「1年間、二刀流としてフルに活躍するための一番いい登板間隔や球数を探す」ことができるのです。

同施設は、メジャーを代表する投手たちが利用していることでもわかるように、過去の経験や常識に基づいて行われていたシーズンに向けての正しい準備の仕方や、シーズン中にどれくらい休養をとるべきかを、科学的データに基づいて教えてくれるところに大きな意味があります。

大谷が同施設を訪れたのは、過去3年間の実績を踏まえ、「すべてを見直す」必要を感じたからです。のちに「あそこに行くのはいい案だと思いました。第三者から意見をもらうのは、邪魔にはならないですから」と振り返っています。大谷はさまざまなことを試すことで、本物のメジャーリーガーとなっていったのです。

257

「求められるものの幅が僕の場合は広い。投げて、打っていますから。だから、基礎は大事になってくると思いますし、それがわかっている分、毎日練習したくなる」

『道ひらく、海わたる 大谷翔平の素顔 P279

第5回WBCにおいて、大谷翔平がアメリカとの決勝戦で、ブルペンとベンチの間を行ったり来たりする姿がありました。大谷は日本代表の3番バッターとして打席に立ちながら、試合を決める場面ではリリーフに出る予定もあったのです。その姿を見ることで、二刀流としての準備の難しさ、大変さを感じた人もいるのではないでしょうか。

あるいは、メジャーリーグでは登板した翌日にもDHとして打席に立ちますが、これなどもかつての常識では考えられないことです。先発した投手は次の登板までにある程度の間隔を開けますが、日本の場合では、翌日はリカバリーにあて、次の日を休日、そして次の日からブルペンでの投球に充てることが一般的です。大谷の場合、先発した翌日も打席に立ち続けるわけですから大変なのです。

休みなく試合に出続けること、休みなく練習を続けることの大変さについて聞かれた大谷はこう答えています。

「根本的に僕はアスリートとしての体力は必要だと思っています。求められるものの幅が僕の場合は広い。投げて、打っていますから。だから、基礎は大事になってくると思いますし、それがわかっている分、毎日練習したくなる」

「日々練習、日々継続」こそが、不可能といわれた二刀流を可能にしているのです。

258

「最終的にそのレベルに行きたいなとは思っていましたけど、この段階でこういう経験をさせてもらえるというのはすごく新鮮でした」

『Number 1040』P14

2021年のアメリカン・リーグのホームラン王は、ブルージェイスのゲレーロ・ジュニアとロイヤルズのサルバドール・ペレスの2人が48本で獲得しました。大谷翔平も日本人選手初の快挙として大いに期待されていましたが、最終的に46本で止まり、2人には2本及びませんでした。

大谷があと2本打てなかった理由の一つにあげられているのが四球の多さです。45号本塁打を打った後、大谷は「4試合で13四球」という、ベーブ・ルースやブライス・ハーパーに並ぶメジャー記録を打ち立てています。こうした四球の多さに中には、「大谷はアジア人だからホームラン王を獲らせたくないんだ」という、うがった見方もありましたが、実際には大谷の後ろを打っていた、リーグを代表する強打者マイク・トラウトが同年5月に右ふくらはぎの負傷で長期離脱したため、相手投手からすれば、エンゼルスの打線は「大谷さえ抑えればいい」状態になったことが影響したといえます。

大谷自身、敬遠の増加にトラウトの離脱があったことを理由としてあげたうえで、「でも、ああいう感じは新鮮でしたよ。その経験がメジャーリーグでできると思っていなかった」と振り返っています。さらに、こうも付け加えています。

「今後のことを考えればいい経験ができたと思っています」

2023年の快進撃には、この時の経験も活かされていたのではないでしょうか。

259

「バッターは3割打ってすごいと言われますけど、やっぱり一度のミスもなく打率10割の時に100%と思えるんじゃないですかね」

『道ひらく、海わたる 大谷翔平の素顔』P305

「野球は失敗のスポーツ」と言われるのは、プロにおいて好打者と呼ばれる3割バッターであっても、残りの7割は打ち損じているからです。あるいは、かつての好投手がよく言っていた「マウンドにあがる時にはいつだって完全試合を目指している。四球を出したらノーヒットノーランを目指し、ヒットを打たれたら完封を目指す」ことも同じです。

現実には完全試合やノーヒットノーランは滅多にできるものではありませんし、投手の分業制が進む時代には、完封さえ現実的な目標ではなくなっています。

大谷翔平はこうした野球の現実を踏まえたうえで、途轍もない目標を掲げています。

「自分のバッティングがどれぐらいのパーセンテージまで来ているのかがわからないし、何を持って100%と思えるのかもわからない。ただ、バッターは3割打ってすごいと言われますけど、やっぱり一度のミスもなく打率10割の時に100%と思えるんじゃないですかね」

投手という相手がいる以上、すべての試合で「打率10割」を達成できるとは思えませんが、そんなあり得ない目標を追い求めるからこそ、大谷は常に変わることができるし、絶えず進化していくことができるともいえます。人がどこまでいけるかは「3割で良し」ではなく「10割」を目指す「目線の高さ」で決まるものなのです。

260

「27球のピッチングと81球のピッチングのバランスを併せ持っているというのが理想ですね」

『Number 1040』P12

大谷翔平のバッターとしての理想が「10割打つ」ことであり、「何も考えずに来た球をホームランにする」ことだとすると、ピッチャーとしての理想は「27球のピッチングと81球のピッチングのバランスを併せ持っている」というものです。

27球のピッチングというのは、1試合をすべて初球で打ち取って27球で終わらせる、究極の「打たせて取る」ピッチングです。もう一つの81球のピッチングというのは、全員を3球三振で打ち取るというものです。

どちらも理想的に見えますが、大谷はどちらかではなく、どっちもできるのが理想と考えています。27球で終わらせようとすると、全部の球をバットに当てさせなければならないため、場合によってはその一打が風に乗ってホームランになるかもしれません。

その危険を回避するためには、序盤のリスクの少ない場面では球数を多く費やさないように27球のピッチングをして、得点圏にランナーを背負う場面や終盤の1点を争うような場面では、間違っても一発を打たれないように、3球三振に打ち取るような81球のピッチングが必要になってきます。

この両方を巧みに使い分けることができてこそ、試合を支配できるというのが大谷の考え方であり、大谷の理想とする姿なのです。

261

「野球でストレスを感じるって、いいところだと思うんですよ。毎日毎日、結果が出て、良かった悪かったと思える職業ってあんまりないでしょ。そこが楽しいところだし、キツイところでもある」

『Number 1040』P9

大谷翔平の魅力の一つは、真剣でありながらも、楽しそうに野球をしているところにあります。もちろん負ければ悔しいし、チームが思うように勝てない時のストレスはかなりのものだと思いますが、それでもにこやかな表情で、礼儀正しさを失わないところが、多くの人に愛されるところでもあるのでしょう。

しかし、そんな大谷もストレスを感じている時には「苦しい夢」をよく見るといいます。大谷によると、野球の夢もよく見るようで、一番多いのは、ライト前にヒットを打ったにもかかわらず、水の中を走っているような感じで、足が少しも前に進まず、一塁でアウトになる、というものです。

この夢は、シーズン中、思うような結果が出ていない時に見るといいますから、大谷が感じているストレスの大きさが容易に想像できます。にもかかわらず、こうも言っています。

「いい結果が出ていない時には精神的なストレスを感じています。でも野球でストレスを感じるって、いいところだと思うんですよ。毎日毎日、結果が出て、良かった悪かったと思える職業ってあんまりないでしょ。そこが楽しいところだし、キツイところでもある」

大きな期待とプレッシャーの中で戦い続けるのは大変なはずですが、それを「楽しいところ」と言えるからこそ、大谷は結果を出し続けることができるのです。

262

「任された試合は、勝つ勝たないというよりも、勝つ可能性を残してマウンドを降りられるかどうかが一番かなと思う」

『ルポ 大谷翔平』P179

かつて日本のプロ野球では「先発完投」という言葉があったように、先発したピッチャーが最後まで投げ切ってチームに勝利をもたらすのが理想とされ、そうした人が「エース」と呼ばれていました。実際、400勝投手の金田正一は歴代1位の365の完投を記録しています。今や年間2桁完投さえ難しい時代、まさに不滅の記録です。

一方、投手の分業制が進む今、先発に求められるのは6回以上を自責点3以内に抑えるQS（クオリティスタート）となります。あるいは、投手を評価するうえでは1投球回あたり、何人の走者を出したかを示すWHIP（投球回あたり与四球・被安打数合計）も重要視されるようになりました。このように、投手を取り巻く環境や、投手を評価する項目が変わってきている中、大谷翔平は「エース」についてどのように考えているのでしょうか。

大谷は日米通算80勝（2024年末時点）をあげ、15勝以上を2度記録しています。それも立派な数字ですが、勝ち星へのこだわりはそれほど強くありません。勝利への意欲はとても強いのですが、「任された試合は、勝つ勝たないというよりも、勝つ可能性を残してマウンドを降りられるかどうかが一番かなと思う」と話しているように、自分がコントロールできることに集中し、コントロールできないことには一喜一憂しないというのが大谷の考え方です。勝つために常に自分にできる最善を尽くす、それが大谷の考える「エース」です。

263

「（トラウトは）僕が一番、目指すスタイルじゃないかと思っています」

『Number 963』P18

第5回WBCで、アメリカ代表チームのキャプテンを務めたマイク・トラウトは、メジャーリーグを代表する選手の1人であり、エンゼルス時代の大谷翔平にとって毎年、理想とする数字を残す、「目指すスタイル」を持つ選手といえました。

トラウトはMVPを過去に3度も獲得した好打者だけに、敬遠されることも多く、相手も「フォアボールならOK」という投球をしますが、トラウトはそんな時も無理に打とうとはせず、しっかりとボールを見極めて、四球も選びながら3割をキープします。その結果、出塁率は高くなり、打率も良く、長打もあるということで、大谷が重視しているOPS（出塁率＋長打率）もトラウトは「1.000」を超えることになります。

実際、過去14年間の通算成績を見ても、打率は.299、四球980、出塁率.410、OPSは.991となっています。ここ数年はケガによる欠場が多く、やや成績も下降気味ですが、それでもこれだけの数字を残していますし、2022年まではOPSが4度も「1.000」を超え、それ以外でも新人の時以外は「.900」を超えているところにトラウトのすごさがあります。

大谷はホームランバッターだけに、警戒されて打席でバットを振るチャンスは減ることになりますが、その中で甘い球をしっかり振って長打にして、それ以外は四球をとる。出塁率が高くてOPSも高いことが、大谷が理想とするバッターの条件です。

264

「わかっていてできる人が天才なら、僕はわかっていてもできないのでたくさん練習しなきゃいけない」

『Number 980』P18

広島東洋カープや読売ジャイアンツで、投手として活躍した川口和久がよく言っていたのが「いくら頭でわかっていても、身体が動かなければ、知らないのと一緒でしょ」です。

川口によると、「この1球」という時に、きっちりインコースに投げるには、下半身の使い方、腕の振り方、すべてを体で覚えておくことが重要で、そうやって筋肉がインコースの投げ方を記憶してこそ、狙ったところに投げられるようになるといいます。

大谷によると、「こういうふうに打てば打球が上がる」という明確なイメージがあり、ボールに対する入り方も振り方もわかっているにもかかわらず、「わかっていても、できない」ことがあるといいます。自分のイメージ通りに打てれば、打球は上がるはずなのに、それができない時、もどかしさを感じるし、だからこそ、いつだってできるための練習が必要だと考えていました。それについて、こう言っています。

「わかっていてできる人が天才なら、僕はわかっていてもできないのでたくさん練習しなきゃいけない」

大谷自身、わかっていることはできるほうだと言いますが、それでもできるまでにはある程度の時間はかかりますし、ピッチングはバッティングよりも時間がかかるといいます。だからこそ、たくさんの練習が欠かせないのです。

265

「今まで、僕はさんざん疑り深い目と戦ってきました」

『SHO-TIME 大谷翔平 メジャー120年の歴史を変えた男』P327

イチローがかつて会見で「僕は子どもの頃から人に笑われることを達成してきた」という話をしたことがあります。子ども時代、熱心にバッティングセンターに通うイチロー少年を見て、大人たちは「プロ野球選手にでもなるつもりか」と笑ったといいます。日本からメジャーリーグへの挑戦を決めた時も、「首位打者になりたい」と言って笑われますが、こうしたことのすべてを見事に実現しています。

大谷翔平も二刀流への挑戦について、笑いというよりは「プロをなめてるのか」と怒りのこもった嘲笑や、「できるはずがない」という疑いの目をさんざん向けられています。

大谷の素質を疑う人はいなかったものの、「両方をやる」ことについては、「どちらかに絞ればすごい選手になれるのに」という声がほとんどで、メジャーリーグでも2021年のシーズン前は、それまでのケガや手術の影響もあり、「そろそろどちらかに絞ったほうがいいのでは」という、崖っぷちに立たされていたのは事実です。

そんな疑いの目の中で大谷はどう戦ってきたのか、こう話しています。

「自分が重圧に押しつぶされないように努めてきました。僕はただ楽しんで、その結果どこまで数字が伸ばせるのか。自分の力を出し切りたいだけです」

今や二刀流の大谷の力を疑う人はなく、後を追う若者も増えています。

266

「『ドラゴンボール』はストーリーを知らないので、それを英語で読んだらどうなのかなと思ったんです。わからないところは調べながらですけど、面白いなと思って読んでますよ」

『野球翔年 II MLB 編 2018-2024 大谷翔平ロングインタビュー』P99

英語学習をする時、教科書や参考書ばかりを読んでいると嫌になるので、そんな人は英語で書かれた漫画を読むといい、という話をしている人がいます。日本の有名な漫画は、さまざまな言語に訳されており、そうしたお馴染みの漫画本を読むと、楽しいし、英語の勉強にもなる、というのです。

大谷翔平は試合後のインタビューや公式の場では、通訳を介して日本語で話をしていますが、チームメイトとの会話などでは、冗談を言える程度には英語を話せるといいます。

公式の場で、英語でスピーチをすることもありました。大谷は日本のテレビ番組なども見ていますが、2019年のオフには英語版の『ドラゴンボール』を読んでいました。『ドラゴンボールZ』は読んだことがあるものの、その前の『ドラゴンボール』は読んだことがなく、「英語で読んだらどうなのかな」という好奇心から読み始めています。

わからないところは自分で調べるといいますが、そのうちに「ここはこの英語でいいのかよ」という、突っ込みまでできるようになったということですから大したものです。

海外チームに移籍した日本人が苦労することの一つは、英語でのコミュニケーション能力ですが、大谷は英語版の漫画などを読むことで語学力を鍛え、その明るい性格でチームメイトとコミュニケーションをとることで野球も楽しんでいるのです。

267

「願わくば次はこのチートシート（カンニングペーパー）が必要なければ」

『大谷翔平を追いかけて 番記者10年魂のノート』P209

大谷翔平の英語力がどの程度のレベルなのかはしばしば話題になっていますが、試合中に味方の選手や、塁に出た時に相手の選手と気さくに話しているのを見ると、野球に関する話題については、ほとんど問題ないように思えます。大谷は元々が陽気な性格なのか、いろんな選手とちょっとした会話を楽しんでいるように見えます。2024年3月に、通訳だった水原一平が解雇されたことで、「通訳を通して」という壁が取り払われて、みんなと積極的にコミュニケーションを取っているように思えます。

ワールドシリーズの優勝パレードの時や表彰式の時も、短いながらも流暢な英語を話していますから、今では聞くことは問題なく、話すほうも随分上達しているのは確かです。

試合後のインタビューなどでは通訳を介していますが、それはビジネスや政治の場で英語が話せるにもかかわらず、誤解を避けるために通訳を使うのと同じ状況であり、「自分の意思を正確に伝えたい」という、大谷の思いからではないでしょうか。

メジャーリーグ2年目となる2019年1月、新人王に輝いた大谷は全米野球協会ニューヨーク支部主催の晩さん会に出席し、英語でスピーチをした後、「願わくば次はこのチートシート（カンニングペーパー）が必要なければ」と言って、笑いを誘ったといいます。大谷の持つ明るさは、確かにアメリカの風土に合っていました。

268

「寝る時に、『今日の練習は良かったな、やりきった1日だったな』と思って目を瞑れるかどうか。そこが心の平穏を保てている一番の要因だと思いますし、今の僕にとってはそれが何よりも幸せなことなんです」

『Number 1069』P15

サッカーのプレミアリーグ・歴代最多得点記録保持者で、フランスワールドカップではイングランド代表チームのキャプテンを務めたアラン・シアラーのモットーは、毎晩、家に帰って鏡に向かい、「（所属する）ニューカッスルのために110%出しきった」と言えるだけのプレーを心がけることでしたが、大谷翔平もオフの時に心がけているのは、「やりたいことをやり切る」ことです。

第5回WBC直前、記者から「ささやかな幸せを感じる瞬間は」と聞かれた大谷は、こう答えます。

「今は日々に満足していますね。今日もしっかり練習できたし、これから帰ってごはんも食べられるし。夜になったら寝心地のいいベッドがあってそこで寝られるし、明日が来ればまた練習できるし。そういう、何の不安もなく暮らせる感じというものに満足しているんですよね」

大谷が大事にしているのは、「寝る時に、『今日の練習は良かったな、やりきった1日だったな』と思って目を瞑（つぶ）れるかどうか」です。

やりたいことをやり切るためには、健康であることが大前提ですし、健康だからこそ100%の体調で練習をすることができます。ただし、こうした日常は記者の言う「ささやかな幸せ」ではなく、「ささやかではない幸せ」だというのが大谷の思いです。

269

「横になったまま目を瞑るだけでも
それなりの睡眠効果はあるんですよ。
寝られないと考えて
ストレスにしてしまうのではなく、
それだけでいいんだと考える」

『野球翔年 II MLB 編 2018-2024 大谷翔平ロングインタビュー』P162

大谷翔平は、1日のうちのほとんどを野球と睡眠に費やしていると言われるほど、睡眠に強いこだわりを持っています。子どもの頃からすぐに眠れて、長時間よく寝る子どもでした。花巻東高校時代はケガや故障の多い大谷のために、しっかりと睡眠がとれるように、監督の佐々木洋はわざわざ下級生の寮に大谷を入れています。

本来、こうした生活は、プロ野球選手になったらがらりと変わり、大抵は夜型になるわけですが、大谷は変わらず野球の試合や練習、そして睡眠だけでも24時間では足りないような生活を送っています。メジャーリーグ4年目の2021年は、大谷にとって初めてのMVP獲得という記念すべきシーズンになりましたが、この時も大谷は睡眠の大切さを強調し、こう話していました。

「一番大事に考えているのは、寝ることです。もともとシーズン中はいっぱい寝るようにしてきましたけど、今年は特にいっぱい寝るようにしていますね」

大谷によると、ナイトゲームの翌日がデーゲームの場合、眠れても6、7時間ですが、翌日もナイターの場合は10時間から12時間は寝るといいます。現代人にとって「眠れない」は深刻な悩みですが、大谷は眠れないことをストレスにするのではなく、「横になったまま目を瞑るだけでも睡眠効果はある」と考え、日々を過ごしています。

270

「一番は睡眠。いつ寝るかの準備を数日前からしっかり計画的にやる必要はある」

『大谷翔平を追いかけて 番記者10年魂のノート』P417

大谷翔平は子どもの頃から「寝ることは得意」というほど、睡眠に強いこだわりを持っていました。それは日本ハム時代も同様で、プロ1年目のシーズンオフ、宮崎でのフェニックス・リーグで好投したものの、疲労感がなかなか抜けず、日本ハムグループの管理栄養士に相談したところ、「睡眠時間を一定にするより、朝起きる時間を一定にしたほうが疲労回復に良い」と教えられ、それ以来、可能な限り「定時起床」を心がけていました。

もちろん日本でも試合日程や移動の関係で、いつも定時起床ができるわけではありませんが、メジャーリーグの日程は日本よりも遥かに過酷なものがあります。

日本では長くてもせいぜい6連戦ですが、メジャーリーグでは20連戦前後といった、すさまじい日程が組まれることがあります。しかも、その多くをアウェイで戦うとなると、大谷が大切にしている睡眠時間や起床時間を維持するのは困難になります。

こうしたタフな日程に対して、大谷はどうするのでしょうか？　睡眠について、こう話しています。

「一番は睡眠。いつ寝るかの準備を数日前からしっかり計画的にやる必要はある」

良い睡眠が良いパフォーマンスにつながる以上、睡眠も計画的でなければならない。ここにも大谷の野球を第一に考える姿勢が表れています。

271

「僕、味二の次ですから」

『Number 1048』P16

結婚した今日では、大谷翔平の食生活にも変化があったはずですが、結婚以前の大谷の食事は「僕、味は二の次ですから」というものでした。

エンゼルス時代、外食をほとんどしない大谷は、自炊をすることが多かったのですが、その中身は「お米を炊いて、お肉やお魚を焼いて、ブロッコリーを茹でます」というシンプルなものでした。

いくら自炊とはいえ、大抵の人は飽きないようにバリエーションを増やそうとするものですが、大谷はそこへの関心は薄く、むしろ「同じものを食べる」ことを良しとしていました。

大谷によると、お米の量も野菜の量もまったく同じで、摂るたんぱく質の量は変えるものの、メニューそのものを変えることはありません。その理由は毎日、同じもの、同じ量を食べていれば、体重の増減の理由や、この運動量でこれだけ食べたら次の日はどうなるのかがわかるからだといいます。

確かにメニューを変えたり、量を変えると、体重の増減の理由などが食事のせいなのか、運動量のせいなのかがわかりにくくなります。だからこその「同じメニュー、同じ量」なのですが、加えて「味は二の次」と言い切れるところに大谷の特異さがあります。

食事も含め、すべては野球のためという大谷の食事は、結婚によってどう変化したのでしょうか。

272

「野球しようぜ！」

『大谷翔平 Instagram』2023年11月9日

大谷翔平は、震災などの災害時に多額の寄付をすることで知られていますが、それ以外にもさまざまな社会貢献活動を行っています。

2023年11月、大谷翔平のビッグなプレゼントが日本中を驚かせました。日本全国にある約2万の小学校に、低学年・高学年用の野球グローブを3つずつ贈ることを表明したのです。

近年、日本では、野球人口の減少が危惧されています。一番の原因は少子化ですが、野球はサッカー以上に用具一式を揃えるのにお金がかかるという問題もあります。かつてのように、子どもたちが野球ができる広場もなくなっています。野球人口は減る一方なのです。

だからこそ、大谷がグローブ（右利き用2個、左利き用を1個の計3個）をすべての小学校に贈ったことは大きなインパクトがありました。

大谷の野球人生は、父親や兄とのキャッチボールから始まっています。その記憶が頭をよぎったのか、大谷は「このグローブを使っていた子どもたちと将来一緒に野球ができることを楽しみにしています！」というコメントを発信します。

大谷が贈ったグローブを使った子どもたちの中から、本当に大谷と一緒にプレイする選手が誕生する。そんな姿を誰もが見たいのではないでしょうか。大谷は野球の未来のためだけでなく、子どもたちの未来を支援する活動に取り組み続けています。

273

「自分がそれ（野球人気の回復）に貢献したい」

『Number PLUS WBC2023 完全保存版 侍ジャパン頂点の記憶』P34

長嶋一茂がヤクルト時代の同僚で、キャンプで同室だったこともある栗山英樹（第5回WBC日本代表監督）が番組に出演した際、突然「感謝を申し上げたい」と言って話し始めたことがあります。長嶋によると、WBC前は他のタレントや芸人たちと、楽屋などで野球の話をすることはほとんどありませんでしたが、WBC以後はたくさんの人が野球の話をするようになり、それが数ヵ月経った段階でも続いていることがとても嬉しいというのです。

確かにWBCの日本での視聴率は驚異的なものでしたし、映画も大ヒット、さらにテレビのワイドショーやニュースには連日、大谷翔平が登場していました。これが野球人気なのか、大谷人気なのかはともかく、WBCでの日本代表や大谷の活躍が「オワコン」化しつつあった野球への関心を高めたのは事実です。

野球人気は日本だけでなく、アメリカにおいても低落傾向にありました。日本では少子化の影響もあってか、子どもの野球人口は減少していましたが、最近の大谷の驚異的な活躍もあり、テレビや新聞だけでなく、YouTubeなどには大谷の映像が溢れかえっています。

大谷自身、日米両国での競技人口の減少や人気低下について危惧しており、「自分がそれ（野球人気の回復）に貢献したい」と話していましたが、今や大谷は野球というスポーツにおける象徴であり、救世主的存在でもあるのです。

274

「自分の計算の中ではもうピークは始まっていると思っているので、これがいつまで続くのかな、いずれは終わってしまうんだよなという気持ちもあります」

『Number 1069』P15

プロ野球選手に限らず、アスリートの絶頂期というのは案外短いものです。子どもの頃からひたすら練習に励み、大人になってやがて絶頂期を迎え、そして徐々に衰えるというのが通常のパターンです。

2023年7月に29歳になった大谷翔平は、自らのピークについてこう話しています。

「自分の計算の中ではもうピークは始まっていると思っているので、これがいつまで続くのかな、いずれは終わってしまうんだよなという気持ちもあります」

実際、2023年や2024年の大谷の成績は、「もしこれがピークでないとすれば、一体、ピークになったらどんな数字を残すのか」というほどの驚異的な数字です。

大谷にとっては、二刀流が解禁する2025年が「自分のピーク」を知るうえで最も良い指標になるのかもしれません。大谷は向上心が強いだけに、上がっている時はともかく、下がってきた時に一気に気持ちが落ちてこないか、という不安はあるようです。

大谷の計算では、ピークはあと何年も続くようです。大谷が若くしてメジャーに挑戦したのは、ピークをメジャーで迎えたいと考えていたからですが、全盛期の大谷がこの先どれほどの成績を残し、年齢の壁をどう乗り越えるのかも興味のあるところです。

275

「1回しかない現役ですしね。50代まではやりたいですね」

『道ひらく、海わたる 大谷翔平の素顔』P312

プロ野球選手というと、長嶋茂雄が38歳、王貞治が40歳で引退したように、かつては40歳を過ぎても現役を続ける人はほとんどいませんでした。しかし、最近では中日ドラゴンズの山本昌が50歳まで現役を続けたように、40代になっても現役として活躍できる人もいます。

もちろん若かった頃ほどの成績は残せないとしても、主に中日、楽天で活躍した山﨑武司のように39歳でホームラン王に輝き、40代になっても2桁ホームランを打つ選手も現れています。

大谷翔平もできるだけ長く野球をやりたいとして、50代までの現役は不可能ではないと考えています。それについて、こう話しています。

「野球はできるだけ長くやりたいし、できる限りの成績を残したいし、そのために毎日毎日、今のうちから基礎体力を付けて、なるべくそれが落ちないようにやっていきたい。現役選手なら誰でも普通にそう考えると思いますが、僕もそういう選手でありたいと思っています」

イチローも50代までの現役を目標にしていましたが、「フライボール革命」などの影響もあり、45歳で引退をしています。大谷のやっている投打二刀流は体力的にもかなりきついはずで、果たして何歳まで今のスタイルを通せるかはわかりませんが、野球にすべてを捧げている大谷であれば、年齢という面でも不可能を可能にしてくれるかもしれません。

276

「野球をやめるその日まで強くなるという気持ちでやり続けると思います」

『Number 1048』P11

プロ野球選手のピークがいつなのかは人によって違いがありますし、投手か野手かによっても違いがあります。それでも野手の場合は27歳とか28歳あたりにピークが来て、チームの核として活躍するのが30代前半、投手はもう少し早いといわれています。

2023年7月に29歳になった大谷翔平は、自らのピークについて「自分の計算の中ではもうピークは始まっていると思っている」と言い切っています。

確かにに今の数字を見ればそれも頷けますが、一方で大谷自身、「ピークから下がってきた時、僕はどういう気持ちになるのかな」という思いは抱いています。野球に限らず、多くのアスリートが口にする「体力の限界」は大谷にもやって来るのでしょうか？　この発言を見る限り、どうやら大谷自身にその気はないようです。

「フィジカルで強さを出せないと納得のいく動きができません。30代後半になっても、20代を超えるフィジカルをつくっていく気持ちは失いたくない」

大谷によると、フィジカルは野球をやるうえで根本となるものであり、30代後半になっても20代を超えるフィジカルをつくっていく気持ちは失いたくないといいます。大谷は50代まで野球を続けたいと話していますが、そのために必要なのがたくさんの技術の修得であり、「もっと行けるはず」と考えながらのフィジカルの強化なのです。

277

「選手として強い印象を残せるようになりたいんです。誰もやっていないことをやっているので、周りからいろいろ言われます。それでも、記憶に残る選手になりたいんです」

『大谷翔平 二刀流メジャーリーガー誕生の軌跡』P243

2024年の大谷翔平は、メジャーリーグ史上6人目となる「40本塁打40盗塁」を史上最速で達成したかと思うと、誰もが不可能と思っていた「50本塁打50盗塁」を超え、54本塁打59盗塁を達成しています。盗塁はともかく、メジャーリーグで50本以上のホームランを打てる選手は少ないだけに、恐らくこの記録の後に続く選手は現れないのではないか、といわれるほどの大記録でした。

そして、早くも3度目のMVPを獲得し、両リーグでのMVPは史上2人目となり、こちらでも記録をつくっています。このように、今の大谷は次々と素晴らしい記録を打ち立てているわけですが、大谷自身は二刀流をやると決めた時点から記録や数字へのこだわりはそれほど強く持っていませんでした。

2つをやる以上、例えば日本で名選手の基準となっている2000本安打や200勝は難しいと考えていたのかもしれません。そのことについて、こう話していました。

「選手として強い印象を残せるようになりたいんです。誰もやっていないことをやっているので、周りからいろいろ言われます。それでも、記憶に残る選手になりたいんです」

「記録より記憶に残る選手」という言葉があります。記録はさほどではないものの、ファンの記憶にしっかりと残る選手のことですが、それから数年を経て大谷は、「記録にも記憶にも残る選手」へと成長しています。

278

「最後まで諦めないのが大事ですから。最後のアウトを取られるまで」

『大谷翔平 二刀流メジャーリーガー誕生の軌跡』P156

大谷翔平の勝負に賭ける思いの強さと同時に、諦めない気持ちを示したのが第5回WBC準決勝の対メキシコ戦です。好投していた佐々木朗希が3ランを浴びて4回で降板。4番を務めた吉田正尚（ボストン・レッドソックス）の3点本塁打で同点としたものの、山本由伸、湯浅京己が打たれて再びリードされます。

1点差で迎えた最終回、先頭の大谷はヘルメットを飛ばしながらの二塁打を放つと、塁上でベンチに向かってみんなを鼓舞するようなアクションを繰り返します。その結果、日本は村上宗隆の二塁打と周東佑京の好走塁によって逆転サヨナラ勝ちを収めます。

その年のシーズン、大谷はオールスター明けのアストロズ戦やヤンキース戦で劣勢を跳ね返すようなホームランを放ち、チームを逆転勝利へと導いていますが、こうした大谷の諦めない姿勢は、メジャー1年目から発揮されていました。2018年7月の対ドジャース戦では、好投手に抑えられ打てなかったものの、9回裏2死から四球を選んで塁に出ると、盗塁を決めるなどの好走塁で同点に追い付いています。その結果、チームは逆転サヨナラ勝ちをします。試合後の大谷は「何とかして塁へ出てチームに貢献したいと思いました」とコメントし、「最後まで諦めないのが大事ですから。最後のアウトを取られるまで」を実践していました。大谷は逆境にあってなお負けない「不屈の精神」の持ち主だったのです。

番外編

大谷翔平の
WBC

超一流の名言

279〜301

279

「自分のチームだったらいろいろと相談しながらできるかもしれませんけど、日の丸を背負っていますし、そういう軽い気持ちではいけない」

『大谷翔平 野球翔年Ⅰ日本編 2013-2018』P271

第5回WBCでの大谷翔平の活躍は見事なものでしたが、実は大谷が本格的な国際大会に出場したのは、今回が初めてでした。2017年に開催された第4回WBCにも代表に選ばれていますが、右足首の状態が悪く、出場に向けて調整を続けたものの、最終的に辞退しています。

大谷にとってWBCは憧れの大会でありました。第4回WBCでは、3月7日の第1次ラウンド初戦、キューバ戦に向けて調整を続けたものの、状態が良くなることはなく、「これじゃ、間に合わない」からと代表を辞退しています。ただし、大谷は二刀流であり、投手としては投げられないものの、打者としては気になるほどの痛みはなく、「打者だけ」で出場することも考えました。

大谷は「自分のチームだったらいろいろと相談しながらできるかもしれませんけど、日の丸を背負っていますし、そういう軽い気持ちではいけない」と決断し、最終的に小久保裕紀監督の判断でメンバーから外れることになります。

自分のチームなら60〜70%の状態で投げることができれば、マウンドに上がる可能性があるものの、国の代表として戦う以上、それはやってはいけないというのが大谷の考えでした。選ばれてとても嬉しかったはずですが、100%で戦えないなら日の丸は背負えない。大谷にとってこの決断は、本当に悔しいものでした。

280

「ずっとお世話になった監督と、こういう舞台でできることが特別なこと。一緒に優勝できればこれ以上ない」

『大谷翔平を追いかけて 番記者10年魂のノート』P386

2026年春には第6回WBCが開催されるわけですが、大谷翔平の参加はどうなるのか注目されています。大谷自身は「出場したい」という希望を口にしていますが、ケガのリスクや高額な保険のことを考えると、希望通りに出場できるかどうかは、まだ予断の許さないところです。

その点、第5回WBCは、大谷はエンゼルスという自分の意見が通りやすいチームに所属していましたし、年俸も今ほど高額ではなかったので、出場に前向きな環境でした。同僚のマイク・トラウトが米国チームのキャプテンだったことも参加を後押しすることになりました。そして何より幸運だったのは、大谷に二刀流を勧め、猛烈な反対を押し切って二刀流を実現させた栗山英樹が、2022年に日本ハム監督を退任し、WBC監督に就任したことでした。

実際、栗山ほど大谷をよく知り、二刀流・大谷の起用法に長けた監督はいませんでした。だからこそ大谷も安心して参加することができたし、決勝の最終回、最後のバッターとなったトラウトとの行き詰まる対決を制することができたのではないでしょうか。大会前、大谷はこう言いました。

「ずっとお世話になった監督と、こういう舞台でできることが特別なこと。一緒に優勝できればこれ以上ない」

大谷にとって、最高のパフォーマンスと優勝は恩師・栗山への最高の恩返しになったのです。

281

「野球を始めてから今日まで、1位以外を目指したことはない。負けていいと思ったこともないですし、目標の一つだった大会で勝ちたいと思うのは自然の流れです」

『証言 WBC2023 侍ジャパン激闘の舞台裏』P19

大谷翔平は国際的な大会への出場経験はほとんどありません。代表歴は、花巻東高校時代に日本代表に選出され、IBAF18U世界野球選手権に出場したことと、日本ハムファイターズ時代に世界野球「プレミア12」に出場していますが、第4回WBCは右足首の故障により代表を辞退しています。東京オリンピックにも出場はしていません。

その意味では、第5回WBCは大谷にとって初めての本格的な国際大会でした。大谷は中学2年生だった2009年、第2回WBC決勝戦でイチローが放った逆転打に魅せられて以来、日の丸のユニフォームに特別な感情を抱いていました。単に出場するだけでなく、「何としても世界一に」という思いは誰よりも強かったようです。大谷は言います。

「野球を始めてから今日まで、1位以外を目指したことはない」

大谷は日本ハムでは一度、日本一を経験していますが、ロサンゼルス・エンゼルスに移籍してからは、優勝どころかプレーオフに進出することもできませんでした。

それはいつだって1位を目指してきた大谷にとって悔しいことであり、だからこそ余計にWBCの世界一にこだわったのではないでしょうか。いつだって勝ちたいし、勝つために二刀流をやっている。WBCでの鬼気迫るプレーには、そんな大谷の思いが込められていました。

282

「僕が小学生とか中学生の時、イチローさんがWBCでプレーして成し遂げてくれたことというのは、僕だけじゃなく、日本の野球にとっても素晴らしいことだったと思うので、そういう体験を子どもたちにしてもらえるように、頑張りたい」

『Number 1069』P15

体操界のレジェンド・内村航平は「団体金メダル」に強いこだわりを持っていましたが、その原点は15歳の時に見た、日本が28年振りに金メダルを獲得したアテネオリンピックにあるといいます。「本物を見た」と感激した内村は、そこからさらに練習に励み、個人総合では世界大会（オリンピック＆世界選手権）8連覇を果たし、リオでは念願の団体金メダルを獲得しています。

大谷翔平にとっても第2回WBC（2009年）で、韓国との緊迫する試合展開において、イチローが放った優勝を決める一打は強烈な印象を残しています。第1回大会にも参加したイチローのWBCにかける思いは強く、大会前には「日本代表のユニフォームを着ることが最高の栄誉である、とみんなが思える大会に自分たちで育てていく」と話していたほどでした。その思いの強さが決勝の一打に表れていました。

大谷はイチローの成し遂げたことを「僕だけじゃなく、日本の野球にとっても素晴らしいことだった」と讃えるとともに、「次は自分たちが」という思いをしっかりと受け継いでいました。そしてそのためには、過去2回逃した優勝を是が非でも自分たちの手に取り戻すことが必要だったのです。

その言葉通り、第5回大会における大谷の活躍は素晴らしいものでした。決勝における大谷対トラウトの対決は、子どもたちの心に残る、語り継がれる戦いとなりました。

283

「僕たちもそこにしっかりフォーカスすることによって、10年後、20年後、30年後、もっともっといい大会になっていけばいい」

『Number 1069』P15

ボストン・レッドソックスで、メジャー1年目ながら一時は首位打者を争うほどの活躍をした吉田正尚は、第5回WBCにおいて大谷翔平に匹敵するほどの活躍をしています。

本来、メジャー1年目であればシーズンに備えるために辞退してもいいはずですが、あえて参加したのは「WBCというものが、やっぱり僕の小さい時から、憧れというか、大きな目標だった」からです。大会にかける思いは大谷も同様で、日本時代から「WBCは目標にしているというより憧れだった」と話しているように、今や日本のプロ野球選手にとって、WBCは是非とも出場して活躍したい大会となっています。

みんなの憧れを掻き立てたのが、第2回WBC（2009年）で韓国との緊迫する試合展開において、イチローが放った優勝を決める一打でした。まだ開催が2回という歴史の浅い大会だけに、長く続く大会になるか、尻すぼみになるかは参加するチームや選手の頑張り、さらには試合が感動を与えられるかで決まります。この一打、そして日本の連覇が野球をする子どもたちの心に強い影響を与えました。

大谷はそうした先人の思いを受け継ぎ、今の子どもたちにあの時と同じ体験をしてほしいと願っていました。みんなが熱い思いを受け継ぐことで10年後、20年後、30年後、もっともっといい大会になってほしい、というのが大谷の願いでした。

284

「期待されることと計算されることは違う」

『Number 1048』P11

スポーツでもビジネスでも、「期待の新人」とか「期待の若手」とは言いますが、「期待の中堅」といった言葉はありません。「期待の」は、「きっとこのくらいはやってくれるのでは」という想定というか願望であり、やってくれれば嬉しいし、もしダメだったとしても、「それはそれで仕方がない」という一面があります。

大谷翔平は、日本ハム時代にもWBCへの出場が望まれていましたが、その時はケガで出場することができませんでした。その意味では2023年はチームにとっても、大谷にとっても、念願の初出場だったわけですが、大谷はかつてと今を比べて、今のほうがプレッシャーを感じると話していました。その理由はこうです。

「（日本代表）チームでの僕はもう主力として計算される立場になったと思っていますから。このくらいはやってくれるだろうという想定とか期待ではなく、計算されている選手としてどういう成績を出すのかというところがプレッシャーになると思うんです」

大谷によると、期待されているうちは単純に頑張ればいいだけですが、計算されるようになると、常にそれなりの成績が求められることになります。そうなるとプレッシャーも感じるし、「ちゃんとやらなくちゃ」という気持ちが湧いてくるというのが大谷の考え方です。期待されているうちはまだまだで、計算され、それに応えてこそ一人前なのです。

285

「そんなの、多分全然、わかんないですね。僕、アメリカでも日本でも外へ出ないんで」

『Number 1069』P11

大谷翔平は試合が終われば、10分〜15分後には球場を後にしますが、ではその後、何をしているかといわれれば、自宅に帰って、多くの時間を睡眠に費やしているといわれています。どこまで本当かはわかりませんが、少なくとも、かつての日本のプロ野球選手のように夜深い時間まで飲みに行ったり、遊びに行くことはないようです。

試合でニューヨークを訪れた時も、記者たちからニューヨークの印象を聞かれ、「外出したことがほとんどないのでわかりません」という趣旨の話をして、記者たちを驚かせています。

2023年の第5回WBCはまさに大谷フィーバーでしたが、大谷は宮崎キャンプには参加していません。ダルビッシュ有からは「人が多すぎて」「来なくて良かったよ」というLINEが届いたほどでした。大谷自身は仮にキャンプに参加したとしても、日本でのフィーバーぶりや騒ぎについては、「そんなの、多分全然、わかんないですね」と話し、理由は「僕、アメリカでも日本でも外へ出ないんで」と語っています。

たとえ観光目的ではないとしても、有名な場所や賑やかな場所を訪れると、大抵の人は「ちょっとだけでも出てみるかな」「おいしいものでも食べに行くかな」となるものですが、大谷はシーズン中はもちろん、オフでも余計な外出はしませんし、外食も滅多にしません。これもまた大谷流のコンディションづくりなのです。

286

「日本の球団の2軍のピッチャーを相手に打席に立つと、今、自分がやっていることが例年と同じように正しいことなのかどうかが曖昧になってしまう」

『Number 1069』P12

2023年の第5回WBCには、多くのメジャーリーガーが参加していますが、「いつから試合に出られるか」については細かい取り決めがありました。ダルビッシュ有は2月の宮崎キャンプから参加して、特に若手の投手にとても良い影響を与えていますが、大谷はその時期、アメリカのアリゾナで独自で調整を行っています。その理由は、試合に出ることができないからでした。

「日本の球団の2軍のピッチャーを相手に打席に立つと、今、自分がやっていることが例年と同じように正しいことなのかどうかが曖昧になってしまうと思うんです。バッターのほうは、より高いレベルの実戦じゃないと、自分の状態が腑に落ちなくなります」

宮崎キャンプに参加した場合、日本の2軍の選手との練習試合は組めることになっていましたが、大谷によると、日本のバッターを相手に投げた場合、ちょっと甘いコースでも抑えることができるし、バッターとしても、状態が良くなくても簡単に打ててしまう可能性があります。これでは監督の栗山英樹が望む「ベストな状態で来てほしい」という要望に応えることができません。

ベストな状態で行くためには、アメリカで一線級の投手や打者を相手にして、自分の状態を確認しながら、コンディションを整えるほうがいい。大谷は目指す「優勝」のために、何が最善かを考えながら行動していました。

287

「負けた時のことは想像しないので、実際に負けてみないと怖さはわからないし、勝ったら勝ったで楽しい」

『Number 1069』P12

人が新しいことへの挑戦を避けたがるのは、失敗することへの恐れがあるからです。新しいアイデアがあり、実現したらすごいことになるなと想像はしても、それは決して簡単ではなく、「失敗したらどうしよう」と考え始めると、「やはりやめておこう」となってしまいます。

スポーツの世界でも、勝負には必ず勝者と敗者がいるだけに、「もし負けたらどうしよう」「この相手には勝てそうもないな」など、負けることばかりを考えると、プレッシャーが強くかかり、普段の力を発揮できなくなってしまいます。第5回WBCは、大谷翔平を初めとする日本人メジャーリーガーも参加し、第2回大会以来の世界一が期待されていました。

大谷は「プレッシャーはありますか」と聞かれ、「出たことがないので、どんなプレッシャーがかかるのか、そこはやってみないとわかりません」と断ったうえで、「負けた時のことは想像しないので、実際に負けてみないと怖さはわからないし、勝ったら勝ったで楽しいと思うんですけど、そこはやってみないとわからない」と話しています。

大谷は日本を離れ、メジャーリーグへの挑戦を決めた時も、怖さよりも自分がどれだけ成長できるかという、ワクワク感のほうが大きいと話していました。やる前から負けた時のことや失敗した時のことを心配するのではなく、勝つため、成功するために全力を尽くす。まずはやってみることが大切なのです。

288

「少し相手へのメッセージを込めている」

『証言 WBC2023 侍ジャパン激闘の舞台裏』P16

大谷翔平は、シーズン中の打撃練習は屋内で行うことが多く、グラウンドで打つことはほとんどありません。その理由は大谷が気持ち良く打つと、とてつもない打球が飛ぶため、ある種の打撃ショーのようになるからです。

一方、第5回WBCでは、大谷は選手や観客が見ている前でバッティング練習を行うことがあり、その飛距離で見る人の度肝を抜いています。実際、練習中や試合中の大谷のバッティングを見た選手の中には、「野球選手をやめたくなった」とまで言う人がいたくらいです。

プロの一流の長距離打者から見ても、大谷のバッティングは驚異的なのです。そして打たれた投手の中には、「心が折れた」人もいるといわれています。

一体、大谷はなぜグラウンドでのフリーバッティングを選んだのでしょうか。理由を聞かれた大谷は「少し、相手へのメッセージを込めている」と話しています。戦う前に驚異的なバッティングを見せておけば、当然のように相手チームは打席に入った大谷を警戒することになります。

大谷に過度の神経を使うことで、他のバッターへの集中力が切れることもあります。アメリカとの決勝戦直前にも、大谷は同僚のマイク・トラウトと記念撮影を行っていますが、その後のバッティング練習において、トラウトの見る前で2階席のアッパーデッキに運ぶ特大弾を放っています。試合前、精神的に優位に立つための一打でした。

289

「こんなゲームをできるのは人生の中でもそんなにあることではない。本当に楽しかったなと思います。テレビゲームをしているような楽しさではなく、プレッシャーも込みで」

『証言 WBC2023 侍ジャパン激闘の舞台裏』P16

大谷翔平は、ロサンゼルス・ドジャースの同僚たちが話していたように、「いつも楽しそうに」野球をしています。第5回WBCの時もとても楽しそうにしていましたし、緊張感のある戦いを、心の底から楽しんでいるように見えたものです。

なぜそんなに楽しそうにできるのでしょうか？

準々決勝以降はトーナメント制で、1回でも負けたら終わりというWBCの舞台で、本当に強い相手と戦うということは、人生の中でそうそう経験できることではありません。

当然、すさまじいプレッシャーもあるわけですが、この時の楽しさはそんなプレッシャー込みで楽しいものだったし、こうした舞台でプレーできることへの感謝の気持ちも強かったと、大谷は言います。

大抵の場合、強いプレッシャーがかかると、緊張のあまり普段の力を発揮できないことが多いです。このような場合には、しばしば「この状況を楽しめ」と言われるように、プレッシャー込みで楽しんでこそ、本来の力が発揮できるのです。

テレビゲームも楽しいし、友だちと遊ぶ時間も楽しいものですが、大谷のようにすさまじいプレッシャーさえも楽しむことができて、初めて人は成長できるし、すごい成果をあげることができるのです。

290

「自分の持てるものを100%、試合の中で出せることがチームにとって大事だと思うし、他の選手の安心材料になる」

『証言 WBC2023 侍ジャパン激闘の舞台裏』P16

ロサンゼルス・ドジャースがワールドシリーズを制した後、ドジャースの選手たちが後日談として話していた中に、「ショーヘイたちにつなげようとしていた」という言葉がありました。

ドジャースには、大谷翔平以外にもムーキー・ベッツ、フレディ・フリーマンという強打者揃いの「MVPトリオ」が上位打線に名を連ねています。それだけに、下位打線のメンバーは彼らにつなげることを考えれば、彼らのうち誰かはきっと打ってくれるし、勝てるという安心感、信頼感があったのではないでしょうか。

第5回WBCにおける大谷はまさにチームの大黒柱であり、みんなが頼りにする存在でした。たとえピンチになっても、「自分たちには大谷がいる」と安心し、自分の役目をしっかり果たせば「きっと勝てる」と思える存在でした。大谷はその時の心境をこう話しています。

「自分の持てるものを100%、試合の中で出せることがチームにとって大事だと思うし、他の選手の安心材料になる。グラウンドでのプレーを頑張りたい。前回（2015年のプレミア12）のジャパンの時とは、気持ちの面でちょっと違う」

売り出し中の若手の時と、メジャーリーグを代表する選手になった今では、立場も役割もまるで違うという、その自覚が大谷のプレーや練習に表れていました。

291

「負けたら終わりの試合、負けてはいけなかったんです。だから、ダグアウトの仲間たちを煽りました」

『SHO-TIME2.0 大谷翔平 世界一への挑戦』P106

第5回WBCの名場面の一つに、対メキシコ戦での9回裏の日本の逆転劇があります。攻撃に入る時点で、日本はメキシコに1点差をつけられていました。総当たりのリーグ戦であれば、たとえ負けたとしても、次の試合に勝てばチャンスが生まれますが、準々決勝以降は「負けたら終わり」のトーナメント制です。

優勝を目指す日本にとって、絶対に負けられない戦いでしたが、メキシコとしてはあと3人打ち取れば日本に勝利できるという展開でした。エンゼルス時代の同僚パトリック・サンドバルは、先発投手として4回3分の1を投げて日本を無失点に抑えるなど、メキシコの投手陣が奮闘します。

9回裏、先頭打者の大谷は二塁打を打って出塁し、塁上で日本のダグアウトに向かって両腕を振り上げ、チームメイトたちの奮起を促します。普段見せたことのない姿でしたが、その意図について「負けたら終わりの試合、プレーオフのような試合を戦うのは、僕にとっては久しぶりでしたからね。負けてはいけなかったんです。だから、ダグアウトの仲間たちを煽りました」と話していました。

大谷の熱気に背中をおされたのか、日本は吉田正尚が四球で出塁し、続く村上宗隆のヒットで2人が生還、日本は見事に勝利します。大谷のこうした煽りはドジャースでもしばしば見られましたが、それだけ大谷の「勝ちたい」という思いは強いのです。

292

「絶対に万が一が起きないよう、コントロールはアバウトでも、気持ちで負けないボールを投げようと思っていました」

『大谷翔平 野球翔年I日本編 2013-2018』P204

「ID野球」で知られた野村克也が監督時代に言っていたのが、「最後はど根性だ」でした。どんなにデータを駆使しても、絶対に負けられない戦いで最後にものをいうのは「ど根性」だというのです。

それは「ここ一番」の大谷もそうでした。大谷翔平は力は圧倒的でも、どこかクールなイメージがありましたが、2023年のWBCの準決勝や決勝での戦い方には、自分がチームを引っ張り、味方を鼓舞しようという激しい闘争心に溢れていました。そこにあったのは「勝ちたい、抑えたいという気持ちの強いほうが勝てる」という思いでした。

大谷は2015年の「プレミア12」で、初戦と準決勝の2度にわたって韓国と戦っています。1次ラウンドの初戦、大谷は先発投手として韓国から10個の三振を奪う好投で、6回を無失点に抑え、日本に勝利をもたらします。2度目の韓国との対戦は、負けが許されない準決勝ですが、この時、大谷は相手のすさまじい気迫に、前回と同じでは抑えきれないと感じます。必死になって大谷を崩そう向かってくる相手に、大谷は「気持ちで負けちゃいけない。もう一つ上のものを出さないといけない」と決意します。

先のことは考えず、最初から空振りを取れる真っすぐをどんどん投げ込むことで、大谷は7回を投げて被安打1、11個の三振を奪う見事なピッチングで韓国を無得点に抑えます。大谷にとって「気持ちで負けちゃいけない」ことを確認できた試合でした。

293

「まだまだ(声援が)足りないんで、明日もっともっと大きい声援で、よろしくお願いします」

『大谷翔平を追いかけて 番記者10年魂のノート』P387

プロ野球に限ったことではありませんが、やはり自分が出る試合にたくさんのファンが来て、大きな声で声援してくれれば、それだけで「頑張ろう」という気持ちになります。サッカーのホーム&アウェイではありませんが、アウェイではたくさんのブーイングの中で戦わなければならないのに対し、ホームではたくさんの声援を受けることで、いつも以上のパフォーマンスが可能になるのかもしれません。

第5回WBCの初戦は1次ラウンドB組、東京ドームでの対中国戦でした。開幕投手を務めた大谷翔平は、4回を投げて1安打無失点に抑え、3番打者としては2安打を打ち、8対1の勝利に貢献しています。期待の選手が期待通りの活躍を見せての無難な勝利でした。当然、ヒーローインタビューでも、大谷にはたくさんの声援が送られますが、大谷はその時にファンにこうお願いしました。

「これだけ夜遅くまで最後まで残っていただいて感謝してます。ただ、まだまだ(声援が)足りないんで、明日もっともっと大きい声援で、よろしくお願いします」

大谷はコロナ禍での無観客の試合も経験していますし、規制が緩和された後、観客数は前より少なくても、その観客の声援がいかに自分の力になるのかも改めて実感していました。観客の声援を受け、観客の期待に応えるプレーをする。それが大谷の喜びでした。

294

「あの場面、日本代表の勝利より優先する自分のプライドはなかった」

『大谷翔平を追いかけて 番記者10年魂のノート』P394

第5回WBCは、1次ラウンドはリーグ戦形式なので、たとえ負けたとしても最終的に勝率の高いチームがベスト8に進出できましたが、準々決勝からは負けたら終わりのトーナメント形式になります。

大谷翔平は、日本ハム時代はこうした短期決戦を経験していますが、残念ながらエンゼルスに移籍してからは一度も経験していません。大谷は戦いを前に「久々の短期決戦」と独特の緊張感を楽しんでいました。

準々決勝の相手はイタリアです。監督の栗山英樹からは「3番・投手兼DH」の大谷に対し、「どんな形でもいいからチームを勝たせろ」という檄が飛びます。それに応えるかのように大谷は、3回1死一塁での打席で、初球からセーフティーバントを試みます。大谷シフトの裏をかく作戦です。本来、大谷はホームランバッターだけに、「ホームランを打つ打者がバントをしてもつまらない」と言うタイプですが、負けたら終わりの戦いで貴重な先取点を取るために、あえてバントをして、一・三塁にチャンスを広げる演出をします。

メジャーリーグでホームラン王争いをする大谷にバントに対するプライドはなかったのでしょうか？　「あの場面、日本代表の勝利より優先する自分のプライドはなかった」が大谷の答えでした。

大谷にとって何よりも大切だったことは、「先に点を取って確実に勝つ」ことでした。

295

「信頼してもらえているのが嬉しかったです。そういうふうに信頼して、全部を預けてもらえたことによって、自分にできることに集中できました」

『野球翔年 II MLB 編 2018-2024 大谷翔平ロングインタビュー』P286

第5回WBC日本代表の監督を務めた栗山英樹の信条の一つは「信じる」ことです。日本ハムの監督時代も、WBCの監督の時も、交代の選手を送り出す際に、「頼む。結果を出してくれ」と祈りたくなるところを、栗山は決して「祈る」ことをしません。「祈る」とか「願う」のではなく、自分の「運を信じ」、何よりも「選手を信じる」ことで、戦っていこうというのが栗山のやり方です。

日本ハム時代、栗山は大谷翔平の二刀流についてたくさんの人から批判されましたが、それでも挑戦を後押しできたのも、やはり「信じる」力でした。「野球界のすべての人を敵に回しても、誰よりも僕が翔平の可能性を信じる。信じ続ける」が栗山の姿勢でした。

そしてこうした「信じる」姿勢こそが、WBC決勝戦での大谷の活躍につながっています。大谷は言います。

「準備の仕方も含めて、こっちに任せてもらったので、信頼してもらえているのが嬉しかったです。そういうふうに信頼して、全部を預けてもらえたことによって、自分にできることに集中できました」

人は信頼して任せてもらえると、意気に感じて全力で頑張れるものです。大谷と栗山の間には、一緒に苦難を乗り越えて二刀流をつくりあげたという絶対の信頼関係がありました。

296

「決勝に進めたことに大きな達成感はありますが、1位と2位では決定的に違うものなんです。何が何でも優勝するために、できることは何でもやります」

『SHO-TIME2.0 大谷翔平 世界一への挑戦』P107

オリンピックなどの試合で3位決定戦が行われる場合、しばしば言われるのが「負けて手にするのが銀メダル、勝って手にするのが銅メダル」です。あるいは、人は金メダリストのことは覚えていても、銀メダリストのことは覚えていない、という言い方をする人もいます。

大会で2位になること、銀メダルを手にすることの価値を低く見ているわけではないのでしょうが、やはり勝負に命を懸けるアスリートにとって、1位と2位には決定的な差があるのでしょう。

第5回WBCの準決勝で、9回裏の逆転劇でメキシコに勝利した日本は決勝進出を決めます。選手たちは喜びを爆発させますが、試合後のお祝い気分の中、大谷はこう言います。

「決勝に進めたことに大きな達成感はありますが、1位と2位では決定的に違うものなんです。何が何でも優勝するために、できることは何でもやります」

大谷は日本ハム時代に日本一の経験はあるものの、高校時代には甲子園で勝ち切ることができませんでしたし、エンゼルスも毎年、出足は好調でも夏にはプレーオフ進出の望みがなくなることが続いていました。それだけに、大谷の「勝ちたい」という気持ちは人一倍強いものがありました。大谷の二刀流は「投げて打って、チームが勝利する」ためのものです。「何でもやります」には、そんな思いが込められていました。

297

「僕からは一つだけ、憧れるのをやめましょう」

『Number PLUS 2023.5』P33

第5回WBCの決勝直前、クラブハウスでの「声出し」を初めて任された大谷翔平が発した「憧れるのをやめましょう」は、チームを一つにまとめ、優勝に向かって戦う力を与えた言葉でした。

「憧れるのをやめましょう。マイク・トラウトがいて、ムーキー・ベッツがいたり、誰しもが聞いた選手がいるが、僕らはトップになるために来た。今日1日だけは彼らへの憧れは捨てて、勝つことだけ考えていきましょう」

大谷の真意はこうでした。

アメリカチームには、野球選手であれば誰もが名前を聞いたことのある、素晴らしい実績の選手たちが名を連ねています。その中には憧れの選手、尊敬している選手もいるはずですが、それを意識し過ぎると「あの選手を抑えられるはずがない」「あの選手の球を打てるはずがない」「あんなメンバー相手に勝てるわけがない」と弱気な気持ちになり、勝てるはずのものが勝てなくなってしまいます。

「今日1日だけはそういう気持ちを忘れて、本当に対等な立場で必ず勝つんだという気持ちをみんなで出したいなと思っていました」が、大谷がチームメイトに伝えたいことでした。日本チームの力を信じ、力を発揮できれば、アメリカに勝てると信じていたからこその言葉でした。

298

「誰よりも彼のすごさを近くで見てわかっているだけに、自分のベストを超えないと勝てないと思っていた」

『証言 WBC2023 侍ジャパン激闘の舞台裏』P18

大谷翔平にとって、ロサンゼルス・エンゼルス時代の同僚マイク・トラウトは特別な存在でした。若くしてMVPを3度獲得するほどの活躍をしたトラウトは、その優れたバッティングから「現役最高打者」とも称されていただけに、エンゼルスに入団した頃の大谷は、トラウトを見て、トラウトに学びながら成長したともいえます。

大谷にはない技術をたくさん持ち、トラウトの数字を超えていくことが大谷の目標でした。第5回WBCの米国代表には、のちにドジャースで同僚となるムーキー・ベッツなど優れた選手が参加していますが、それはトラウトが主将を務めていたからです。それだけに決勝戦の相手がアメリカとなり、かつ点差はわずか1点という緊迫した場面、最後の打者としてトラウトを打席に迎えた大谷が燃えないはずはありませんでした。大谷は言います。

「誰よりも彼のすごさを近くで見てわかっているだけに、自分のベストを超えないと勝てないと思っていた」

本物のライバルとの戦いは、自分を大きく成長させてくれるチャンスです。ましてや大きなプレッシャーの中で戦うわけですから、普段以上の力が出ることも可能になります。

大谷はフルカウントから「スイーパー」を投げ、トラウトを空振り三振に打ち取ります。まさに「力対力」の勝負を大谷は制し、また一段、成長を遂げたのです。

299

「今日、勝ったからといって、その目標は達成された訳ではないので。一つの通過点として、もっと頑張っていきたい」

『もっと知りたい！大谷翔平 SHO-TIME 観戦ガイド』P187

第5回WBCでの日本チームの優勝は、日本中を歓喜の渦に包みましたし、その中でも大谷翔平の活躍は、今後も長く語り継がれるほどの素晴らしいものでした。

『Number』の記者によると、優勝メダル授与のセレモニーで、大谷は不自然なほどに目の周りを何度も拭っていたといいますが、優勝会見では涙ではなく、「汗ですね」と答え、笑みを浮かべています。

その優勝は大谷にとっても格別なものであり、「間違いなく今までの中でベストの瞬間じゃないかなと思います」と喜びを表しています。同時に、優勝は「一つの通過点」として、今後の3つの目標を表明しました。

「ポストシーズン、ワールドシリーズで勝っていくのが次のステップ。次、3年後の大会で立ち位置をキープする。もっと素晴らしい選手になれるように頑張っていきたい」

大谷は高校時代に甲子園で勝利した経験がなく、それが「ピッチャーをやり切ってみたかった」という二刀流への思いにつながっているほど、勝つことへの貪欲さは人一倍持っています。だからこそ、ポストシーズン、ワールドシリーズ、さらには次のWBCで「勝つ」ことを目標に掲げていますが、さらにその先があるのが大谷の特徴です。

投打で活躍して、チームを勝利に導き、そして「世界一の野球選手」になるというのが大谷の目標なのです。

300

「ああいう一発勝負の試合を重ね、是非、僕は同じ経験をこのチームで味わいたいと強く感じました」

『SHO-TIME2.0 大谷翔平 世界一への挑戦』P118

第5回WBCの決勝戦、日本が1点リードで迎えた9回2死からの大谷翔平とマイク・トラウトの対決は、人々に強烈な印象を残しましたし、今後も長く語り継がれることになる名場面の一つです。

大谷が投じた最初の5球のうち、2球は球速が100マイルを超え、トラウトはいずれも空振り。そして勝負の6球目は、大谷の「魔球」と呼ばれるスイーパーでした。

データによると球速は88マイルで、横に19インチ（約48センチ）変化しており、空振りで三振に倒れたトラウトは、大谷の投球を「あれは完璧な投球だった」と脱帽し、エンゼルスのネビン監督も「あんな球を打てる打者なんか、どこにもいないよ」と絶賛します。

まさに世界最高の野球選手同士の対決に相応しいものでしたが、なぜそんな2人がいるエンゼルスは、何年もプレーオフ進出から遠ざかっているのか、というのが多くの人の疑問でした。

当時の大谷は、シーズンオフにはFAになることが決まっており、シーズン中のトレードの噂も絶えませんでした。しかし、大谷はFAに対する質問に「ああいう一発勝負の試合を重ね、是非、僕は同じ経験をこのチームで味わいたいと強く感じました」とだけ答えます。最高の戦いと、最高の勝利を経験した大谷は、それまで以上にエンゼルスでのワールドシリーズ優勝を望んでいました。

301

「出たいですね。僕自身が一定のレベルに居続けられるのが条件ですし、そうなるように最善の努力をしたいと思います」

『大谷翔平を追いかけて 番記者 10 年魂のノート』P405

第5回WBCは、終わってみれば「大谷翔平のための大会」だったと言っていいほどに、その活躍は素晴らしいものでしたし、アメリカ戦を含めて常に話題の中心には大谷がいました。

大谷対マイク・トラウトという、今のメジャーリーグを代表するスーパースターの対決で幕を閉じたことは最高でしたし、短期決戦における大谷の二刀流の切れ味の鋭さも、十分に感じられた緊張感のある試合の連続でした。

当然、2026年の第6回大会へも出場してほしいという大谷への期待は高まることになりますが、大谷自身はこう答えます。

「出たいですね。僕自身が一定のレベルに居続けられるのが条件ですし、そうなるように最善の努力をしたいと思います」

チームにおけるレギュラーの座もそうですが、大谷は「自分なら出るのが当然」という考え方をしません。周囲が「不動のメンバー」であり、「欠かせない選手」と考えていたとしても、「出るために最善の努力を」と答えるのが大谷です。その根底には現状に満足することなく、常にもっと良くなることを目指して努力し続けるという考え方があるのでしょう。

人も企業も現状に満足すると進歩が止まるものですが、大谷は常に進化し続けることで、常に必要とされる選手であろうとしています。

第5章

大谷翔平のロサンゼルス・ドジャース時代

2024年～

超一流の名言

302～365

2024年オフシーズンの主役はヤンキースのフアン・ソトでしたが、2023年オフシーズンの主役は大谷翔平でした。3年間で2度のリーグMVPを受賞した大谷翔平を獲得することは、かつて栗山英樹が言ったように「エース級の投手とホームラン王」の2人を獲得することにつながるわけですから、いくらの年俸を払えるかはともかく、大谷に興味を示さない球団はありませんでした。激しい争奪戦の末に大谷が選んだのは、高校生の大谷にメジャーリーグへの目を開いてくれたロサンゼルス・ドジャースでした。

年俸はスポーツ史上、当時の最高額となる10年7億ドルという驚きの金額でしたが、さらに驚かされたのは大谷がそのうちの97%を後払いにしたことでした。あまりに高額な年俸は、球団として多額の贅沢税が発生し、その他の選手の補強などに影響が出ます。大谷は自分の年俸のほとんどを後払いにすることで、チームの強化にお金を回しやすくして、ドジャースというチームが、さらに強いチームになってもらうことを望んだのです。

当時のドジャースは毎年、地区優勝をするなどポストシーズンの常連チームではあったものの、ワールドシリーズでの優勝は短縮シ

大谷翔平のロサンゼルス・ドジャース時代 2024年〜

ーズンの2020年を除くと、1988年以降遠ざかっていました。特に直近では、ポストシーズンの不振が続いており、チームはポストシーズンで勝てる選手として大谷を望み、大谷は世界一を望むことでドジャース入りが決まります。

2024年のシーズン開幕時に通訳だった水原一平の詐欺事件という大騒動が起こり、大谷は出足こそやや不振だったものの、徐々に実力を発揮して、史上初の「50-50」を達成し、リーグMVPを獲得するなどドジャースのリーグ優勝、そしてワールドシリーズ制覇に貢献します。

特にリーグ優勝がかかる9月の大谷の活躍は目覚ましく、大谷がいかにワールドシリーズ出場、優勝に向けて強い思いを抱いているのかがはっきりわかるものでした。

大谷は高校時代から夢見ていた「世界一」をメジャーリーグとWBCで達成し、今や「世界一の野球選手」とも言われ始めていますが、夢の「野球のすべての技術」を修得するにはまだ長い年月がかかりそうです。これから大谷は、私たちにどんなドラマを見せてくれるのかが楽しみです。

302

「心に残っているのは『ドジャースが経験してきたこの10年間をまったく成功だとは思っていない』という言葉、それだけ勝ちたいという意志がみんな強いんだと思った」

『Number 1105』P20

大谷翔平はFAになった後、いくつものチームと交渉をしていますが、最終的にロサンゼルス・ドジャースを選んでいます。ドジャースは、まだ高校生だった大谷に大きな可能性を見出してくれたチームだけに、ドジャースへの入団はごく当たり前のものに思えました。大谷自身はドジャースを選んだ理由の一つとしてこう話しています。

「心に残っているのは『ドジャースが経験してきたこの10年間をまったく成功だとは思っていない』という言葉、それだけ勝ちたいという意志がみんな強いんだと思った」

ドジャースは2013年から2023年までに、10度の地区優勝を果たし、11年連続でポストシーズンに進出しています。100勝を超えた年が5度もあり、間違いなく強豪なのですが、ワールドシリーズに勝ったのはコロナ禍でシーズンが短縮された2020年が最後でした。

フルシーズンでの優勝は1988年ですから、実質30年以上世界一から遠ざかっていたことになります。

だからこそドジャースの関係者はこの10年を成功とは思わないと振り返り、世界一になるために大谷の力を必要としたのです。地区優勝を「成功」と見るか、「さらなる成功」を目指すか。大谷の特徴は絶えざる向上心にありますが、ドジャースというチームもまた、貪欲に成功を追い求めるチームだったのです。

303

「オーナーもフロントもスタッフも、みんな世界一になるために動いていると思います。チームが同じ方向を向いているかどうかは一番大事なのかなと思います」

『Number 1111』P14

企業や組織をまとめる時、トップがしばしば使う言葉に「ワンチーム」があります。企業や組織には派閥のようなものがあったり、組織内の上と下で対立があったりと、一つにまとまらないどころか、足の引っ張り合いをすることもあり、それでは決して強い企業、強い組織になることはできません。

ましてやチームで戦うスポーツともなると、まとまりのなさは深刻な問題になります。「最終的にタイトルは、優れた個人の集団にではなく、選手から首脳陣まで一体化した優れたクラブのうえに輝く」というのが勝つための鉄則となります。

大谷翔平はドジャースとの契約にあたり、フロントの優秀さを高く評価し、GMや編成部長が変わった場合には、契約を破棄できるという条項を盛り込んでいます。選手だけではなく、フロントもスタッフも、みんなが「勝利」を目指してベストを尽くすチームと信じたからこそ、ドジャースと契約しています。

そしてチームは、大谷が信じた通りのものでした。オーナーやGM、編成部長は野球が大好きで、さらに勝利に貪欲、選手たちも「エゴが少ない」うえ、「勝つことにフォーカスしてシンプルに野球をしていた」といいます。

アウトになったとしても、生産性の高いプレーには「ナイス、ジョブ」と評価します。大谷にとってドジャースでの1年目は、「ワンチーム」の大切さを実感するものでした。

304

「ロサンゼルス・ドジャースに入団すると同時に、メインのこのお二方と契約するという形ですし、そこがもし崩れるのであれば、この契約自体も崩れることになる」

『大谷翔平 2024 完全版 ワールドシリーズ頂点への軌跡・AERA 増刊』P33

大谷翔平がロサンゼルス・ドジャースと交わした契約は、10年間の長期にわたるもので、年俸7000万ドルのうち、6800万ドルは2034年から2043年にかけて支払われるというものです。

これは当時のメジャーリーグ史上最高の金額であり、10年というのはかなりの長期ですが、この契約を結ぶにあたり、大谷は「自分から契約を破棄できる条件」を盛り込んでいます。それはオーナーのマーク・ウォルターと、編成本部長のアンドリュー・フリードマンがいなくなったら、というものです。

ドジャースは2011年、フランク・マッコートが経営者の時代に民事再生法を申請しています。その後、投資会社グッゲンハイム・パートナーズの創業者マーク・ウォルターが買収して、2014年にレイズのGMとして弱小球団をリーグ優勝に導いたアンドリュー・フリードマンを編成本部長に迎え、今に続く黄金時代を築いています。

大谷はエンゼルスでも数々の記録をつくっていますが、チームは優勝争いにさえ参加できないままでした。だからこそ、大谷はドジャースを選んだわけですが、同時に「今の体制」があってこそ強くいられるということも理解していました。

チームスポーツの勝利は、フロントや監督、選手が一体となってもたらされるものというのが大谷の考え方でした。

305

「僕の中ではドジャースが変わったというより、僕のほうのフィーリングが2017年はエンゼルスと合った、今回はドジャースと合った、という感じです」

『Number 1094・1095』P8

大谷翔平にとって、ロサンゼルス・ドジャースは花巻東高校時代からずっと注目し続けてくれた球団であり、いわば「メジャーに行きたい」という夢を現実のものに近づけてくれた球団でもあります。

ところが、高校卒業後すぐにメジャーへ挑戦するはずだった大谷は、「二刀流をやってみないか」という日本ハムの誘いを受け、一旦はアメリカ行きを諦めています。

日本ハムでの5年間を経て、プロ野球選手としての実力を付けた大谷は2017年、メジャーリーグ行きを決意し、いくつもの球団と交渉します。その時もドジャースは熱心に誘ってくれましたが、当時ドジャースのナ・リーグにはDH制を採用していないこともあり、最終的に同じロサンゼルスを本拠地とするエンゼルスに入団しています。

いわば、ドジャースは2度にわたって大谷に断られたことになるわけですが、そのことについて大谷はこう話しています。

「僕がエンゼルスを選んだことについて、いろいろ考えるところがあったと思うんです。同じエリアの別のチームに行かれてしまって、それはフロントとしては複雑な気持ちもあったんじゃないかなと」

それでもドジャースは熱心に勧誘してくれたこと、その姿勢が大谷の心の中に響いて感じるものがあり、それがドジャース入団の決め手の一つになっています。

306

「僕はもっと挑戦したい。僕はこのドジャースでさらに新しくて大きな難題に直面するでしょうし、直面したいです。僕はもう覚悟しています」

『SHO-TIME2.0 大谷翔平 世界一への挑戦』P228

大谷翔平のエンゼルスでの6年間は、2度のMVPに輝くなど素晴らしいものでした。特に2021年からは、投打の二刀流として9勝・46本塁打、15勝・34本塁打、10勝・44本塁打（本塁打王）を記録して、これ以上はないという数字を残しています。

ところが、こうした大谷の数字に関して、野球関係者の中には「この活躍はエンゼルスという弱小チームだからできたことだ」「ヤンキースのような名門チームに行ったらこんな活躍はできない」という見方をする人がいたことも事実です。

確かにヤンキースやレッドソックス、あるいはドジャースのような歴史のある名門球団で、常に勝つことが求められるチームでは、エンゼルスほど自由にプレーはできません。当然、数字は落ちると思われていましたが、大谷はドジャース入団にあたり、こう話していました。

「僕はもっと挑戦したい。僕はこのドジャースでさらに新しくて大きな難題に直面するでしょうし、直面したいです。僕はもう覚悟しています」

ドジャースの場合、地区優勝は当たり前で、むしろワールドシリーズに出場できるかどうかが課題となっていました。しかし、大谷はそんなプレッシャーさえも楽しみ、結果的にシーズンMVPを獲得し、チームに念願の世界一をもたらします。

307

「期待してもらってドジャースに入って、期待通りの結果を残せるか。それがプレーヤーとして信頼を得る唯一の方法ですから、僕に必要なのは10年後よりもまず、今年の結果で示していくことじゃないですかね」

『Number 1094・1095』P16

ロサンゼルス・ドジャースへの入団が決まった時、大谷翔平には大きな期待が寄せられていました。一方でリーグが変わったことで新しい投手との対戦が増えること、投手としてのリハビリ期間であること、さらには大谷のワンマンチーム的なエンゼルスと違って、ドジャースにはすごいバッターがたくさんいるうえに名門球団のプレッシャーもあり、持てる力が十分に発揮できないのでは、という不安の声があったのも事実です。

こうした声に対し、大谷は「僕に必要なのは10年後よりもまず、今年の結果で示していくこと」と、決意のほどを口にしていました。大谷のそれまでの成績はみんなが知るところです。当然、「このくらいはやってくれるだろう」という期待があるわけですが、それを結果として示すことができなければ、チームやファンの期待を裏切ることになるし、みんなの信頼を得ることもできません。

野球選手に限ったことではありませんが、「あいつはすごいよ」という評判だけではダメで、それを「数字」で示してこそ期待は信頼に変わります。2024年、大谷は54本塁打（本塁打王）、59盗塁というメジャーリーグ史上初の「50–50」を達成した他、130打点で初めての打点王も獲得しました。

ムーキー・ベッツの長期離脱やフレディ・フリーマンの離脱という、中心選手の穴を埋める活躍でチームを世界一に導き、絶大な信頼を獲得することになります。

308

「唯一求められる結果は、ワールドシリーズ優勝だということです」

『SHO-TIME3.0 大谷翔平 新天地でつかんだワールドシリーズ初制覇』P62

大谷翔平が2023年12月にロサンゼルス・ドジャースと契約した理由は、10年総額7億ドルという史上最高額の契約以上に、6年間果たすことのできなかったポストシーズンに進出して、ワールドシリーズで優勝することができるチームだったことです。

それはドジャースが何より大谷に求めていることでもありました。2021年と2022年の2シーズン、ドジャースは106勝、111勝という圧倒的な勝ち星をあげながら、いずれもワールドシリーズの進出を逃すという「大失敗」を犯していました。

編成本部長のアンドリュー・フリードマンはこの事態について「我々は10月に11勝するのが目標なのに、今回は1試合も勝っていない。だから我々は根本的な何かを見直し、どうすれば事態を改善できるのか、今後対策をとることになる」と話していました。

つまり、ドジャースにとっては年間100勝するとか、地区優勝というのは「やって当たり前」のものであり、「ワールドシリーズで勝てなかったらそれは惨敗」になるというのです。そのための改善策に選ばれたのが大谷の獲得でした。プレーオフに辿り着くことはできても、そこで勝ち切れないチームを一段上に持って行くこと、それが大谷に課せられた使命でした。大変な役目ですが、大谷は契約後、「唯一求められる結果は、ワールドシリーズ優勝だということです」と覚悟を示します。

309

「現役生活の最後の日まで、ドジャースのためだけでなく、野球界のために前向きに努力し続けたい」

『大谷翔平を追いかけて 番記者10年魂のノート』P469

大谷翔平の大きな特徴の一つは、自分のことだけでなく、チームのこと、後輩のこと、野球界のことを常に考えていることです。大谷は日本ハム入団とともに、二刀流の選手として活躍していますが、しばしば口にしていたのが「後に続く選手のために」でした。

日米の野球界にとって、二刀流というのはほとんど経験のない試みだけに、大谷自身、失敗の恐れもあったわけですが、自分が成功できなかったとしても、次に挑戦する選手のための参考になれば、といった趣旨の話をしていました。

あるいは、メジャーリーグのオールスターで初めてホームラン競争に出場した際は、「これで野球を見てくれる人が少しでも増えれば」という話をしていましたし、第5回WBCに関しても、この大会を見ることで子どもたちが素晴らしい体験をできれば、と後に続く子どもたちの心に残る試合をしたいと話していました。

アスリートは自分のためだけではなく、支えてくれる人のためにといった思いがあるほうが強くなれるといいますが、大谷には「世界一の野球選手になりたい」という思いとともに、野球界のため、子どもたちのためにという思いがあるからこそ、努力できるのかもしれません。ドジャースへの入団が決まり、それを伝える時、大谷が「ドジャースのため、野球界のため」という言葉を発したのは、いかにも大谷らしいものでした。

310

「新しいチーム なので。本当に 1年目のつもりで」

『Number 1105』P31

引っ越しや転校、入学や入社、そして転職など、これまでとはまるで違う環境に入っていく時というのは、誰だって緊張するものです。「うまくやっていけるのかな」「みんなと仲良くなれるのかな」と、楽しみでもあり不安にもなるわけですが、それは大谷翔平にとっても同様でした。

これまで大谷は日本ハムに入り、ロサンゼルス・エンゼルスへの入団など、新しいチームに入る経験をしています。大谷はそこで自分がどれだけ成長できるのかにワクワクするタイプですが、名門ロサンゼルス・ドジャースへの移籍は少し違ったものがあるようです。

FAになり、10年7億ドルという、当時の史上最高額の契約をした大谷に寄せられる期待は大きなものがあります。エンゼルスと違い、毎年のように100勝近くをあげる「勝って当然」のチームだけに、求められるものもとても大きかったはずですが、大谷は「キャンプで何を一番大事にするか？」と質問され、「環境に慣れること」と答えています。

その言葉通り大谷は、チーム関係者やチームメイトには自分から挨拶に行き、積極的にコミュニケーションをとっています。その結果、大谷とチームメイトの距離は一気に縮まり、毎日、楽しそうに野球をする姿がそこにありました。

1年目のつもりで、環境に慣れる。その努力が記録づくめのシーズンにつながったのです。

311

「僕は初めての人と出会ったら、ちゃんと挨拶して自己紹介しますよ。そういうのは結構好きなんで」

『SHO−TIME3.0 大谷翔平 新天地でつかんだワールドシリーズ初制覇』P85

新しい職場などに異動した時、「周りの人が挨拶してくれない」と嘆く人がいます。確かに周りの人が挨拶してくれれば、「歓迎してくれているな」という気持ちになるかもしれませんが、では、あなたから挨拶しているかというと、実は「していない」という人が案外いるものです。挨拶してほしいなら自分からすればいい。それがコミュニケーションのスタートになります。

大谷翔平は第5回WBCの時、メンバーのほとんどが初対面ということもあり、自分から「何歳ですか？」と声をかけ、「まず顔と名前をしっかり覚える」ことを心がけていました。スーパースターでありながら、自ら声をかける。それが良いチームワークをつくるための第一歩でした。

ドジャースの1年目も同様でした。大谷によると、新しい職場で仲間と出会ったなら、まずは自分から話しかけて自己紹介をします。大谷は言います。

「僕は初めての人と出会ったら、ちゃんと挨拶して自己紹介しますよ。そういうのは結構好きなんで」

大谷の入団が決まった時、ドジャースのメンバーの中には警戒する気持ちを持った選手もいたといいますが、それを一気に取り払ったのが大谷の気さくな人柄でした。

312

「僕としては、是非君がドジャースと契約してほしいと思っている。そうすれば、僕は君とチームのためにできるだけたくさんホームランを打つから」

『SHO-TIME3.0 大谷翔平 新天地でつかんだワールドシリーズ初制覇』P54

メジャーリーグではFAとなった選手との交渉にあたり、そのチームを代表するような選手たちが同席したり、目的の選手にビデオメッセージなどを送ることがあります。金額の提示とは別に「是非うちに来てほしい」という熱意を示すためのものなのでしょう。

大谷翔平が日本ハムからメジャーリーグに移籍する際、ドジャースはクレイトン・カーショーがその役割を果たしています。しかし、最終的に大谷はドジャースを選ばなかったことで、一時、カーショーは大谷に嫌悪感を覚えていたという話がありましたが、2024年のシーズンの戦いを通して、今や2人は最高の仲間になっています。

2023年12月、ドジャースと契約して間もない大谷は、レイズ所属のタイラー・グラスノーにこんなビデオメッセージを送っています。

「僕としては、是非君がドジャースと契約してほしいと思っている。そうすれば、僕は君とチームのためにできるだけたくさんホームランを打つから」

グラスノーはドジャースへの入団を決意し、2024年には22試合に登板して、9勝6敗の活躍を見せますが、登板した22試合中、実に7試合で大谷はホームランを打ち、グラスノーとの約束を見事に果たします。大谷は社交辞令ではなく、自ら言ったことを実行することでグラスノーの信頼を勝ち取ったのです。

313

「結果的に行ける球団は一つ。声をかけてもらった球団というのは、もう感謝しかないです」

『Number 1099』P13

メジャーリーグのシーズンオフというのは、FAの選手が次にどの球団に移るのかが最大の関心事となります。2024年の主役は、ヤンキースの若き天才フアン・ソトが注目の的でしたが、2023年の話題の中心は大谷翔平でした。最終的に大谷はロサンゼルス・ドジャースを選びますが、発表の少し前に大きなニュースになったのが、大谷の乗った飛行機がカナダのトロントに向かって飛び立ったというものです。

移籍交渉の際、トロント・ブルージェイズはドジャースに負けないほどの条件を提示し、最後まで有力候補として残っていただけに、ブルージェイズのファンは喜び、ドジャースのファンは不安に駆られます。

しかしその報道は誤報で、大谷がトロントに向かうことはありませんでした。これは大谷の責任ではありませんが、失望したファンは2024年4月26日の対ドジャース戦で出場した大谷に大ブーイングを浴びせます。

しかし、大谷は豪快なホームランを打ち、敵地の空気さえ変えてみせ、こう話しました。

「トロントに来るのを楽しみにしていましたし、満員に近いお客さんが入って、選手冥利に尽きるというか。結果的に行ける球団は一つ。声をかけてもらった球団というのは、もう感謝しかないです」

ホームランは自分を誘ってくれたチームへの感謝の一発だったのです。

314

「（本塁打が）何本かというのは、もちろん知っていましたけど、それが目的にはならない。しっかりと勝つための手段としてやりたい」

『Number Web 2024.8.28』

大谷翔平は2024年、個人としてもチームとしても素晴らしい成績をあげています。個人として54本のホームランを打ち、130打点をあげて本塁打王と打点王の２冠に輝いた他、59個の盗塁を決めて、史上初となる「50–50」を達成しています。

史上6人目となる「40–40」を史上最速で達成した際には、自身初となるサヨナラ満塁本塁打を放ち、「50–50」の際には3本のホームランと2個の盗塁を含む、6安打10打点という大爆発を見せています。

まさに記録づくめのシーズンであり、個人記録にスポットがあたることも多かったのですが、インタビューで本塁打数や盗塁について質問された大谷は、自分の成績は「二の次」であるかのようにこう答えています。

「（本塁打が）何本かというのは、もちろん知っていましたけど、それが目的にはならない。しっかりと勝つための手段としてやりたい。盗塁に関してはやっぱり失敗しないことを第一に考えながらやりたいと思います」

プロ野球選手にとって、数字を残すことやタイトルを獲ることは自分の価値を高めるだけに、時に「目的」になりがちですが、それらは目的ではなく「勝つための手段」であると言い切れるところに大谷のすごさがあります。

315

「何が正解だったのか、何が失敗だったのかは、死ぬ間際にならないとわからないんじゃないかな」

『Number 1094・1095』P8

人生というのは「選択」の連続です。

右か左かというY字路に立ち、どちらを選ぶかで迷った挙句、結局は「どちらか一つ」しか選べないわけですが、時には「これで良かった」ということもあれば、「ああ、失敗したなあ。あちらを選んでいればなあ」と後悔することもあります。

大谷翔平はこれまでに①高校卒業時のアメリカか日本ハムか、②メジャーリーグ挑戦時のエンゼルス入団、③FAに際しドジャースを選ぶ、という3つの大きな選択をしています。

さらに遡れば、日本ハム入団に際して、「二刀流」という前代未聞の選択もしています。こんな岐路に立たされれば、誰だって迷い、後になって「ああしていれば、こうしていれば」と後悔もあるのではとも思いますが、大谷自身は「何が正解だったのか、何が失敗だったのかは、死ぬ間際にならないとわからないんじゃないかな」と言い切っています。さらに「その瞬間、良かったなと思えれば全部良かったし、ダメだったなと思うようならどう転んでもダメだったろうし」とも言っています。

選択を迫られた時、人は「どちらが正解か」を考え、迷いますが、一つしか選ぶことができない以上、やるべきはどちらを選んだとしても、「これを選んで正解だった」と思えるような悔いのない生き方をすることです。

316

「1度やってできたからといって、今年もできる保証はありませんからね。自分がもっと上に行ってやっと同じくらいの数字になると思っています」

『Number 1094・1095』P15

ビジネスの世界に「現状維持は後退と同じ」という言葉があります。業績が順調だと、つい「今のままで大丈夫」と安心しがちですが、競争の激しい社会では、現状維持はやがて後退につながることになるのです。

大谷翔平は2021年から2024年までに、2度のホームラン王と3度のMVPを獲得しています。4年もの間、これほどの活躍を続けるのは驚くべきことであり、「いずれ失速すると思っていた」という関係者も少なくありませんでした。

メジャーリーグの競争は激しく、大谷が活躍すればするほど、大谷を攻略するための研究も進みます。そんな厳しさを知るだけに、大谷は「1度やってできたからといって、今年もできる保証はありませんからね。メジャーのピッチャーの球は強くなる一方なので、自分がもっと上に行かないと。上に行ってやっと同じくらいの数字になると思っています」と話していました。

去年どんな素晴らしい成績をあげたとしても、「去年できたんだから、今年も去年と同じようにやれば、同じくらいの成績が残せるだろう」という甘い考えでいたら、あっという間に成績は下降します。

厳しいけれども、常に研究や練習を怠らず、自分をアップデートさせ、更新し続けいかなければならないというのが大谷の考え方です。それと同様に、ビジネスも人も絶えず向上し続けてこそ現状維持になる、という覚悟が必要なのです。

317

「考えないで決める直感と、本当に考え抜いて最後に決める直感とは似て非なるものだと思っています」

『Number 1094・1095』P8

人生の岐路に立った時の選択の仕方は人さまざまですが、大谷翔平はこれまでの人生の選択で何より大切にしてきたのは「時間をかけて考えること」だと話しています。

FAになった大谷は、いくつもの球団からオファーを受けますが、最終的にはドジャースを選んでいます。日本からアメリカに渡った時にはエンゼルスを選びましたが、その理由としては「フィーリングが合った」と答えています。フィーリングというと、何となく雰囲気や直感で決めたように思えますが、大谷はそれ以前の「よく考える」時間があってこその直感だと話しています。

大谷によると、「何も考えずに漫然と毎日を過ごしていて『ここは右か左か、どっちか決めろ』『ハイ、ここは直感で、左です』」というのは、まさに行き当たりばったりの出たとこ勝負になりますが、日々自分の中でいろいろと考えていれば、「どっちなのかとなった時、それはこっちだよね、と自分なりの答えを導き出せる」というのです。

それは前者と同じ直感ではあっても、「安直な直感」ではなく、「自分なりの確信を持った直感」となるのです。最後には直感で決めるとしても、「毎日、積み重ねてきた経験があってこその直感だというところが大事ですし、決めるとなった事柄について、深く考えた末の直感であることも大事」というのが大谷の考え方です。

318

「僕は30歳になっていないし、まだ自分のマックスを試してみたかった」

『Number 1094・1095』P14

大谷翔平はエンゼルス入団1年目のシーズンオフと、ドジャースに移籍する前の2023年シーズンオフの2度、右ひじの手術を受けています。FAになるという大事な時期の手術に不安はなかったのでしょうか？

大谷によると、1度目の手術も、2度目の手術も理由は同じで、「目の前の試合で投げていて楽しくないから」というものでした。前回の手術の時もそうでしたが、今回も150キロくらいであれば「普通に痛みなく投げられた」と言います。

素人目には150キロのスピードがあれば十分と思えますし、実際、メジャーの投手の中にはあえて手術をすることなく、少しスピードを落として技巧派にシフトする人もいるといいますが、大谷自身は「でもそんなの、単純に楽しくない。僕はまだ30歳になっていないし、まだ自分のマックスを試してみたかった」というのです。

もし手術をしてダメなら諦めがつくものの、それをせず、納得のいかないボールを投げることは、自分のためにも、チームのためにも、ファンのためにならないと、そう考えた大谷は手術に踏み切ったといいます。

やる以上は常に最高の状態で、最高のボールを投げ、最高のバッティングをしたい。そのために常に最善を尽くすというのが大谷の考え方でした。

319

「僕は投げられなくても打つことで試合に出られますから、そこはラッキーだと思います」

『Number 1094・1095』P15

大谷翔平は花巻東高校の頃から、そしてプロになってからも「投げられない」時期を何度も経験しています。いずれもケガや手術によるものですが、その中でもトミー・ジョン手術の場合は、1年以上にわたる長いリハビリ期間があり、それまでの球威に戻るのには2年かかるともいわれています。

実際、1度目の手術の後、2019年は投手としての登板はなく、2020年も2試合にしか投げていません。本調子になったのは2021年からで、9勝・15勝・10勝しています。

こうした長いリハビリ期間はとてもつらいはずですが、大谷は打つことができるし、メジャーリーグトップレベルの才能があるだけに、二刀流に随分救われたと話しています。反対に投手だけであれば、1年か2年は試合に出られないため、「2度目（の手術）はなかったかもしれません」とも話しています。

これまで大谷は、トミー・ジョン手術を受けてきた何人もの投手を見ていますが、試合に出られない中で自信や活力を維持するのはとても難しいといいます。

その意味では「投げられなくても打つことで試合に出られる」自分はラッキーだと言いますが、投手としてのリハビリ期間にもかかわらず、メジャーリーグ史上初の「50本塁打・50盗塁」を達成できる大谷は、二刀流ならではの特徴をフルに活用できる稀有な存在なのです。

320

「自分で理解することも大事なんですけど、記録を残しておくことで、これから同じ手術を受ける他の選手に対して、僕がわかったことを伝えることができます」

『Number 1111』P20

大谷翔平は、これまで2018年と2023年の2回、右ひじの手術を受けています。正確には1回目が従来のトミー・ジョン手術であるのに対し、2回目はハイブリッドの新型トミー・ジョン手術といわれています。両方を比較すると、手術を受けた直後の感覚も違うし、リハビリのスケジュールにも大きな違いがあるといいます。

大谷は1回目の手術を受けた後、「今日がリハビリ何日目」ということを正確につかんでいました。どのようなスケジュールでリハビリを進め、どのように回復していくのかについて、きちんと記録に残しているといいます。その理由は2つあります。

一つは「自分で理解することも大事なんですけど、記録を残しておくことで、これから同じ手術を受ける他の選手に対して、僕がわかったことを伝えることができる」からですし、もう一つは、トミー・ジョン手術の執刀医は、手術の経験は豊富でも、手術を受けた経験はありません。大谷は手術を受けた側として正確な記録を付けることで、執刀医に正確なフィードバックが可能になり、それが医学のさらなる進歩に役立つのではないか、と考えたからです。

記憶というのは消え去ってしまうものですが、記録は残り、多くの人が共有できるものです。大谷は自らの経験を多くの人の役に立つものにしようとしていました。

321

「僕は、今の段階で技術のことは教えたくないんです」

『Number 1094・1095』P10

大谷翔平は、明るく人懐っこい性格のお陰で、先輩後輩に関係なく誰とでも気さくに話をしているように見えます。当然、他の選手、特に若い選手にしてみれば、大谷の卓越した技術に関してあれこれ話を聞きたいし、教えてもらいたいとも思っているはずですが、大谷自身は「僕は、今の段階で技術のことは教えたくない」と考えています。

これは自分が苦労して身に付けた技術を簡単に教えてたまるか、ということではありません。その理由は「今の自分がやっていることに対して、最終的に自信を持って正しいと言えるだけの根拠がない」にもかかわらず、「その程度のことを誰かに教えて、その人の可能性を潰してしまうかもしれないとなれば、教えられない」からです。

大谷ほどの成績をあげていて、正しいかどうかわからないというのは理解しづらいかもしれません。大谷はいつも新しい技術を追い求め、試しているだけに、これはうまくいったと思っていたことが今になって「何であんなことをやってたんだろう」と思うこともあれば、失敗だと思っていたことが「時期が早かっただけ」というケースもあるようです。

だからこそ、自分が本当に「これだけは間違いない」というものについては教えるものの、そこまでの確信がないものは話したくないというのです。大谷の求める技術はそれほどに奥深いものなのです。

322

「敵の時は恐いけど、味方の時はとても心強い」

『Number 1105』P31

メジャーリーグのファンの中には「親子代々のファン」もたくさんいて、日本よりも地元チームを応援する気持ちがとても強いように感じます。そのため、熱い声援を送ってくれる一方で、期待通りの成績があげられないと容赦ないブーイングが浴びせられます。

大谷翔平はロサンゼルス・エンゼルス時代からチームを代表する選手だっただけに、地元では熱い声援を送られる一方で、相手チームのファンからは大谷に平気でブーイングを浴びせられます。大谷自身は、それさえもそれなりに楽しむタイプでしたが、ロサンゼルス・ドジャースに移籍した直後、ドジャー・スタジアムでの開幕戦でファンから送られた声援の中に、こんな言葉を耳にします。

「敵の時は恐いけど、味方の時はとても心強い」

大谷はそんな声援に応えるように、第1打席で見事に二塁打を放ち、3打数2安打と期待に応える数字を残します。2020年、新型コロナウイルスの世界的流行により1ヵ所に多くの人が集まることが制限されたため、メジャーリーグも無観客での試合を余儀なくされました。

翌年、まだ制限はあるものの観客が戻ってきた時、大谷は観客の前で試合ができることに素直に喜びを表しています。確かに野球選手にとって、大勢の観客の声援は敵の時は恐くても、味方の時はこれほど力強く頼もしいものはないのです。

323

「僕も来た時、ビックリしたので。何か違うイベントがあるのかな？ って」

『Number 1105』P33

大谷翔平が所属するロサンゼルス・ドジャースは、球場へは車で行くしかないため、その道はいつも渋滞しているといいます。2024年8月、大谷が愛犬デコピンを抱えた首振り人形のボブルヘッドが配布された時の渋滞は、選手や監督でさえ驚くほどだったといいます。ファンの中には開場の何時間も前から列をつくる人も多く、その中には7時間、8時間前から並んだ人もいたというから驚きです。

大谷に限らず、選手のボブルヘッドは人気です。年に何回かこうした人形が無料で配布されるわけですが、観客全員ではなく、数に限りがあるため、入手するためにどうしても並ぶことになります。大谷の時は、通常の数よりも遥かに多い4万個が用意されましたが、ドジャー・スタジアムには5万人を超える観客が訪れます。

人気の大谷のボブルヘッドに、さらに人気の高いデコピンまで付いているとなると希少性もあり、絶対に入手したいと思うのがファン心理です。

当然、その日は車で球場入りする大谷も渋滞に巻き込まれ、いつもよりも時間がかかることになりました。

ところが、大谷は「僕も来た時、ビックリしたので。何か違うイベントがあるのかな？　って。家族で一緒に来た時には思っていました」という感想を口にします。自分が渋滞の原因であることに無頓着なのことも、大谷らしいものでした。

324

「今まではやっている人が少ない中での記録が多かった。比較対象が多い中での新しい記録という意味では、違いがあるかな」

『Number 1105』P57

メジャーリーグでは、これまでに「40本塁打・40盗塁」を達成したのは、ホセ・カンセコ、バリー・ボンズ、アレックス・ロドリゲスといった野球史に名を残す選手たちばかりで、大谷翔平を含めてわずか6人です。

1871年にメジャーリーグの前身となる組織が誕生してから、今日まで約2万人のメジャーリーガーが出場したといわれていますから、大谷の「40-40」は2万人分の6、「50-50」となると2万人分の1という驚きの記録となります。

これまでも大谷はたくさんの記録をつくってきました。例えば「2桁勝利・2桁本塁打」は偉大な記録ではあっても、比較対象がベーブ・ルースしかいませんでした。

実際、大谷自身、自分の記録に関しては、「比較するものがない」という言い方をしていたように、誰もやったことがない中での挑戦は比較したり、評価することが難しいものでした。それだけに「40-40」や「50-50」は格別だったのでしょうか。大谷はこうも話しています。

「今まではやっている人が少ない中での記録が多かった。比較対象が多い中での新しい記録という意味では、違いがあるかな」

投打の二刀流という点で卓越した野球選手だった大谷は、「50-50」によって「世界一の野球選手」に一歩近づくことができたのです。

325

「僕があと何年、現役選手でいられるかはわかりませんが、だからこそ勝つことを最優先にしているのです」

『SHO-TIME2.0 大谷翔平 世界一への挑戦』P224

メジャーリーガーにとって、ワールドシリーズを制覇することは特別なことといえます。「ヨギ語」でも知られるニューヨーク・ヤンキース伝説の捕手、ヨギ・ベラは選手として最多となる10回もワールドシリーズを制覇し、MVPを3度獲得し、監督も経験した名選手です。

現役選手となると、大谷翔平のチームメイトであるムーキー・ベッツが、ドジャースで2度、ボストン・レッドソックスで1度優勝を経験し、その他の選手たちの中でも3度が最多となります。

ベッツはドジャースと長期契約をしているため、この後も勝ち続けてヨギ・ベラのようにすべての指にチャンピオンリングをはめたいと話していましたから、やはり優勝は格別な喜びがあるようです。

ワールドシリーズへの出場、そして優勝は大谷翔平が長い間夢見てきたことでした。しかし、エンゼルスはプレーオフにさえ出場することができず、大谷の6年間はワールドシリーズが無縁に過ぎ去ってしまいました。

だからこそFAとなった大谷にとって、「勝てるチーム」は最優先事項でした。ドジャースを選んだ理由を大谷は「僕があと何年、現役選手でいられるかはわかりませんが、だからこそ勝つことを最優先にしているのです」と話しています。

最初のシリーズ制覇後、大谷は「あと9回」と言っていましたが、そうすればヨギ・ベラの記録に並ぶことができます。

326

「観客が入らないより入ったほうが面白いし、歓声が大きいほうがやりがいもあります」

『Number 1111』P12

大谷翔平は2020年のコロナ禍で、観客の入らない試合を経験しているだけに、観客の歓声が戻ってきた時には「最高のドーピング」という言い方さえしています。そして、長くエンゼルスでプレーしていただけに、9月に入り、ポストシーズン進出の目がなくなったチームの寂しさもよく知っていました。

大谷にとってドジャース1年目は、初めて経験するポストシーズンでもありました。そんな大谷から見て、ポストシーズンとレギュラーシーズンの客席の雰囲気はまるで違うものでした。

ポストシーズンだと初球のストライクだけで観客は「ウォー」と盛り上がり、1球1球集中して見ているといいます。レギュラーシーズンであれば、どんなチームも勝ったり負けたりするものですから、観客も酒を飲みながらのんびり観戦しています。しかしポストシーズンともなると、負けられない戦いが続くだけに、観客も必死で応援するし、選手の一挙手一投足に反応します。歓声の大きさも違います。大谷は言います。

「観客が入らないより入ったほうが面白いし、歓声が大きいほうがやりがいもあります」

大勢の観衆や、大声の歓声は時にプレッシャーにもなりますが、この時の大谷にとって初めて経験する観客も歓声も大きなエネルギーになりました。

327

「ファンのみなさんは数字にこだわると思いますが、プレーヤーとしては感覚にこだわっていかないと、長いスパンで見た時の数字が残らないんです」

『Number 1111』P14

大谷翔平の2024年の成績は素晴らしいもので、「50-50」のように今後長くメジャーリーグの歴史に刻まれる記録も達成しています。当然のように日本のスポーツニュース、ワイドショーなどでは毎日のように大谷の活躍が伝えられ、その数字を見ながらファンは一喜一憂することになりました。

マスコミやファンが見るのは基本的に数字です。しかし、大谷によるとファンは数字にやたらこだわるとしても、プレーヤーとしては「感覚」にこだわっていかないと、数字が残らないというのです。それはどういうことでしょうか？

大谷によると、野球のバッティングはいかに可能性を広げていくかの確率のゲームであり、打てる確率をさまざまな方法で上げていくわけですが、そこに「ツキ」の要素が加わるところが厄介だといいます。

確かにいい当たりが野手の正面に飛ぶこともあれば、ボテボテの当たりがヒットになることもあり、こうした運の要素があるため、「数字」よりも「感覚」にこだわるほうが最終的に実力に伴う数字に落ち着くというのです。

感覚は良くないのにツキでヒットになることもあれば、感覚が良かったのにツキがなくて凡退することもあります。後者の場合、「ツキがなかった」と解釈して、自分の信じる打ち方をする。数字はツキ次第で変動するものの、最後は実力通りの数字になるのです。

328

「先が見える戦いかどうかがモチベーションにつながるんだ、ということは改めて思い知らされましたね」

『Number 1111』P17

大谷翔平はメジャーリーグに移籍してからの6年間は、ワールドシリーズどころかポストシーズンにさえ縁のないシーズンを過ごしています。だからこそ大谷は、ある時期から「ヒリヒリするような試合」を臨むようになるわけですが、それはエンゼルス時代の同僚マイク・トラウトも同様でした。

トラウトは早くに頭角を表し、将来の殿堂入りも確実視されるほどの名選手でしたが、ポストシーズンには2014年の1度しか出場しておらず、ワールドシリーズには1度も出たことがありません。

一方、WBCのアメリカ代表でチームメイトとなったドジャースのムーキー・ベッツは、2024年の世界一を含め3度のワールドシリーズ制覇を経験しています。WBCの戦いを終えたトラウトはベッツに「ああいう舞台で野球がしたい」と話したといいますが、それほどに世界一の戦いに加わるか加わらないかは、大きな違いがあるのです。

大谷は、地区優勝争いを繰り広げる9月に驚異的な成績をあげていますが、それを可能にしたのは「先が見える戦い」がもたらした高いモチベーションでした。

エンゼルス時代の9月は、目標のない戦いの日々だけにとても長く感じたといいますが、ドジャースでの1年目は、まさにすぐそこにある優勝を目指す、充実した日々だったのでしょう。はっきりとした目標があること、それは高いモチベーションにつながるものなのです。

329

「何人もの優れた打者と毎日打順に並び、刺激を受けつつ、いい集中力を維持できているのは大きいと思いますよ」

『SHO-TIME3.0 大谷翔平 新天地でつかんだワールドシリーズ初制覇』P159

アメリカのIT企業の創業者たちがよく言うのが、「バカの増殖に気をつけろ」です。企業が成功するためにはAクラスの人材だけで構成する必要があり、そこにうっかりBクラスやCクラスの人間が混じってしまうと、バカの増殖が始まるというのです。一方、Aクラスだけで固めれば、お互いに刺激し合って最高の成果をあげてくれます。

大谷翔平がエンゼルスに入団した当時は、マイク・トラウトやアルバート・プホルスというメジャーリーグを代表する打者がいて、大谷は彼らからたくさんのことを学び成長していますが、やがてプホルスが引退し、トラウトもケガをしがちになると、チームは大谷だけに頼るようになり、成績は西地区4位が定位置になります。

しかし、2024年からは、ドジャースで大谷はムーキー・ベッツ、フレディ・フリーマンというMVP経験者と打順を組み、3人は「MVPトリオ」と呼ばれるようになります。相手チームにとってはゲームが始まると同時に最強の3人と対戦するわけですから、投手のプレッシャーは相当なものでした。結果、大谷はエンゼルス時代のような敬遠が減り、余裕を持って打席に立てるようになります。

「何人もの優れた打者と毎日打順に並び、刺激を受けつつ、いい集中力を維持できているのは大きい」と大谷が言うように、成長にも成果にもつながる素晴らしいシーズンとなったのです。

330

「もし僕が最大限に貢献できていたなら、チームの成績がもう少し上向いたのかなと思う時もあります」

『SHO-TIME3.0 大谷翔平 新天地でつかんだワールドシリーズ初制覇』P242

大谷翔平が2024年にドジャースでポストシーズン進出を決めた際、大谷は「50-50」というメジャーリーグ史上初の記録を達成とするとともに、「MLBで1度もポストシーズン進出がないまま865試合公式戦に出場した」という、現役選手としては最長の記録に終止符を打っています。

何とも悔しい記録ですが、この間、大谷は実に2度のMVPを獲得しているわけですから、いかに所属していたエンゼルスという球団が勝てないチームだったかがよくわかります。

大谷にとってエンゼルスは、メジャーリーグでの二刀流に道筋を付けてくれた感謝すべき球団なのですが、それでも「投げて、打って、走って、チームを勝たせる」ことを二刀流の目標とする大谷にとっては、それを達成できない球団でもありました。

2024年9月、エンゼルスとの2連戦に際し、大谷は「もし僕が最大限に貢献できていたなら、チームの成績がもう少し上向いたのかなと思う時もあります」という言葉を口にしています。

普通に考えれば2度のMVP以上の貢献はありませんが、大谷はメジャーリーグ1年目の後半に右ひじの靭帯を損傷し、トミー・ジョン手術を受けています。そのためその後の2年間は投げることがほとんどできず、バッティングもやや精彩を欠くことになりました。大谷はチームの主軸として、自覚と責任を感じていたのです。

331

「ああ、今年は投げられませんでした。すみません、ホームラン50本打っただけで」

『SHO-TIME3.0 大谷翔平 新天地でつかんだワールドシリーズ初制覇』P334

2024年の大谷翔平は記録づくめの年であり、「メジャーリーグ史上初」を記録し、ドジャースという名門球団の球団記録もいくつも書き換えるほどの大活躍を見せています。

当初、10年7億ドルという当時のプロスポーツ史上最高額の契約に対して、「元は取れるのか」「払い過ぎでは」という疑問の声もありましたが、マスコミからの「大谷は期待に応えてくれたのか？」という質問へのドジャースCEOスタン・カステンの答えがすべてを物語っています。

「君たちのことだから『期待に応えてくれましたか？』と聞くんだろうな。答えはノーだ。そんな期待を遥かに超えていたよ。とんでもなく想像以上だったよ」

記録のうえでもメジャーリーグ史上最高なら、チームを世界一に導いているうえに、ビジネスという面でも圧倒的な数字をドジャースにもたらしています。ところが、そんな大谷に対し、元ドジャースのマット・ケンプは「今年の大谷は投手としては一切役立ってないぞ」と、二刀流のはずが一刀流じゃないか、と茶々を入れます。大谷はこう答えます。

「ああ、今年は投げられませんでした。すみません、ホームラン50本打っただけで」

忘れがちですが、大谷はリハビリ中の投手でした。

332

「睡眠は、僕にとっての最優先事項ですから」

『SHO-TIME3.0 大谷翔平 新天地でつかんだワールドシリーズ初制覇』P116

大谷翔平の睡眠へのこだわりはとても強く、日本ハム時代から「睡眠欲はすごいっす」と話していたほどです。移動中は大体寝ているといいますし、夜寝るだけでなく、昼寝も好きでした。特にトレーニングをやった後はなるべく寝るようにしていましたし、「夜寝るのと昼とじゃ、ちょっと違うんですよね」と、夜と昼の眠りの違いについてさえ語っていたほどでした。

こうした習慣は、メジャーリーグに移籍してからも変わることはなく、昼間のトレーニングの一部に組み込んでいる「パワーナップ（昼寝）」を含めれば、1日10時間は眠るように心がけていました。

監督のデーブ・ロバーツによると、2024年の韓国で開催された開幕戦で、ドジャースの監督やスタッフ、選手たちと一緒にアリゾナから韓国まで約13時間のフライトをした大谷は、チームの最長記録となる約11時間も寝ていたといいますから驚きです。

「寝る子は育つ」と言われるように、大谷は子どもの頃からよく寝る子で、父親の運転する車でも、少年野球の移動中でもすぐに眠り、簡単には起きなかったといいます。

本来、こうしたことは大人になると変わるものですが、大谷の場合、当時と変わることなく、環境が変わったとしても、睡眠を優先できるところに活躍の源があるのでしょう。

333

「打者としての僕自身を見ると、一段階どころか、まだ数段階は駆け上がる余地が残っていると思いますよ」

『SHO-TIME3.0 大谷翔平 新天地でつかんだワールドシリーズ初制覇』P70

2021年以降の大谷翔平について、しばしば言われたのが「これまでの成績を上回るのは難しいんじゃないか」という評価です。確かに2021年には9勝をあげて、46本のホームランを打って、初めてのMVPを獲得していますし、2022年にはホームラン数こそ34本ですが、投手としては15勝をあげています。そして2023年が10勝して44本のホームランを打ち、2度目のMVPを獲得しています。

もしも2022年にアーロン・ジャッジの本塁打60本超えという記録がなければ、その年もMVPを獲得して何ら不思議はありませんでしたから、いずれの年もいわばリーグナンバーワンの成績を残していたことになります。

これではシーズンを終えた後、「今年が大谷のピークだろう、次からはそうはいかないよ」と思うのも仕方のないことですが、大谷自身は前の年の成績を更新し続けたばかりか、今もさらに更新しているのですから驚きです。

ドジャースと契約を交わした時、大谷はこう話していました。

「打者としての僕自身を見ると、一段階どころか、まだ数段階は駆け上がる余地が残っていると思いますよ」

大谷はしばしば「伸びしろ」こそ自分の持ち味と話していますが、その言葉通り、2024年は記録的な年になりました。一体、大谷はどこまで駆け上がるのでしょうか。

334

「打者として試合に出る時は、打つことだけに集中するようにしています」

『SHO-TIME3.0 大谷翔平 新天地でつかんだワールドシリーズ初制覇』P213

大谷翔平の2024年についてしばしば言われたのが、「彼はリハビリ中の投手だよ」です。2023年9月に大谷が受けたのはハイブリッドの新型トミー・ジョン手術というものです。トミー・ジョン手術が生体組織である他の部位をひじに移植するのに対し、ハイブリッドの新型トミー・ジョン手術は、移植した生体組織の腱を人口靭帯で補強するというものです。1回目の手術とは回復のペースが違うとはいえ、それでも投手として本格的な投球ができるまでには1年以上のリハビリが必要になります。

そのため投手は、復帰に向けて1年から1年半近い歳月をひたすらリハビリに費やすわけですが、大谷の場合は昼間はリハビリに励み、夜はDHとして試合に出場して「50-50」のようなメジャーリーグ史上初の記録までつくったわけですから、他の選手から見ればまさに「信じられない」選手といえます。

チームメイトのフレディ・フリーマンはそんな大谷のことを「ショウヘイは毎日、腕を伸ばしたり曲げたりして、また投球できるように練習を続けている。それから試合に出て、ギアを入れて、球界最高の打者に変身するんだよ。そこが俺には信じられない」と話しています。

大谷はリハビリが試合に影響しないように感情のスイッチを切り替え、「打者として試合に出る時は、打つことだけに集中する」と話していますが、それは口で言うほど簡単ではない、誰もが驚くべきことでした。

335

「人生って必ずしも順調にいくわけではありませんし、そういう時でも楽しみがあったほうがいい」

『野球翔年 II MLB 編 2018-2024 大谷翔平ロングインタビュー』P257

2024年2月、大谷翔平は田中真美子さんとの結婚をインスタグラムで報告します。それまで大谷に浮いた噂一つなかっただけに、野球関係者やマスコミ、ファンの驚きは大変なものでした。とてもおめでたいことではあったのですが、「これで成績が下がったら奥さんのせいにされちゃうね」といった、いらぬ心配をする声もありました。一方、大谷はそんなことはまるで気にしていませんでした。結婚生活について、こう話していました。

「野球をやっていれば打てない、抑えられない時もあるんですけど、もしそうなったとしたら、それは自分の実力がなかったというだけじゃないですか。そんなの、私生活のせいであるはずもなく、そこはまったく別のものとして切り離せばいいことですから」

結婚と野球の成績はまるで関係ないというスタンスです。打てるか、投げて抑えられるかは、すべて自分の技術次第というのが大谷の考え方でした。ただし、だからこそ結婚することの意味があるとも考えていました。

「結婚することでのプラスはあってもマイナスはない。生きていく楽しみが増えるということです。人生って必ずしも順調にいくわけではありませんし、そういう時でも楽しみがあったほうがいい。それだけ充実する、ということがプラスなんだと思います」

言葉通り生きがいの増えた大谷は、メジャーリーグ史上に残る活躍をしました。

336

「高い確率でセーフになる自信があれば行くべきですし、1個でも多くの塁を詰めるべきだと思います」

『Number 1105』P25

大谷翔平は2024年、実に59個もの盗塁を成功させています。これはレッズのエリー・デラクルーズの67個に次ぐリーグ2位の記録です。盗塁がチームの勝利にどれだけ貢献したかという指標から見ると、大谷はダントツの1位となります。

デラクルーズは67個の盗塁を成功させる一方、実に16回も失敗しているのに対し、大谷は59回の成功に対し、失敗はわずか4つで、成功率.937は驚異の数字となっています。

ドジャースに移籍する以前、エンゼルス時代の大谷は果敢に盗塁を試みる選手ではありましたが、通算の成功率は72.3%と、盗塁の損益分岐点といわれる75%を下回っており、決して盗塁が上手な選手ではありませんでした。しかし今回、93%を超えたことで、大谷の盗塁の価値は一気に高まっています。盗塁について大谷はこう考えています。

「高い確率でセーフになる自信があれば行くべきですし、1個でも多くの塁を詰めるべきだと思います。多く企画して（トータルの）成功が多いよりも、それなりの企画数で高い成功率のほうがいいんじゃないかと思います」

2025年には、大谷は投手として復帰する予定ですし、2024年のワールドシリーズでの左肩の脱臼もあり、盗塁についてはかなり制限されるはずですが、果たして大谷は走ることをどう考え、どう取り組むのでしょうか。

337

「戻れる自信が行ける自信につながった」

『Number 1111』P19

大谷翔平が2024年に「DHはMVPを獲れない」という常識を覆すことができたのは、54本というホームラン数に加え、59個もの盗塁を成功させ、メジャーリーグ史上初の「50-50」を達成したことが大きいといわれています。

大谷はエンゼルス時代から「ある程度走れる選手」として知られてはいましたが、それでも最多盗塁は26個ですから、とてもその倍以上の盗塁を成功させるとは誰も考えていませんでした。しかも失敗がわずかに4ですから、走ればほぼ成功というのもすごい数字です。なぜ、これほど上達したのでしょうか？

大谷によると、盗塁の際のスタートの形はいろいろ工夫をしたものの、スプリントスピード自体はそれほど変わったわけではありません。では、何が変わったかというと、帰塁の技術が高くなったことで、それまでよりも大きくリードをとれるようになり、それが盗塁の増加につながっています。

一塁で牽制アウトになる恐れがあると、リードはどうしても小さくなりますから、二塁を狙う自信もなくなります。大谷は帰塁の技術を高めるために、「技術と予測と反応と、後は勉強」を積み重ねることで、リードを大きくとっても戻れるようになったというのです。盗塁するためには帰塁が大事なんだという、この気づきと、そのための予習が積み重なることで、大谷は盗塁数を劇的に増やしたのです。

338

「最後に振り返ればいいかなと。チームが変わっているので、今年は自分の数字を気にする余裕はあまりない」

『Number 1105』P25

大谷翔平は、日本ハム時代から節目となる記録や、記念碑的な記録などにあまり関心を示さないところがありました。ベーブ・ルース以来となる「2桁勝利・2桁本塁打」を達成した際にもそれほどの関心を示さず、チーム関係者が「見ているところが違うのかな」といった趣旨の感想を口にしています。

ドジャースでの1年目、2024年シーズンは大谷にとって記録づくめの年であり、日本人選手の記録やアジア記録の更新などがさまざまありました。その時に取材に応じたコメントは出していますが、その中には「その記録は意識していなかった」ということもあり、個人記録は大谷にとってそれほど意識すべきものではなかったのかもしれません。

2024年9月、自己最多タイの46号を打ち、「46-46」まで記録が伸びた時、「50-50」への意識についてこう話しています。

「最後に振り返ればいいかなと。チームが変わっているので、今年は自分の数字を気にする余裕はあまりない」

メジャーリーグ史上、誰もやっていない記録を気にしないとは考えにくいのですが、確かにその時の大谷が目指していたのは地区優勝を果たし、念願のワールドシリーズに勝つことでした。まずチームが勝利する。記録はそれから振り返ればいいものだったのです。

339

「スプリング・トレーニングで何百打席立っても、シーズンの実戦でしか養えないものがあります」

『Number 1111』P17

株式投資の世界でいわれることの一つに、「本を読むだけでなく、少しでいいので実際に株を買ってみてください」があります。投資に関する本はたくさん出ており、それを読むことで理論や原則を学ぶことができますが、実際に自分のお金で株を買い、株価が上下することで自分のお金が増えたり減ったりを経験した時、どれだけ冷静でいられるかが投資に向いているかどうかの判断材料になるからです。「畳の上の水練」ではありませんが、人は実際にやってみることで初めて学ぶことが多いのです。

大谷翔平は2024年のシーズン当初、40打席以上ホームランが出ず、水原一平通訳の事件の影響や、新しいチームでの不調が指摘されたことがあります。この時、大谷が考えていたのは「感覚が良くなくて出ていないんだから、そりゃ、そうだよな」です。大谷によると、春先というのは感覚がいい状態ということはないといいます。

感覚がいいのにホームランが出ないのは問題ですが、そうでないとしたら、いい感覚を取り戻すことさえできれば打てるようになります。ただし、いい感覚を取り戻すためにはある程度の数をこなす必要があり、それはキャンプで何百打席に入ればいいというものではなく、実戦の中で初めて養えるし、取り戻せるものなのです。

やはり世の中には机上ではなく、実戦を通してしか学べないものがあるのです。

340

「バッターとピッチャーって完全に違う職業ですよね」

『Number 1111』P20

大谷翔平はメジャーリーグに移籍してからも、ある時期までは投手として登板する前の日は試合に出ないで休みにするようにしていました。それは投手としての準備というか、気持ちを整えるためだったといいますが、それほど大谷にとって投手というのは難しく、また特別のものだったようです。

2024年のポストシーズンは、大谷にとってとてもワクワクするものでした。投手として出場する場合、それなりの緊張感があるのに対し、「バッターだと緊張しない」ため、純粋にゲームを楽しむことができたというのです。大谷は言います。

「バッターとピッチャーって完全に違う職業ですよね。僕はバッターとして緊張しないタイプですけど、ピッチャーへの緊張感はまったく違うストレスがある」

例えば、バッターとしてホームランを2本打って勝った試合と、ピッチャーとして7回までしっかり抑えて勝った試合を比べると、ピッチャーのほうがやり切った感が試合後に出て、大谷の感覚の中では「ピッチャーの楽しさは全然、違うな」と実感するというのです。

大谷は今やバッターとしては世界有数の選手ですが、それでも投手にこだわり続けるのは、こうした何者にも代えがたい緊張感や、やり切った感があるからかもしれません。

341

「『大谷、ピッチャーやめたほうがいいんじゃないかな』的な肴で一杯呑めるなら、そういう楽しみ方があってもいいんじゃないかなって」

『Number 1111』P20

大谷翔平の二刀流を巡っては、日本ハム時代からいつもたくさんの意見が交わされています。大谷の打者としての圧倒的な才能を目にして、「投手をやめて打者に専念したほうがいい」という人もいれば、イチローのように「打者と投手を1年ごとにやって、ホームラン王とサイ・ヤング賞を獲ればいい」という、隔年ごとの専念を提案する人もいます。

それだけ打者と投手の両方の才能があるということですが、2024年のワールドシリーズで盗塁の際に左肩を脱臼したことで、投手への復帰が少し遅れるため、「打者専念」の声が強くなっているのも確かです。

今の時代、こうした意見は専門家や野球関係者だけでなく、ネット上のファンの間でも頻繁に議論されるため、当然、大谷も気になるはずですが、大谷自身は「2つできるうちは2つやりますし、そこはどんな声が出てきても、別にいいじゃないですか」と気にする様子はありません。

人にはさまざまな意見があり、むしろファンたちがこうした意見を戦わせることで楽しんでいるとすれば、それはそれで選手としてはありがたいというのが大谷の考え方です。

ネット上には好意的な声もあれば、悪意に満ちた声もあるわけですが、大谷は高校からメジャーリーグ挑戦を表明した時も、二刀流をやると決めた時も、いつもたくさんの批判があっても信じる道を突き進んでいます。大谷にあるのは自分で決めた道だけなのです。

342

「トップクラスの思い出になりました。もっとこれから勝って、その記録を塗り替えられるように頑張りたいと思います」

『Number 1105』P24

2024年の大谷翔平は、節目の記録をド派手な活躍で達成しています。メジャー史上6人目、史上最速となる「40本塁打・40盗塁」は、自身初となるサヨナラ満塁本塁打で達成していますし、メジャー史上初の「50本塁打・50盗塁」は1試合3本のホームランで決めています。

特に「40本塁打・40盗塁」の際はホームゲームということもあり、選手全員の手荒い歓迎を受けた後、地元テレビ局のインタビューでは、ド派手なウォーターシャワーの洗礼を受けています。スタジアム全体が興奮に包まれ、ドジャースに勝利をもたらしてくれた大谷を祝福しているようでした。

大谷はどちらかといえば記録に無頓着で、あまり感情を表すことはありませんでしたが、この時は「トップクラスの思い出になりました」と喜びを素直に表現しています。ただし、その後に「もっとこれから勝って、その記録を塗り替えられるように頑張りたいと思います」とコメントすることも忘れませんでした。

どんなすごい記録も大谷にとっては通過点であり、ゴールとはなりません。同時に個人記録以上にチームが勝つことを優先するのが大谷です。この年、大谷は「50本塁打・50盗塁」やリーグ優勝、さらには世界一と次々と思い出を書き換えていきます。

343

「確かなのは、僕が50–50に近づけば近づくほど、僕自身がチームの勝利に貢献していることになりますから」

『SHO-TIME3.0 大谷翔平 新天地でつかんだワールドシリーズ初制覇』P240

個人の成績とチームの成績についてはいくつかの考え方があります。

自分の成績は良くないけれども、チームが勝てばそれでいいという選手もいれば、たとえチームが負けたとしても自分の成績が良ければそれで満足する選手もいます。とはいえ、自分の成績も良くて、チームの成績も良いというのが理想であるのは言うまでもありません。

大谷翔平はエンゼルス時代に、MVPを2回も獲得するほどの圧倒的な成績を残したものの、チームの成績はいつも西地区の4位あたりが定位置で、ポストシーズンにさえ1度も出場することができませんでした。大谷はただでさえチームの勝利を追い求めているだけに、自分の成績には満足できても、チームが勝てないことにはかなりの悔しさやもどかしさがあったはずです。

それだけにドジャースという勝てるチームに移籍して、なおかつ自分が打つことでさらに勝てるわけですから、まさに理想の環境でした。大谷は言います。

「僕にとって一番大切なのは、毎試合、勝利に貢献できることですから、確かなのは、僕が50–50に近づけば近づくほど、僕自身がチームの勝利に貢献していることになりますから」

大谷の圧倒的な成績は「打って、走って、勝てる」ことがもたらしたものでした。

344

「これだけ打てたことは人生でもない。自分が一番ビックリしている。自分のプレーしてきた球場の中で好きな球場の一つになった」

『Number臨時増刊号 大谷翔平&ドジャース世界一の記憶。』P57

2024年は、大谷翔平にとって記録づくめの年になりましたが、印象に残っているのは9月19日のマーリンズ戦です。前日まで大谷は「48本塁打・49盗塁」を記録しており、前人未到の「50本塁打・50盗塁」まであと少しのところまで来ていました。

当然、期待は高まりますが、盗塁はともかく、本塁打に関しては少し時間がかかるとも見られていました。当日、大谷は2個の盗塁を決めた他、6安打、3本塁打、10打点の大爆発を見せ、一気に「51本塁打・51盗塁」にまで記録を伸ばしたのです。まさに圧倒的な打力としか言いようがありません。同時にドジャースも12年連続でポストシーズン進出を決めただけに、ファンの中から「MVPコール」が起きるのも当然のことでした。

大谷はインタビューに答え、「これだけ打てたことは人生でもない。自分が一番ビックリしている。自分のプレーしてきた球場の中で好きな球場の一つになった」と喜びを表します。

メジャーリーグでの「40–40」の達成者は大谷を含めて6人いますが、「50-50」は史上初めてです。この日、大谷を敬遠することなく勝負を選択したマーリンズ監督のスキップ・シューメーカーも「マーリンズにとっては良くない日でも、ベースボールにとっては良い日だった」と大谷の偉業を讃えています。

345

「米国に来て夢に見ていた舞台。勝って決まったのは、自分にとってもすごく大きい」

『Number 臨時増刊号 大谷翔平&ドジャース世界一の記憶。』P57

大谷翔平にとってワールドシリーズは、高校生の頃から夢見ていた舞台でした。日本ハムで日本一を経験し、WBCでも世界一を経験したとはいえ、常に「勝つこと」を思い求めてきた大谷にとって、ロサンゼルス・エンゼルス時代はワールドシリーズどころか、ポストシーズンにさえ進めない時期が続いただけに、ドジャースの1年目でそのチャンスを得たことはとても大きな出来事でした。

まして自らの6安打、3本塁打、10打点、2盗塁という大爆発でポストシーズン進出を決めたとなればなおさらです。大谷は言います。

「米国に来て夢に見ていた舞台。勝って決まったのは、自分にとってもすごく大きい」

『Number』によれば、大谷にとってこの日の試合はメジャー866試合目でしたが、それはポストシーズン未経験の現役選手では最多の試合数だったといいますから、「世界最高の選手」と呼ばれるようになった大谷にとって、そこに至る道のりがいかに厳しく長いものだったかがよくわかります。

だからこそ大谷にとって、ドジャース1年目でのポストシーズン進出はとても嬉しいものであり、クラブハウスで「50-50」のTシャツを着て大谷の偉業を讃える仲間たちに「Keep going（勝ち続けよう）」と英語で呼びかけ、優勝を目指す決意を示しています。

346

「ここから先は、積み上げた数字は意味がない」

『朝日新聞 2024.10.1』

大谷翔平の2024年の成績は素晴らしいものでした。メジャーリーグ史上初となる「50-50」を達成し、ホームラン王と打点王の2冠に輝いています。最終戦に固め打ちをすれば首位打者を獲得して、三冠王の可能性もあったわけですが、大谷自身は記者たちから三冠王への意識はあったかと聞かれ、「あまり考えていなかった。どのぐらいの差か、わかっていなかった」とあっさりした反応だったのです。

もちろん三冠王になれれば、素晴らしいことだったのでしょうが、この時の大谷が見ていたのはシーズン中の振り返りや感慨ではなく、目の前に迫った自身初となるポストシーズンのことでした。過去2年、ドジャースはシーズンを素晴らしい成績で乗り越えながら、ポストシーズンの初戦、地区シリーズであっけなく敗退していました。

長いシーズンを戦い抜くことと、短期決戦には大きな違いがあります。たとえワイルドカードに回ったチームでも、後半の勢いがあれば一気に勝ち上がることができます。それは選手にとっても同様で、リーグMVPを獲るほどの選手が、ポストシーズンでは不振のためブレーキとなることも少なくありません。

大谷は「ここから先は、積み上げた数字は意味がない」ときっぱりと言い切ってパドレスとの戦いに臨み、初戦の3ランでチームに勢いをつけることに成功します。

347

「2連勝すればいい。2連勝すればオッケーっていうゲームだと思っています」

『Number臨時増刊号 大谷翔平&ドジャース世界一の記憶。』P40

2024年のメジャーリーグは、大谷翔平が所属するロサンゼルス・ドジャースがニューヨーク・ヤンキースを4勝1敗で下して世界一になりましたが、そこに至る戦いの中で、ドジャースを最も苦しめたのが西地区のライバルで、ダルビッシュ有が所属するサンディエゴ・パドレスです。

シーズン当初こそドジャースはパドレスに大きな差をつけていましたが、オールスター直後からパドレスは勝利を積み重ね、最後はドジャースがようやく逃げ切って地区優勝を手にします。

ポストシーズン初戦となる地区シリーズでも両チームは対戦しますが、ドジャースは1勝2敗となり、あと一つ負ければ敗退という危機に追い込まれます。まさに「負けられない戦い」となったわけですが、大谷は「2連勝すればいい。後がないという感覚自体が今の僕には特にないのかなと思うので。2連勝すればオッケーっていうゲームだと思っています」という力強いメッセージを発します。

コップに半分の水を見て「あと半分しかない」と考えるか、「まだ半分あるか」と考えるかで人の気持は変わるように、1勝2敗という数字を前に、「もう負けられない」と考えるか、「あと2つ勝てばいいんでしょ」と考えるかで、試合に臨む気持ちも大きく変わってきます。ドジャースは見事に2つ勝ち、一気に世界一へと駆け上がります。

348

「大丈夫だし、プレーする」

『Number 臨時増刊号 大谷翔平&ドジャース世界一の記憶。』P57

2024年のワールドシリーズ、ドジャース対ヤンキースの第2戦の7回2死一塁で大谷翔平は盗塁を試みますが、スライディングした際に左の肩を痛め、グラウンド上にうずくまったまま起き上がることができませんでした。ロバーツ監督やトレーナーがすぐに駆け付けたものの、大谷は立ち上がるのが精一杯で、そのままダグアウトへと消えています。

試合はドジャースが逃げ切り、2連勝したものの、監督も選手たちも勝利を喜びながらも、大谷の容態を心配していました。ロバーツは「左肩亜脱臼」と発表し、重症ではないことを強調しますが、第3戦のためにニューヨークに向かうチャーター機に大谷の姿はなく、精密検査を受けることになりました。みんなが心配する中、大谷はチャーター機に乗る選手たちに「大丈夫だし、プレーする」というメッセージをグループチャットで送信します。

大谷自身、とても不安だったはずですが、「出られるならやっぱり出たい。チームの士気だけは下げたくないし、ケガ人もいる中で、皆が万全の状態で必ずしも出ているわけではないので。その中で自分のできることっていうのをしっかりとやれれば」と考えていました。

勢いのあるチームの士気を下げることなく、かといって無用に強がることもしない。大谷は第3戦にも出場し、第1打席で四球を選びます。決して万全の状態ではないものの、自分にできることをやった結果、念願の世界一を手にします。

349

「打つ、打たないとは別に、チームのコアとして出ている選手のそういう役割は短期決戦では特に大事ですからね。もし僕が出られれば、その役割は担えるのかなと思っていました」

『Number 1111』P10

ここ一番の勝負では、チームの核になる選手の存在はとても大きいものがあります。たとえその選手の調子がさほど良くなかったとしても、次の打席がその選手だとすると、投手は対戦している選手以上に中心選手のことが気になるものです。

あるいは、第5回WBCの決勝戦のように、最終回に大谷が登板するのがわかっていれば、相手チームは何とか8回までに点を取らないと勝てないじゃないか、という気持ちにもなるものです。

2024年ワールドシリーズの第2戦で左肩を脱臼した大谷が、第3戦以降も出場できるかどうかは、ドジャースにとってはもちろんですが、ヤンキースにとっても大いに気になるところでした。

大谷によると、試合に出たからといって必ず打てるわけではないものの、チャンスの場面で大谷が打席に立てば、相手チームはブルペンで一番の左投手を出すことになります。そうすると、たとえ打てなかったとしても、次に控えるドジャースの右バッターは有利になりますし、相手のブルペンは左投手を1枚使ったことで、その後の投手起用が苦しくなります。

こうした駆け引きができるのも大谷という強打者がいるからで、それほどにその存在は大きいものでした。たとえ打てなかったとしても、自分が出ることでできる役割がある。それが痛みを我慢しても出ようという大谷の思いでした。

350

「やった直後は、ああ、終わった、と思いましたよ。それは選手としてじゃなく、僕のワールドシリーズが、ですけどね」

『Number 1111』P9

2024年のワールドシリーズ第2戦、大谷翔平が二塁への盗塁を試みた際に左肩を脱臼したのは、見ているファンはもちろん、チームにとっても大変な衝撃でした。すぐに立ち上がることはできず、トレーナーに付き添われてベンチへと下がっていきますが、監督やコーチ、選手の心配そうな顔が衝撃の大きさを物語っていました。

大谷は、次戦の舞台となるニューヨークへの移動を遅らせたものの、第5戦までスタメンに名を連ねチームの世界一に貢献しますが、大谷自身、この時のケガそのものはかなりの痛みがあったようです。インタビューでこう話しています。

「痛かったです。痛み止めの注射を打って、薬も飲みましたが、それでも痛みは消えませんでした。やった直後は、ああ、終わった、と思いましたよ。それは選手としてじゃなく、僕のワールドシリーズが、ですけどね」

大谷によると、医師からは「耐えられる痛みなら大丈夫だよ」と言われ、出場を決めたものの、左肩が冷えると痛みが酷くなるため、打席を終えたらすぐに温めて、マッサージでほぐしてもらいながら次の打席を待つという、綱渡りのような状態だったといいます。

それでもチームが自分を必要としてくれたことがとても嬉しく、最後まで出場することができたといいます。大谷は痛みを乗り越え、初のワールドシリーズ優勝を手にします。

351

「前回はベリンジャーが肩を脱臼して世界一になった。今度は僕が脱臼した、世界一へいいサインだ、プレーできるよう全力を尽くすからニューヨークで会おう」

『Number 1111』P10

2024年のワールドシリーズでの大谷翔平の左肩脱臼で、思いがけないスポットを浴びたのが2020年、ドジャースのワールドシリーズ制覇に貢献したコディ・ベリンジャー外野手です。ベリンジャーはゴロをさばく際に何度か右肩を脱臼したことがありましたが、ブレーブスとのナショナル・リーグ優勝決定シリーズの第7戦でホームランを打った際、同僚のキケ・ヘルナンデスと前腕をぶつけ合って祝福したところ、強くぶつけ過ぎたのか、脱臼癖のある肩を脱臼してしまったのです。

それでも肩を入れ直して守備についたベリンジャーは、リーグ優勝後のワールドシリーズにも出場して、1本塁打を含む3安打を記録しています。その後、手術を受け復帰したベリンジャーは、ドジャースからカブスを経て、2025年からヤンキースでプレーします。

ベリンジャーのエピソードを知っていた大谷翔平は、ニューヨークに移動する選手たちに向け、グループチャットで「前回はベリンジャーが肩を脱臼して世界一になった。今度は僕が脱臼した、世界一へいいサインだ、プレーできるよう全力を尽くすからニューヨークで会おう」というメッセージを送ります。

その理由を聞かれた大谷は、「僕は笑ってほしかったんです」と話していますが、大谷の「ニューヨークで会おう」というメッセージは、選手たちにとって、とても心強いものでした。

352

「やっと僕はこの舞台に辿り着けました。あの契約にサインした瞬間から、この舞台にいる絵を思い浮かべていました」

『SHO-TIME3.0 大谷翔平 新天地でつかんだワールドシリーズ初制覇』P313

大谷翔平にとって、ワールドシリーズでの優勝は高校生の頃から夢見てきた舞台でした。そして、それを目指して23歳でメジャーリーグのエンゼルスに入団したわけですが、残念なことに大谷がどれほど活躍しても、チームはポストシーズンにさえ出場することができませんでした。

一方、ドジャースは毎年、地区優勝こそするものの、2年続けてリーグチャンピオンシップシリーズ進出を逃す屈辱を味わってきただけに、ワールドシリーズに出場して、世界一になることは絶対に実現しなければならない目標でした。

それだけにドジャースにとって大谷の加入は地区優勝というよりは、ポストシーズンを勝ち抜き、ワールドシリーズでの優勝を手にするためのカードだったといえます。当然、大谷にかかる期待やプレッシャーは相当なものだったはずですが、大谷は「シーズン後半に入っていくと、もっと楽しくなると思いますよ」とプレッシャーさえも楽しんでいるかのようでした。

その結果、大谷は見事にチームを地区優勝、そしてリーグ優勝に導き、名門ニューヨーク・ヤンキースとの対決となったワールドシリーズに進出します。大谷は「やっと僕はこの舞台に辿り着けました。あの契約にサインした瞬間から、この舞台にいる絵を思い浮かべていました」という感想を口にします。大谷にとって、そこはまさに「夢の舞台」だったのです。

353

「（WBCとワールドシリーズの優勝は）どちらも素晴らしい景色でしたが、全然、違いました」

『Number 1111』P14

大谷翔平は野球を始めて以来、リトルの全国大会、シニアの全国大会、春の選抜と夏の甲子園、さらには日本ハム時代と、何度か日本一を決める大会に出場していますが、日本一を経験したのは日本ハムでの4年目だけです。「プレミア12」にも出場していますが、その時も優勝は逃しています。さらにエンゼルス時代は世界一どころか、ポストシーズンに出場することもできませんでした。

圧倒的な力を持ちながらも、勝つことから縁遠かった大谷にとって第5回WBCの世界一は本当に素晴らしい経験でしたし、ましてやドジャース1年目でのワールドシリーズ優勝は、ずっと願い続けていたものだっただけに、「7年目にしてやっと世界一になったんだな」という特別の思いがあったといいます。

WBCは短期間でつくった即席チームで、国を代表して戦って手にした世界一であるのに対し、ワールドシリーズは162試合という長丁場をチームメイトとともに戦い続けてきた結果として手にしたものだけに、まったくの別物だった大谷は話しています。

どちらも世界一であり、どちらも素晴らしい景色ではあるものの、大谷にとってワールドシリーズは7年間にわたるメジャーリーグ生活の結果としてようやく手にしたものだけに、やはり格別のものだったのではないでしょうか。

354

「それ（次に目指すもの）は連覇じゃないですか。優勝すること以上に難しいでしょう」

『Number 1111』P14

スポーツの世界で勝つことはとても難しいことですが、勝ち続けることはさらに難しいものです。日本のプロ野球では川上哲治監督の下、王貞治や長嶋茂雄が活躍した読売ジャイアンツの9連覇（V9、1965年～1973年）が連覇の最長記録ですし、メジャーリーグではニューヨーク・ヤンキースの5連覇（1949年～1953年）が連覇の最長記録となります。

そしてこれまでにメジャーリーグで連覇を遂げたチームは、延べ14チームとなりますが、そのうち6度はニューヨーク・ヤンキースですから、さすが27度の優勝を経験している名門チームだけのことはあります。

連覇した経験のあるチームは7チームですが、残念ながらドジャースは含まれていません。しかも21世紀になってからは連覇したチームはゼロですから、いかに連覇が難しいかがよくわかります。

大谷翔平は初めての世界一を経験した後、「あと9回勝ちたい」ととんでもない目標を口にしています。もちろんその難しさは十分理解していますが、ドジャースというチームはオーナーもフロントもスタッフも選手も、みんなが世界一になるために動いており、チームが同じ方向を向いているだけに、本気で目指したいと考えています。

みんなが難しいと考えるからこそ挑戦したい。それが大谷の考え方であり、生き方なのです。

355

「この賞(MVP)はチーム全体に与えられたものを代表として受け取るものであり、来年ももっと勝ちたいという思いが強まっています」

『SHO-TIME3.0 大谷翔平 新天地でつかんだワールドシリーズ初制覇』P335

大谷翔平は2021年から2024年の間に、3度のMVPを受賞しています。投手での勝敗と本塁打などの成績は次の通りです。

○2021年＝9勝2敗　46本塁打

○2022年＝15勝9敗　34本塁打

○2023年＝10勝5敗　44本塁打

○2024年＝登板なし　54本塁打　59盗塁

2022年もMVPに相応しい数字でしたが、この年はヤンキースのアーロン・ジャッジが62本のホームランを打ったことで、ジャッジの得票が圧倒的でした。

これほどの数字を毎年残し続けるの大谷は驚異的ですが、所属していたエンゼルスの成績は2021年から西地区の4位、3位、4位とずっと低迷していました。

一方、2024年のドジャースは地区優勝、リーグ優勝、ワールドシリーズ優勝です。それだけに、大きな喜びがあったのでしょう。大谷はMVP受賞に際し、「この賞（MVP）はチーム全体に与えられたものを代表として受け取るものであり、来年ももっと勝ちたいという思いが強まっています」とコメントします。チームが勝ってこそ、個人タイトルはさらに格別なものとなるのです。

356

「僕にとって、それは重圧というより喜びですね」

『SHO-TIME3.0 大谷翔平 新天地でつかんだワールドシリーズ初制覇』P337

「成功のプレッシャーがかかっているほうが、プレッシャーのかからない無名人でいるよりはずっといい」は、「ロケット」の愛称で呼ばれ、350勝、4500奪三振を達成したロジャー・クレメンスの言葉です。7度のサイ・ヤング賞に輝くクレメンスは、常に勝たねばというプレッシャーの中で戦ってきましたが、本人は「俺はそれでいいと思っている」と、むしろその状況を楽しんでいたといいます。

大谷翔平は2021年から3度のMVPを獲得するなど、素晴らしい成績をあげ続けてきたわけですが、成績を残し、年俸が上がれば上がるほど、次への期待は高まり、プレッシャーも強まります。

ましてや大谷の2024年の成績は「メジャーリーグ史上初」レベルなわけですから、普通の選手なら「毎年、そんなことを期待されても困る」となるはずですし、「毎年、ワールドシリーズ優勝なんて無理」となるはずですが、大谷は世界一と歴史に残る偉業を期待されることについて、こう答えています。

「僕にとって、それは重圧というより喜びですね」

ある有名選手は期待されて移籍したものの、ケガによって十分な活躍ができませんでした。その時に「期待されるプレッシャーがないのは寂しいものです」と振り返っていましたが、確かに大きな期待は、選手にとっては重圧ではあっても、やはり「喜び」なのです。

357

「ここはビジネスの関係、友だちではないので割り切って付き合っています」

『Number 1094・1095』P19

大谷翔平にとって、ロサンゼルス・ドジャースに移籍して初めての開幕を迎えた韓国でのパドレス戦は、あまりにショックの大きいものでした。妻の真美子さんを初めてマスコミの前で披露したのもこの時なら、長年、通訳を務めてきた水原一平の信頼を裏切る行為により、球団からの解雇が発表されたのもこの時でした。

一時は水原がギャンブルのことや送金のことを大谷が知っているかのような発言をしたことから、大谷自身とギャンブルの関係まで疑われたわけですが、大谷は「僕自身は何かに賭けたりとか、それを頼んだりということはありません」と声明を発表したうえで、捜査機関に対して自分の携帯電話を提供し、ほどなくして大谷の関与はまったくなかったことが証明されます。

それ以前、大谷と水原は無二の親友であり、二人三脚で歩んできたかのようなイメージがありました。大谷自身は事件発覚の1ヵ月前、ドジャースのファンフェスタで水原との関係を「ビジネスの関係、友だちではない」と言い切っていました。

もしかしたら、大谷を何でも許してくれる親友と錯覚していたのは水原であり、だからこその裏切りや、メディアへの発言だったのかもしれません。大谷はプロ中のプロといえるウィル・アイアトンを通訳に迎え、2024年を記録づくめのシーズンにするのです。

358

「メンタルを言い訳にはしたくはない。そこも含めて技術、実力なのかなと思っていた」

『朝日新聞 2024.4.5』

勉強が思うように進まない時や、仕事で成果が出ない時など、「最近、疲れ気味で」「プライベートでいろいろあって」など、体調の悪さや精神的な問題を不調の理由にしたことはないでしょうか。

確かに体調が悪いと、思うようなパフォーマンスは発揮できませんし、精神的な悩みを抱えていると、何をやっても「心ここにあらず」というか、集中力が欠如しがちです。

大谷翔平にとって、2024年の幕開けは大変な波乱が待ち受けていました。長年のパートナーだった通訳の水原一平が違法賭博に手を出して球団を解雇され、さらに大谷のお金を横領したことで逮捕されるというショッキングな事件が起こり、大谷自身も賭博への関与を疑われたことがあります。

そのため開幕から40打席もホームランが出なかったことに対し、記者が「ホームランに時間を要したのはメンタルと技術、どちらが大きかったか」と質問したところ、大谷は「メンタルを言い訳にはしたくはない。そこも含めて技術、実力なのかなと思っていた」と答えて、周囲を驚かせています。

調子が悪いと「メンタル」を理由にするアスリートは少なくありませんが、本当のプロは「精神面よりも、技術が下手だから」と考えるといいます。「メンタルも含めて技術」と考えるからこそ、大谷はどんな時にも成果を出し続けることができるのです。

359

「そろそろこの話は終わりにして、次に進んで、後はただ試合に集中して勝つことだけを考えていきたいと思います」

『SHO-TIME3.0 大谷翔平 新天地でつかんだワールドシリーズ初制覇』P113

大谷翔平から巨額のお金を搾取し、一時は大谷の選手生命さえ危機に陥れた水原一平による詐欺事件は、2024年6月4日、合衆国カリフォルニア州中央地区連邦検事のマーティン・エストラーダが、徹底した捜査を経て、大谷の関与がなかったことを発表しました。それを受けてメジャーリーグ機構も「大谷翔平を詐欺の被害者と認定し、本件は解決したものとする」という声明を出し、調査の打ち切りを発表します。

同日、水原はサンタアナの法廷に出廷し、公式に銀行詐欺と税金詐欺に関して罪を認める有罪答弁を行っています。こうした一連の動きを受け、大谷は困難な時期を支えてくれた家族や代理人、弁護団やドジャース球団関係者、チームの選手たちに感謝の言葉を述べるとともに、「そろそろこの話は終わりにして、次に進んで、後はただ試合に集中して勝つことだけを考えていきたいと思います」と今後への決意を表明します。

大谷の基本的な考え方は、卓越した技術があればメンタルを凌駕できるというものですが、それでも長年信頼してきた水原の裏切りと、身に覚えのない賭博への関与の疑いはさすがに応えたようで、シーズンの前半はしっかりと眠れない日があったと話しています。

しかし、5月に水原が司法取引に合意し、有罪を受け入れたことで、ようやく眠れるようになります。ここから、大谷とドジャースの快進撃が始まります。

360

「私はドジャースでキャリアの新しい1章を始めたのみならず、同じく日本出身の私にとって特別な存在にあたる方と新しい人生を歩み始めることになりました」

『SHO-TIME3.0 大谷翔平 新天地でつかんだワールドシリーズ初制覇』P79

大谷翔平が元バスケットボール選手の田中真美子さん（当時は名前は明かさず）との結婚をインスタグラムで発表したのは、2024年2月29日のことです。

花巻東高校時代に記入した「人生設計シート」では、WBC優勝とMVP、サイ・ヤング賞やワールドシリーズ優勝と並んで、「26歳で結婚」と書かれていましたが、日本ハム時代から野球一筋、浮いた噂一つない大谷が果たして結婚できるのかと、不安視する声があったのも事実です。

しかし、実際には大谷は誰にも知られることなく交際して結婚しただけに、野球関係者だけでなく、世界中のファンの驚きはかなりのものでした。入籍したのがいつかは公表されていませんが、インスタグラムで発表した際の大谷の年齢は、予定より3年遅い29歳でした。

当然のように、しばらくの間は「お相手は誰？」という相手探しがマスコミやネットで随分と行われましたが、間もなく「田中真美子さんでは？」という情報が流れ、韓国での開幕戦のために出発する際にその予測の正しさが証明されました。

それにしてもなぜこの時期の発表だったのでしょうか？　大谷は書類の関係で発表が遅れたと断ったうえで、「シーズンが始まったらいかなる雑音も入れたくない」という理由を説明します。家庭を持ち、そして野球に集中する。そこにもドジャース1年目を迎えた大谷の決意が表れています。

361

「ここ数週間いろいろあったので、隣に誰がいるかどうかはだいぶ違う。そういう意味ではいてくれて良かったなと思う時はあった」

『Number 1105』P33

2024年の大谷翔平は、野球以外でも大きな変化があった年でした。最も大きなニュースは田中真美子さんとの結婚で、高校時代に書いていた「結婚」の時期とは少しズレたものの、結婚により生涯のパートナーを得たことになります。

前の年から愛犬のデコピン（正式にはデコイ）を飼い始めており、長く1人暮らしを続けていた大谷は、妻と愛犬という大切なパートナーと暮らすことになります。

本来は結婚により晴れやかな気持ちとなり、新しいチームでの新しいシーズンを迎えるはずでしたが、そんな晴れやかさに水を差したのが、長年、通訳として大谷を支えていたはずの水原一平の大事件でした。大谷のお金を長年にわたって流用したばかりか、一時は大谷が賭博に関係にしているのではないかという疑惑までもたれ、一つ間違えれば大谷の選手生命が断たれるのではというほどの大事件でした。

大谷自身はこうしたプライベートの事件と野球を切り離して考えていたと話していますが、やはり妻と愛犬の存在はとても大きかったのでしょう、「ここ数週間いろいろあったので、隣に誰がいるかどうかはだいぶ違う。そういう意味ではいてくれて良かったなと思う時はあった」とも話しています。遠回しな言い方ですが、大谷にとってプライベートの充実は野球をやるうえでも大きな力となったようです。

362

「誰もいない球場での予行演習もやったんですよ。まあ、楽しい練習でしたけど」

『SHO-TIME3.0 大谷翔平 新天地でつかんだワールドシリーズ初制覇』P241

メジャーリーグのチームには、人気の選手のボブルヘッド人形が来場者に配布されるボブルヘッドデーがあり、こうしたイベントの時には選手の関係者、主に妻や子ども、両親などが始球式を行うことになります。

ドジャースに移籍した最初のボブルヘッドデーでは、妻の真美子さんが始球式をするのではと見られていましたが、大谷夫妻はある子どもを招待し、その子が始球式を行います。それを大谷から伝えられた時のその子どもの驚く顔は、YouTubeなどで多くの人に見られました。

2回目のボブルヘッドデーは8月28日でした。この日は試合開始の何時間も前から長蛇の列ができ、球場への道も大渋滞を起こします。それだけ大谷人気が高かったということですが、この日、大谷を上回る人気を博することになったのが愛犬のデコピンです。大谷は特注のドジャース17番のユニフォームを着たデコピンを連れてピッチャーマウンドに上がり、プレート上にボールを置き、デコピンを待機させます。

次に大谷は本塁の後ろに座り、合図をします。すると、デコピンはボールをくわえて、一直線に大谷の元に走っていきます。見事なストライクで、デコピンは満員の観客から大きな拍手をもらいました。

大谷とデコピンによる3週間にわたるトレーニングの成果ですが、その動画は当日の大谷のホームラン以上に、世界中の多くの人に見られることになりました。

363

「小さなルーキーがもうすぐ家族の一員になるのが待ちきれない」

『大谷翔平 Instagram 2024.12.29』

2024年12月29日、大谷翔平が自身のインスタグラムに愛犬のデコピンとともに、ピーチピンクのベビー服、白いベビーシューズ、そして赤ちゃんのスタンプを載せたエコー写真を掲載し、次のような文面を添えていました。

「Can't wait for the little rookie to join our family soon（小さなルーキーがもうすぐ家族の一員になるのが待ちきれない）」

大谷と真美子さんの間に新しい命が授かったという、世界中のファンを幸せにしてくれるニュースでした。MLB公式やドジャースのチームメイト、アメリカのメディアなどもすぐに祝福のメッセージを発したところに、大谷がいかに世界で注目される存在かが表れています。

今回のニュースにより、改めて注目されたのが大谷が花巻東高校時代に書いていた「人生設計シート」です。そこにはサイ・ヤング賞受賞やワールドシリーズ優勝、WBC優勝とMVPといった野球関連とは別に、「26歳で結婚、28歳で長男誕生、31歳で長女誕生、33歳で次男誕生」とプライベートな目標も書かれていました。

これらのうち、ワールドシリーズ優勝、WBC優勝とMVPは既に達成し、結婚も子どもの誕生も予定より遅くなったものの実現しています。大谷にとって夢は、見るものじゃなく叶えるものなのです。

364

「僕1人じゃ、絶対にしないでしょ。そういうことは増えました」

『Number 1111』P23

大谷翔平の独身時代は、1日の大半を野球と睡眠に充て、外食に出かけることもほとんどありませんでした。日本ハム時代には、クリスマスにも野球の練習をしていたほどですから、こうした季節の行事に時間を割くこともほとんどなかったのではないでしょうか。

大谷は結婚したことで「楽しみが増えた」と話していましたが、2024年のクリスマスを迎えるにあたっては、クリスマスツリーを買ってきて、妻の真美子さんと一緒に飾り付けをしたといいます。

今までやっていないことをやるのが面倒ではなく、「楽しみは増えた」として、こう話しています。

「それ（クリスマスツリーの飾り付け）、僕1人じゃ、絶対にしないでしょ。そういうことは増えました」

他にも本来はシーズンオフに新婚旅行のようなものを計画していたようですが、左肩の手術をしたことで、こちらのリハビリも加わり、長期の旅行には行けなくなった代わりに、「旅行というほど大袈裟なものではなく、ちょろっとどっかへ行ってみたいなと、そんなことを考えているときは幸せだし、それが今の楽しみですね」と話しています。

大谷にとって野球はとても楽しいものですが、2人と1匹の生活（来年はもう1人加わりますが）は、また違った楽しみがあるようです。

365

「（野球で）できるようになりたいことはいっぱいあるんですけど、技術的なことはプレゼントじゃなくて、自分で発見したいかな」

『Number 1111』P23

「1万時間の法則」というのがあります。一流のプロになるためには、1万時間に及ぶ練習や学習、努力が必要だという考え方です。これを「1万時間やれば自分もプロになれる」ととるか、「1万時間なんてできっこないから無理だ」と諦めるかは人それぞれですが、もしこれほどの時間をかけなくても、神様がそれなりのスキルや知識をプレゼントしてくれるとしたらどうでしょうか？

大谷翔平は小学校2年生で本格的に野球を始め、以来、ほぼ野球一筋で生きてきています。当然、1万時間を遥かに超える時間を費やしているからこそ、世界一の野球選手の1人として見なされるレベルに到達しています。

それでも「野球のすべての技術を身に付けたい」と考える大谷から見ると、まだまだ足りない技術、できないことがたくさんあるようです。もしそれが「野球の神様」から貰えるとしたらどうでしょうか？　大谷は言います。

「（野球で）できるようになりたいことはいっぱいあるんですけど、技術的なことはプレゼントじゃなくて、自分で発見したいかな」

大谷は自分で考え、自分で試しながら技術を身に付けてきた選手です。そしてその過程が楽しいだけに、単に貰うより、自ら発見することのほうに意味を感じているのでしょう。

大谷翔平　略年表

少年時代 1994年～2010年

1994年7月5日	**岩手県水沢市（現・奥州市）に次男として誕生。**
1994年10月8日	プロ野球史上初となる、最終戦で同率首位に並んだチーム同士の優勝決定戦が行われ、読売ジャイアンツが中日ドラゴンズを下してリーグ優勝。長嶋監督はこの試合を「国民的行事」と呼んだ。
1995年	野茂英雄がロサンゼルス・ドジャースに移籍し、村上雅則に次ぐ2人目の日本人メジャーリーガーが誕生。移籍1年目で、アジア人初となる最多奪三振のタイトルと新人王を獲得。
2001年4月	**水沢市立姉体小学校に入学（現・奥州市立）。**
2001年	イチローがシアトル・マリナーズに移籍し、野手として初の日本人メジャーリーガーが誕生。移籍1年目で首位打者・盗塁王・新人王など、アジア人初となる数多くのタイトルを獲得。
2003年～2007年	**水沢リトルリーグで野球を始める。小学5年生の時に球速110キロを記録。**
2004年10月	シアトル・マリナーズのイチローが262安打を放ち、MLBのシーズン最多安打記録を更新。
2006年3月	第1回WBCが開催し、日本代表が初代王者に輝く。
2007年4月	**奥州市立水沢南中学校に入学。**
2007年～2010年	**中学1年生の夏から一関リトルシニアに所属。**
2008年9月	ボストン・レッドソックスの松坂大輔が日本人のMLBシーズン最多勝利となる18勝をマーク。
2009年3月	第2回WBCで日本代表が2大会連続で優勝。
2009年11月	ニューヨーク・ヤンキースの松井秀喜が9年ぶりの世界一に貢献し、アジア人初となるワールドシリーズMVPを獲得。

花巻東高校時代 2010年～2013年

2010年4月	**花巻東高校に入学。1年生ながら春の岩手県大会で4番に抜擢。**
2011年3月11日	東日本大震災が発生。

2011年8月	第93回全国高等学校野球選手権大会（夏の甲子園）に出場。初戦で4回途中から登板し、田中将大（駒澤大学附属苫小牧高校）に並ぶ甲子園での高校2年生最速タイ記録（当時）となる球速150キロを記録するも敗退。
2012年3月	第84回選抜高等学校野球大会（春のセンバツ）に出場。大阪桐蔭高校戦でエースの藤浪晋太郎から本塁打を放ったが、投手としては9回途中まで投げて7安打11四死球で9失点を許し、初戦敗退。
2012年7月	第94回全国高等学校野球選手権岩手大会の準決勝で、アマチュア野球史上初となる球速160キロを記録。高校最後の夏は岩手大会決勝で敗退。
2012年10月～12月	プロ野球ドラフト会議で北海道日本ハムファイターズに1位指名を受ける。MLB挑戦と迷う中で、北海道日本ハムファイターズに入団。背番号は前年までダルビッシュ有が着用していた11を受け継ぐ。

北海道日本ハムファイターズ時代 2013年～2017年

2013年3月29日	開幕戦に「8番・右翼手」で先発出場。
2013年6月1日	プロ初勝利。
2013年7月10日	プロ初本塁打。
2013年11月	メジャーリーグ移籍2年目のダルビッシュ有が、両リーグ最多の277奪三振を記録し、野茂英雄に次ぐ日本人史上2人目の最多奪三振を獲得。
2014年9月7日	10号本塁打を記録し、NPB史上初となる「2桁勝利&2桁本塁打」を達成。
2014年10月5日	NPB最速タイ（NPB日本人最速）となる球速162キロを記録。
2015年3月27日	自身初となる開幕投手を務める。
2015年10月～11月	最多勝利、最優秀防御率、最高勝率の投手三冠に輝く。投手としてベストナインを受賞。
2015年11月	投手として「プレミア12」の日本代表に選出。優勝は逃すも先発した2試合で無失点に抑え、その好投が評価されてベストナインに選出。
2016年6月5日	NPB最速記録を更新する球速163キロを記録。
2016年6月24日	イチローが記録した日米通算4257安打（生涯通算4367安打）が最多安打数の世界記録としてギネス記録に認定。

2016年7月3日	自身初となる「1番・投手」として先発し、初球・先頭打者本塁打を放つ。
2016年9月13日	NPB最速記録を更新する球速164キロを記録。
2016年9月～10月	北海道日本ハムファイターズを4年ぶりのリーグ優勝、10年ぶりとなる日本シリーズ制覇に導く。
2016年10月16日	NPB最速記録を更新する球速165キロを記録。
2016年11月	NPB史上初となる投手とDHでベストナインを受賞。パ・リーグMVPに輝く。
2017年2月	第4回WBCの日本代表に選出されるもケガのため出場辞退。
2017年11月～12月	MLBへの挑戦を表明。ロサンゼルス・エンゼルスと契約が合意し、本拠地で入団会見。背番号は17。

ロサンゼルス・エンゼルス時代 2018年～2023年

2018年3月29日	開幕戦に「8番・DH」で先発出場。
2018年4月	MLB初勝利（1日）。MLB初本塁打（3日）。
2018年10月1日	トミー・ジョン手術を行う。
2018年10月～11月	MLB史上初となる「10登板、20本塁打（22本塁打）、10盗塁」を達成し、ア・リーグ新人王を受賞。
2019年3月21日	MLB日本開幕戦で、シアトル・マリナーズの菊池雄星がメジャー初登板。この試合でイチローが現役引退を表明。
2019年6月13日	日本人初のサイクル安打を達成。
2020年3月	2020年シーズンから二刀流選手指名制度の「通称・大谷ルール」を導入。
2020年7月	新型コロナウイルスの影響でシーズン開幕が延期。
2021年7月7日	32号本塁打を放ち、松井秀喜のMLB日本人選手最多本塁打記録であった31本を更新。
2021年7月13日	ア・リーグの先発投手として「1番・DH」のリアル二刀流（MLB史上初）でオールスターゲームに出場。
2021年11月	二刀流での活躍が評価されてア・リーグMVPを受賞。
2022年8月10日	MLBでベーブ・ルース以来となる「2桁勝利・2桁本塁打」を達成。
2022年10月5日	MLB史上初となる投打ダブル規定到達。

2023年3月	二刀流で出場した第5回WBCでは、日本代表を牽引して優勝。MVPに輝く。
2023年7月27日	ダブルヘッダーの1試合目に完封勝利し、その後の2試合目では1試合2本塁打を記録（MLB史上初）。
2023年8月9日	MLB史上初となる2年連続の「2桁勝利・2桁本塁打」を達成。
2023年9月19日	右ひじの手術を受ける。
2023年10月～11月	ア・リーグの本塁打王（アジア人初）を獲得。ア・リーグMVPを受賞（2度目）。
2023年12月14日	MLB史上最高額（当時）となる10年総額7億ドルでロサンゼルス・ドジャースと契約が合意し、本拠地で入団会見。背番号は17。
2023年12月28日	オリックス・バファローズの山本由伸が12年総額3億2500万ドルでロサンゼルス・ドジャースと契約が合意し、本拠地で入団会見。

ロサンゼルス・ドジャース時代 2024年～

2024年3月20日	韓国での開幕戦に「2番・DH」で先発出場。サンディエゴ・パドレスの開幕投手として登板したダルビッシュ有と初対決。
2024年7月16日	4年連続4度目の選出となったオールスターゲームで「2番・DH」で先発出場し、初本塁打を記録。
2024年8月23日	MLBで6人目となる「40-40」を達成。
2024年9月19日	MLB史上初の「50-50」を達成。
2024年10月	ドジャースを4年ぶりのリーグ優勝、8度目のワールドシリーズ制覇に導く。ナ・リーグの本塁打王（2度目）と打点王の二冠を獲得。打率.310、54本塁打、130打点、59盗塁でキャリアハイを記録し、日本人選手のMLBシーズン最多打点（松井秀喜・116打点）とシーズン最多盗塁（イチロー・56盗塁）を更新。
2024年11月21日	ナ・リーグMVPを受賞（3度目）。
2025年1月22日	千葉ロッテマリーンズの佐々木朗希がロサンゼルス・ドジャースと契約が合意し、本拠地で入団会見。
2025年2月12日	二刀流復活を目指し、投手・打者の二刀流調整でキャンプイン。

大谷翔平の投手成績

2013年〜2024年

NPB 投手成績

※1軍出場成績

年	在籍球団	登板	投球回	防御率	勝利	敗戦	勝率	完投	完封
2013	日本ハム	13	61.2	4.23	3	0	1.000	0	0
2014	日本ハム	24	155.1	2.61	11	4	.733	3	2
2015	日本ハム	22	160.2	2.24	15	5	.750	5	3
2016	日本ハム	21	140	1.86	10	4	.714	4	1
2017	日本ハム	5	25.1	3.20	3	2	.600	1	1
NPB通算		85	543	2.52	42	15	.737	13	7

MLB 投手成績

※2019年、2024年は登板なし

年	在籍球団	登板	投球回	防御率	勝利	敗戦	勝率	完投	完封
2018	エンゼルス	10	51.2	3.31	4	2	.667	0	0
2019	エンゼルス	0	0	0.00	0	0	.000	0	0
2020	エンゼルス	2	1.2	37.80	0	1	.000	0	0
2021	エンゼルス	23	130.1	3.18	9	2	.818	0	0
2022	エンゼルス	28	166	2.33	15	9	.625	0	0
2023	エンゼルス	23	132	3.14	10	5	.667	1	1
2024	ドジャース	0	0	0.00	0	0	.000	0	0
MLB通算		86	481.2	3.01	38	19	.667	1	1

セーブ	ホールド	奪三振	奪三振率	失点	自責点	被安打	被本塁打	与四球	与死球
0	0	46	6.71	30	29	57	4	33	8
0	0	179	10.37	50	45	125	7	57	4
0	0	196	10.98	40	40	100	7	46	3
0	1	174	11.19	33	29	89	4	45	8
0	0	29	10.30	9	9	13	2	19	0
0	1	624	10.34	162	152	384	24	200	23

セーブ	ホールド	奪三振	奪三振率	失点	自責点	被安打	被本塁打	与四球	与死球
0	0	63	10.97	19	19	38	6	22	1
0	0	0	0.00	0	0	0	0	0	0
0	0	3	16.20	7	7	3	0	8	0
0	0	156	10.77	48	46	98	15	44	10
0	0	219	11.87	45	43	124	14	44	2
0	0	167	11.39	50	46	85	18	55	11
0	0	0	0.00	0	0	0	0	0	0
0	0	608	11.36	169	161	348	53	173	24

大谷翔平の打者成績

2013年〜2024年

NPB 打者成績

※1軍出場成績

年	在籍球団	試合	打席	打数	打率	安打	二塁打	三塁打	本塁打
2013	日本ハム	77	204	189	.238	45	15	1	3
2014	日本ハム	87	234	212	.274	58	17	1	10
2015	日本ハム	70	119	109	.202	22	4	0	5
2016	日本ハム	104	382	323	.322	104	18	1	22
2017	日本ハム	65	231	202	.332	67	16	1	8
NPB通算		403	1170	1035	.286	296	70	4	48

MLB 打者成績

年	在籍球団	試合	打席	打数	打率	安打	二塁打	三塁打	本塁打
2018	エンゼルス	104	367	326	.285	93	21	2	22
2019	エンゼルス	106	425	384	.286	110	20	5	18
2020	エンゼルス	44	175	153	.190	29	6	0	7
2021	エンゼルス	155	639	537	.257	138	26	8	46
2022	エンゼルス	157	666	586	.273	160	30	6	34
2023	エンゼルス	135	599	497	.304	151	26	8	44
2024	ドジャース	159	731	636	.310	197	38	7	54
MLB通算		860	3602	3119	.282	878	167	36	225

打点	盗塁	得点	塁打	三振	四球	死球	出塁率	長打率	OPS
20	4	14	71	64	12	1	.284	.376	.660
31	1	32	107	48	21	0	.338	.505	.842
17	1	15	41	43	8	0	.252	.376	.628
67	7	65	190	98	54	1	.416	.588	1.004
31	0	24	109	63	24	2	.403	.540	.942
166	13	150	518	316	119	4	.358	.500	.859

打点	盗塁	得点	塁打	三振	四球	死球	出塁率	長打率	OPS
61	10	59	184	102	37	2	.361	.564	.925
62	12	51	194	110	33	2	.343	.505	.848
24	7	23	56	50	22	0	.291	.366	.657
100	26	103	318	189	96	4	.372	.592	.965
95	11	90	304	161	72	5	.356	.519	.875
95	20	102	325	143	91	3	.412	.654	1.066
130	59	134	411	162	81	6	.390	.646	1.036
567	145	562	1792	917	432	22	.371	.575	.945

超一流の名言365一覧

第1章　大谷翔平の少年時代　1994年〜2010年

001	「野球が好きだから」
002	「基本は自分の決断のもとで行動してきました」
003	「サッカーは遊び。野球も遊びですけど、僕の中での野球は一生懸命、真剣に取り組むものだという感覚がありました」
004	「世の中にそういう存在（自分よりうまい子）がいるんだということは、同い年や年上の子がいる団体の中で野球をやってみて初めてわかることですから」
005	「初めから、周りよりはできるという自信はありました。最初の自信というのは大事でしたね」
006	「個人的には、子どもの頃に楽しく、のんびりと野球ができたことは良かったと思っています。楽しくできたお陰で、一度も野球を嫌いになることはなかった」
007	「子どもはそこだけを目指して打ってもいいくらいでしょう。遠くへ飛ばすのは僕も楽しいいし、見ているほうも、どこまで跳んだのかなって眺めるのは楽しいじゃないですか」
008	「周りの大人たちの前で、声を張って言える子どもが、実際、プロ野球選手になってるんだと思います」
009	「息子である自分が試合に出るためには圧倒的な実力がなければいけない」
010	「３つの教えは基本的なものですが、今でも覚えています。それは、いつどのステージに行っても言われ続けることだと思います」
011	「お父さんから怒られたのは、グラウンドでの野球の時だけですね。家に帰ってからはほぼなかったと思いますよ」
012	「子どもの頃と一緒なんですよ。ホームランを打ちたい、あのフェンスを越えられるようになりたいと思って練習して、それができるようになった時のあの嬉しい感じ。僕は今もそういう感覚で野球をやっています」
013	「一番、野球が楽しかった時期はリトルリーグの時ですから、それは今でも思い出しますね」
014	「子どもの頃から、ずっとどちらもやりたかった。いいバッティングをしたい、いいピッチングをしたい。それをいつも望んできました」
015	「子ども時代にイチローさんがMVPを取るのを見て、自分もいつかメジャーでプレーしたいと思いました。できれば僕も今、子どもたちからそういうふうに見てもらえたらいいなと」
016	「パソコンが家に来てからは、それこそずっとYouTubeを見てましたし、いろんな人の投げ方を見ながら、ああでもない、こうでもないと考えていました」
017	「テレビの中の野球選手は、本当に格好良く見えましたね。また野球が存分にできる週末がくるのがいつも楽しみでした」
018	「一番野球がうまい選手になりたいと小さい頃から頑張ってきた。そういうシンプルな目標に向かって頑張りたい」
019	「僕は絶対に190センチまでいくし、今は負けていても身長が伸びる時期に合わせて技術が伸びればそれでいいと思っていました」

020	「小さい時からずば抜けて成績を残してきたわけではないですし、最初からこの技術や身体があったわけではない」
021	「悔しい経験がないと、優勝してやろうという思いもできないんだということを知ることができました」
022	「練習を見て、やっぱりいいなと思いました。雰囲気が良かったんです」
023	「可愛がっていましたよ。そりゃあ、可愛いですよ。何だかんだで16年ぐらいは生きていたので、エースは」
024	「寝ることは得意」

第2章　大谷翔平の花巻東高校時代　2010年〜2013年

025	「誰もやったことのないことがしたい。もし雄星さんの世代がセンバツや甲子園で日本一になっていたら、僕は花巻東高校を選んでいなかったかもしれない」
026	「『30番以内に入ろう』と思って高校野球が始まっていった感じでした。小島さんに会って、周りの方々から『お前は160キロ投げられる』と言われて、その気になって乗せられて、そしてここまで来た感じです」
027	「同じことを言われるにしても、親に言われるのと違う人に言われるのでは、まったく意味合いが違うんです」
028	「朝からすごく食べていましたね。それは辛かったですね、やっぱり」
029	「高校時代、『楽しいより正しいで行動しなさい』と言われてきたんです。クリスマスに練習したのも、楽しいことより正しいことを考えて行動した結果」
030	「先入観は可能を不可能にする」
031	「160キロを目指していたら、158キロぐらいで終わっちゃう可能性があるので、目標数値は高めにしました」
032	「（目標をクリアするという）一つの経験は、自分の中に積み重なっていくものだと思います」
033	「自分でもわからない可能性がいっぱいあったなと思います。だから、自分ではできそうもないなと思ったことを、やるかやらないか。やることを止めなくてもいいなとは思います」
034	「見られているんだという意識を持って、プロ野球選手としてやらなきゃいけないことをやる。だからこそ、自分にしかできないプレーをする権利が出てくる」
035	「ちゃんとした人間に、ちゃんとした成果が出てほしい。どの分野においても僕はそう思っています」
036	「（野球の神様が）いるか、いないかは別として、個人的に『いてほしい』と思いますよ。僕の願望ですけどね」
037	「毎日、ゲームだけして、試合に行ったら打てるというなら、それでいいじゃないですか。僕はやらないと打てないので、練習、やりますけどね」
038	「野球の練習なんて嫌だと思ったことないんで。そこは頑張れるというか、頑張るって言い方もおかしいくらいですね。頑張ってない感じのほうが強いので」
039	「僕がチームで一番、練習しなきゃいけない人だったのに、監督がそうせざるを得ない状況をつくっちゃいけないなと思いました」
040	「こういうスケールの選手になりたいみたいなものはありますけど、全部が全部、その人みたいになりたいみたいなものはないですね」

041	「バッターとしての自分がどんどん良くなっていくのを感じました。思っていたよりも、もっと上の自分がいたので、バッティングが楽しくなってきたんです」
042	「打たれても仲間がカバーしてくれた。エース番号をもらって、信頼してマウンドに送り出してくれたのに。どうしても抑えたかった」
043	「注目されるのは嬉しいが、前評判だけで自分には何の実績もない」
044	「野球は1人じゃ勝てない。全員が絡み合い、出塁も走塁も一つのプレーに何人かが協力する。みんなの力でセンバツに行ける。そこに自分の力を加えたい」
045	「岩手県が強いところを甲子園で見せたい」
046	「あの時はもう、こっち（アメリカ）へ来るつもりでいたので、今のこのプロセスは想像していませんでした」
047	「知らないところでやる時はワクワクしますね。プロ野球の世界に入る時もそうでした。もっともっと自分よりすごい選手がいるんだろうなと思って、ワクワクしたのを覚えています」
048	「挑戦したかったということもそうですし、他の人と違う成長過程を踏んだ時に、最終的に自分がどれぐらいの選手になれるのかという興味のほうが大きかった」
049	「あらゆる国の偉大な選手たちが集まっている場所ですから。僕は、そんな選手たちに負けたくないんです」
050	「ピッチャーとしては高校時代にやり残したことがあまりに多かった。だから、ピッチャーをやり切ってみたかった」
051	「自分の可能性を見出してくれた人に対して、『もっと良くなっている姿を見せたい』と思うのは普通のことじゃないですか」
052	「最初に二刀流の話を聞いたときは、疑いというわけじゃないですけど、やっぱりこのままバッターになっちゃうんじゃないかなという思いはありました」
053	「投手と打者の2つをやらせてもらえるというのは、僕にはない画期的なアイデアでした。それは大きかったと思いますね」
054	「アメリカではどうやって失敗するんですか」
055	「自分がどこまでできるのか、人間としても、どこまで成長できるのか楽しみです。今はとにかく頑張って、新たな道をつくれるような選手になりたいと思っています」
056	「18歳の僕には重かった」

第3章　大谷翔平の北海道日本ハムファイターズ時代　2013年～2017年

057	「誰もやったことがないと言われてますけど、誰もやってないからこそ、やってるんですから」
058	「両方をやることに対して、自分の気持ちがブレることはなかったですね。たとえ両方をやることが失敗だったとしても、自分にプラスになると思っていました」
059	「二刀流、どっちでもいいですね、そう言ってもらってもいいですし」
060	「稲葉さんにもよく『ピッチャーの時はつまんない』って言われますし、バッターをやっている時のほうが余裕も、笑顔もあるって言われます」
061	「両方をやっていない人よりは、やっている立場でわかることはたくさんある」

062	「感じているのは、両方やるから難しいのではなく、どちらも難しいんだということです」
063	「いつか、どちらかに絞ろうと思っていたら、知らない間に『どっちがいいのかな』というところに目が行ってしまって、僕自身の中で選ぶという発想になってしまう」
064	「ピッチャーだけ、あるいはバッターだけでしたら、立てやすい目標もあったし、描きやすい未来もあったと思います。でも、なかなか参考になるものが僕にはなかった。だから、1個1個、自分でつくっていく。僕にとってはそれが良かった」
065	「二刀流は自分だけのものではない」
066	「僕がダメだったとしても、次の子どもが出てきてくれればそれでいいんです」
067	「昨年は勝たせてもらったシーズン。今年は一つでも多くチームに勝ちをつけたい」
068	「去年は歯が立たなかった。藤浪は結果を出している。僕は挑戦する立場」
069	「毎年、『大事だな』という積み重ねですね。前年より大事じゃないと思う年はないですね」
070	「必死こいて2時間3時間やったのが、その1杯2杯で変わってしまうってなってくると飲めないですね」
071	「制限されてもされなくても変わらないと思う。何したいとか特にないですし」
072	「何も変わらないより、何かを変えていったほうがいい。何も変わらなかったら、前の年と同じ結果になる可能性は高いですし、変化を求めていったほうが僕は楽しい」
073	「良いピッチングをしてもなかなか勝てなかったですからね。勝ち星を求めたがるのが先発ピッチャーなので、これはどうしたもんかなと思いました」
074	「トレーニング自体も面白いんです。トレーニングで追い込めている時も、そこで新しいことをやってみることも面白い。トレーニングでやったものが成果として実感する時も、やっぱり僕にとっては面白いんです」
075	「その瞬間が、今日来るかもしれないし、明日来るかもしれない。もしかしたら、ある日、突然に何かを掴む瞬間が現れるかもしれない。だから毎日練習をしたくなる」
076	「自分で『これをやりたいな』と思うことには、他人よりも頑張れる自信はあります」
077	「僕はまだ、完成されていない選手だと思っています」
078	「練習を休むことの怖さってありますよね。そうやって自分がもっとうまくなれたかもしれない可能性を、自分で潰してしまうわけですから」
079	「毎日の積み重ねも、きっかけを見つけようとする作業も、どちらも必要です。だって、いつ来るかわかりませんからね」
080	「全部（技術を）知るのは無理だけど、ちょっとでも（完成形に）近づきたい。時間はみんな平等だけど、時間は足りない」
081	「練習量で解決するのか、考え方一つで状態が上がってくるものなのか。そこは試さなきゃいけないと思って、バットを振るのをやめたんです」
082	「僕は取材には誠意を持って対応します。ただ全体練習終了後の室内練習場での個別練習まで見られているのは嫌です」
083	「自分がどこまでできるかということに関しては、制限はいらない」

084	「休んでいる間でも『こういうふうにやってみようかな』と閃いたりすることがあります。僕はそのままウェイトルーム、室内練習場へ行って、その閃きを試すことが多いですね」
085	「やってみる。で、実感する。自信はその後についてくるものなのかなと思います」
086	「やらされていたメニューではなくて、取り組むトレーニングがどういう成果に結びつくのかをちゃんと理解してやるのと、やっていないのでは、成果は大きく違ってくる」
087	「そこには正解がなくて、僕としては『やったことが正解』というだけなんです」
088	「できなかったことをやり切るのが今の目標です。その先の夢として、自分の人生を設計してみたら、メジャーでやってみたいよな、という話なんです」
089	「自分が一番成長できる過程を踏みたいと思っています。野球をやめたときにそう思える自分でありたい」
090	「刺激はありますよ。野球に限らず、同世代にすごいなと思う選手はいますから」
091	「調子が落ちているだけなら上がる余地はある」
092	「どういう選手になりたいかと言われたら、毎日試合に出て、大事なところで打てる選手。任された試合では負けないピッチングができる選手。チームの柱として頑張ってる自分を想像するのはすごく大事なことかなと思います」
093	「すべては技量の問題です。もちろん多少の疲れもあったと思いますし、振りが鈍くなっていたということもあったかもしれません。でも、それも含めて技量なんです」
094	「規定打席に達するためには試合に出なきゃいけない。そのためには使われる技術を持ってなくてはいけないし、信頼される選手でないといけない」
095	「音合わせの作業は、キャンプが始まってからでいいかなと思っていたんです」
096	「どんどん良くなっていく過程で結果が出て、あれで良かったのかなと思ってくれるのが一番なので、僕がそこで何か説明しても、言い訳にしか聞こえない」
097	「緊張するからこそ、勝った時に面白い」
098	「負けて、そのままズルズルと、よくない流れでいくのか、それともここで一つ、越えられるかで、僕はだいぶ違う」
099	「常に結果は欲しいですよ。それは1年目からそうでした。でも、だからといって結果を残さなきゃ、というプレッシャーは感じませんでした」
100	「いいピッチングをしたのによくない結果になってしまうと、自分では左右できない部分で悩んでしまうことになります」
101	「勝ったこととはまた別の悔しさがありましたね」
102	「ケガをするのは決していいことではありませんけど、プレーに対してより考えるようになったり、プレーに深みが出てくるということもあるかもしれません」
103	「打率は上げなきゃいけないとは思いますけど、僕にはホームランが必要です」
104	「160キロ以上を投げないと（観客に）拍手されなくなった。いつかは、それ（160キロ）が普通になる時代が来る」
105	「評価というのはその時々で変わっていくので当てにならない。そんなところでいちいち喜んだりとかはできない」
106	「絶対に中6日で回らなければ体がおかしいとか、中10日だから良い投球ができないとか、捕手が誰だからダメだったとかいうのはあまり良くない。ほとんど意味がないことなので」

107	「いつかヒットを打たれた時、こんなもんだろうと思えるだけの心の準備はしていました」
108	「無駄なことはないと思っています。長身の投手という前例はあったりすると思うんですけど、僕のフィジカルでの前例は一つもないので」
109	「野球のためにっていうか、トレーニングも食事のことも知って実践して自分の体とかパフォーマンスが変わっていったりするのが好きなんで」
110	「一般社会のことに関しては、こうやってチヤホヤされる世界ですし、王様になったら終わりの世界なんで、なかなか体験はできないですよね」
111	「自分の記事はちゃんと見ますね。自分の記事を見るっていうより、この人は自分が言ったことをどう解釈して書いているのかとか、この人に言ってメリットのあることはなんなのかなとか」
112	「球速が落ちた時に、でも、これができるようになったよね、球速が落ちた代わりにこれができるようになったよねというのも成長だと思うんです」
113	「裏では真逆なので、まあ、報道上かなとは思いますけど。そこはあまり気にならないですね。僕もまだまだだと思っているし」
114	「想像はしても、理解はしていない」
115	「いろいろ考えているし、やることはやる。できる環境はある。やれることはやる」
116	「勝ちたい、抑えたいという気持ちの強いほうが勝てると思ったんです」
117	「数字については、原因があって結果があるわけですから、満足はしていませんけど、納得はしています」
118	「食事について学んだことは大きかったですね、厳しいところもありますけど、大切なことが沢山つまっています」
119	「最初から『これ嫌だな』みたいなのは嫌いなので。とりあえずやってみてダメだってなるのはOKだと思います」
120	「その道は、今はまだ見えているようで見えていないと思いますね。教わる先輩もいないですし、自分で1個1個やるべきことを見つけてつくっていかなければならない」
121	「正解というものがあって、今の自分が試してもうまくいかないことがあるかもしれません。その時に筋力がなかったからできなかったと思うのか、投げ出してしまうのか。その差は大きい」
122	「すべてにおいていいことをして、いい準備をして、あとは任せましょうという映画のストーリーが、あの時の自分にすごく合っていた」
123	「思い通りに投げられなかったボールで抑えたことをオッケーにしちゃったら、成長するチャンスを失うことになるし、もったいないじゃないですか」
124	「『目標を達成したな』って自分が思う瞬間が、あまりない」
125	「正解はないと思うんですけど、人は正解を探しに行くんですよね。『これさえやっておけばいい』というのがあれば楽なんでしょうけど、多分それは『ない』と思うので」
126	「ピッチャーは自分主導ですけど、バッターには、受け身の難しさがあります」
127	「誰を、ということじゃなく、自分の中で課題を消化するのが野球の面白さなのかなと思います」

128	「明確な目標を持つのも大事ですし、思うようにいかなかった時にどうするのか、どういう目標を立てるのかっていうのもすごく大事じゃないかなって思います」
129	「僕は高すぎるところを見てしまうところがある」
130	「改めて、積み上げてきたものを継続することの大事さとか、何を捨てて何に新しく取り組んでいくのかを選択することの難しさを感じました。やっぱり変えちゃいけない部分はあるし、自分のスタイルの軸になるものはある」
131	「僕が良くてもチームが負けちゃ、まだまだです。やることがいっぱいあって、暇な時間はありませんよ」
132	「日本一になってみたい。その景色を見に行くためにやってるわけですから、見てみたいとは思いますね」
133	「勝つには最高のシチュエーションだった」
134	「期待は応えるものじゃなくて、超えるもの。だから、周りが考える、そのもう一つ上を行けたらいいんじゃないかなと」
135	「日本一は初めての経験でしたし、あの年は、楽しかったですね。優勝パレードでみなさんも喜んでくれているのかなというのを感じて、なおさら嬉しかったですね」
136	「最後だろうと思って、僕の中では1人も塁に出すつもりはなかったですし、1人もホームへ還すつもりはなかった」
137	「僕は今まで、結果を出すためにやり尽くしたと言える1日1日を、誰よりも大事に過ごしてきた自信を持ってます」
138	「自分が決めた道に対してそこに向かって頑張ってはいけるのかなと思っていますし、それはもうこの5年間、迷うことなく進んで来れた」
139	「実感はそんなにないですね、自分で通帳を見たりとか全然しないので」
140	「それ（年俸）が自分の評価ではあると思うし、自分がやってきたことがどの程度チームにプラスになってるかどうかとか、球団に対してプラスになってるか、あるいは球界に対してプラスになってるかの基準でもあると思う」
141	「お金はあったに越したことはないですし、いらないなんて気持ちはないですけど、ただ今の自分に、その金額が見合うかといえば、僕はあまりピンとこないので」
142	「（英語は）喋れるに越したことはないですよね、自分の意図を自分の言葉で伝えるっていうのが一番信憑性もあると思います」
143	「選手として大きくなって、どこからでも欲しいって言われるのがいい環境だと思っているので、まずはそこを目指して、みんな頑張っているんじゃないかと思います」
144	「まったく違う環境に行くということは、どの分野でも不安なことが多いと思う。でも、さらに良くなる可能性がそこにあったら、僕はチャレンジしてみたい」
145	「こういうふうになりたいではなく、その人を超えるように頑張ってほしい」
146	「ファンの方やいろんな人たちから『彼が一番だ』と言ってもらうことは幸せなことだと思います。そういう選手を目指して頑張っていきたい」
147	「野球をやっているからには『てっぺん』を目指したいんです」
148	「僕はここまで野球がうまくなったということを自分の中に残したいんです」

第4章　大谷翔平のロサンゼルス・エンゼルス時代　2018年〜2023年

149	「技術的な進歩とかフィジカルの成長とか、そういうことの大事さって、それがないと通用しないところへ行かないと身に付けようも思いませんからね」
150	「本当は27番が良かったんですけど、埋まっていたので17番にしました」
151	「契約自体がマイナー契約なだけで、プレーできることに変わりはありません。僕にとって肝心なのはそこだけ」
152	「だって、もらってる額が違いますもん」
153	「（エンゼルスの）あの温かさに助けられたから、その後の成長曲線を右肩上がりの放物線で描くことができた」
154	「キャンプから勝負だと思っている。勝ち取りに行く立場」
155	「パスポートと野球道具と気持ちがあれば、何でもできると思っていきたい」
156	「どちらも楽しみにしていますし、最高なのは、どちらも一緒の試合でできることだと思っています」
157	「そこに転がっている石ころを投げてくれと言われてもできるようにしないと」
158	「『自分の才能を信じたほうがいい』というイチローさんの言葉のおかげで自信を持てましたし、その自信を持ってグラウンドに入って行けるようになったのは、あの言葉がきっかけです」
159	「だって、スーパー過保護ですよ」
160	「オファーしてくれたすべてのチームに対して、ベストな投球をしたいと思っています。スカウトに乗り出したのが間違いでなかったと思っていただきたいです」
161	「チームというのは毎年、メンバーが変わりますからね。当然、自分への確約みたいなものはないと思っています」
162	「それはもう、早ければ早いほうがいいでしょう。シーズンが終わったら、その瞬間からもう次のシーズンに入っているわけで、早いに越したことはない」
163	「昨年の僕はトミー・ジョン手術が必要という診断を受けたころ、本当によくバットが振れていてボールもよく見えていたので、なんとか1シーズンをまっとうするという経験をしたかった」
164	「（投げられない時）試合に出るのは楽しいんですけど、1つがないので、やっぱりマウンドっていうのは特別なものなんだなということを改めて感じています」
165	「もどかしいですし、それなりにストレスもあります。（野球という）一番の娯楽がなくなった感じもしますしね」
166	「打って、投げるのが一番、楽しいので、バッターとしてずっと試合に出ていても、多分、いつ投げられるのかなということしか考えないと思うんです」
167	「僕には『今日のメニューは5球を5セット』という練習はまったく合わないということがわかったんです」
168	「ここで工事をして、（靭帯を）もっと強い筋力でカバーしながら、うまく補正できたら自分はどんなボールを投げられるようになるのか、それは、今の状態で投げるよりもワクワクします」
169	「普通なら1年と半年は試合に出ることができないので、その中で、まだ貢献できるものがあるということは、むしろプラスかなとは思っている」

170	「つらいのは自分だけじゃないですから。いいプレーをすることで、明るいニュースを届けられればと思っていました」
171	「プレーのいい悪いをひざのせいかもしれないと考えてしまったら、純粋な反省材料にできませんからね」
172	「健康ならば、やりたいことをやり切れる」
173	「僕は、今も投げる準備をしています。それが今の計画ですから」
174	「たまたま出た、みたいなホームランは、別に悪いわけじゃないですけど、いや、やっぱり悪いかな」
175	「僕は差し込まれたホームランが好きなんです」
176	「チームを勝たせる。そこを目指してこそ、僕が2つをやる意味があると思っています」
177	「（ホームラン王を）獲っちゃったら獲っちゃったで、自分の中の何かが変わってしまうのも嫌なので、ここから先をもっと頑張っていくために獲らなくてよかったのかな、と思ったりもします」
178	「（本塁打王を）もちろん取りたいなという気持ちはありますが、取りたいなというだけで取れるものではない」
179	「これでさらに多くの人が試合を見てくれるなら、それだけで僕は嬉しいです。野球全体にとっていいことですから」
180	「単純に日本人が出ているところを見てみたいなと、まあ僕じゃなくても、ていう単純な理由なんですけど」
181	「いや、もう1本ホームランを打ちたい」
182	「ホームランを打てるバッターが毎試合、逆方向のシングルヒットを狙うのを見ていて楽しいかと言われたら、僕は絶対に楽しくないと思う」
183	「明日201号が打てるように頑張ります」
184	「（ポストシーズンが厳しくなった中）だからこそ自分の中の課題であったり、来年につながるようなことを一つでも見つけられたらいいなと、常にそう思って試合に入っていました」
185	「ワールドシリーズですか？僕、最後まで見てないんですよ。プレーしてみたいなって思いましたけど、でもなんだか上から見てるのが変な感じだったので、途中で帰っちゃいました」
186	「投げて、打って、走って、その結果、プレーオフに行ってみたいなという気持ちが一番です」
187	「それ以上に勝ちたいという気持ちのほうが強いですし、プレーヤーとしては、それのほうが正しいんじゃないかと思ってます」
188	「全体的に良かったけど、今日で終わってしまうのは不本意。本来ならここからが本番、ぐらいの感じでいければ。それを目指して頑張る」
189	「もっともっと楽しいというか、ヒリヒリするような9月を過ごしたい。来年以降、そうなるように頑張りたいなと思っています」
190	「僕はここのファンを愛しています。ただ、ファンと僕を応援してくれるすべての人が喜んでくれるようなシーズンの終え方をしたいだけです」
191	「エンゼルスがどうするか、しないかというより、僕は他の球団がそのように高く評価してくれることをありがたく思っていました」

192	「僕はただ、所属するチームのためにベストを尽くすだけ、ワールドシリーズ優勝を目指しているだけなんです。僕はそれでいいんです」
193	「トレードされたらされたで、そこでまた頑張ればいい、ということです。むしろ自分に価値を見出してもらっているということですからね」
194	「来年、僕が契約したのはエンゼルスですから、今はエンゼルスでの未来しか見えていません」
195	「時間はあるだけあったほうが野球はうまくなりますよね」
196	「ストライクを打って、ボール球を振らないこと。シンプルですけど、それが一番難しい」
197	「いつも出たいと思うタイプなんで。選手なら出たいと思うのが普通でしょ」
198	「自分が残した成績がいいのか悪いのかは、自分ではよくわからないんです。2つやるというところで僕の数字には過去のサンプルがありませんから」
199	「限られた時間の中、何を捨てて何をするかという話なんです。今はできないことを捨てているだけですから」
200	「できないことがあって、それをクリアすればするほど、次の足りない技術ばかりが見えてくる」
201	「短期間、少ない量の中で感覚を養っていく練習方法を見つけないといけないというのもまた、いい経験です」
202	「数をこなすことが大事なのではなくて、数をこなす分、良かった、悪かったの回数が増えていくことで、それがより洗練されていくのに、つながっていく」
203	「終わってみないとトータルの数字がどれだけ残っているのかなんてわからないし、別に今、それを考える必要はないのかなと思います。それ（引退）までは何も考えずに1年1年、出し切っていきたいと思っています」
204	「悔しいなっていう思いが今年のモチベーションかなと思います」
205	「1試合で何かが変わるということはもちろんない。翔平が出てる試合は勝ちになるゲームが多いなと思ってもらえるように、そういう仕事が1打席1イニングずつできるようにやっていきたい」
206	「小さい頃から見ていた憧れていた選手に並べたっていうのはすごく嬉しいことだなと思います。一歩一歩、積み上げていけたらなと思っています」
207	「今のところは、こういうところに出たことなかったので思い出になってますし、一番はポストシーズン、ワールドシリーズに出れれば、また更新されると思う」
208	「僕は、投げ続ける必要があるんです。毎回、投げるたびに何か新しいことを学べますし、力もあがっているんです。来年も、それ以降も投げ続けます」
209	「毎試合、毎試合、集中していくだけです。自分を疑っている人に対して、間違っていただろうとかそういうふうに思うことはないです」
210	「僕のことをもっと沢山起用して欲しいと思います。僕はもっと試合に出たい」
211	「僕の前にも、多くの偉大な日本人選手がこちらにやって来ました。その中で僕が初めて達成できたというのは本当に嬉しいですし、今後の大きな自信につながっていく」
212	「僕は何もできなくてイライラしていて、それが一番つらいことでした」
213	「この舞台を見たい人が沢山いることもわかっています。そして、そんな楽しみにしてくれる人を喜ばせたい、それが今回の僕の目標です」

214	「僕としては、ホームランか空振りかのどちらかにしたかったんですよ。何か中途半端な結果で、僕はすっきりしていないですね」
215	「ああいうのを聞くのは、いつだって気持ちいいですよ。もっとうまくなりたいと、さらに意欲を掻き立てられますから」
216	「僕は、今年の数字は最低限のものだと思っています」
217	「考える時間、イメージする時間が多くなれば、175キロも投げられるかなと思います」
218	「この先、4タコ、5タコした時に、8タコしたことがあれば、気持ち的に楽になれる要素になるんじゃないですか」
219	「こういう成績に対してすごく悔しいなと強く思えることが、何よりもいいことだったと思っています」
220	「今だったらOPSじゃないですか。それに加えてヒットとフォアボールを同じに考えない指標があるなら、それがベストかなと思います」
221	「いくら（お金を）払ってでも経験する価値のあること。クリアしていく楽しみというか、技術も含めて今後の自分にとって大事」
222	「単純にすごく嬉しい。素晴らしい選手の名前の中に並ぶことができて光栄だと思います」
223	「時代を代表するような選手という意味では目指すべきところ。一選手としてより高いレベルでプレーしたい」
224	「（イチローは）目標になるような存在。プレーする姿は見られないけど、昔から見てきたそういう選手像を目標にやりたい」
225	「岩手県で野球をやっている子どもたちも楽しみに見てくれていたかもしれない」
226	「実戦の中で打たれたからといって、それ（サイン盗み）を疑うことはあまりない。それを考えたら自分の成長がない」
227	「東日本大震災から10年。自分自身でできることは微力ではあると思いますが、少しでも被災地の力になれるようにまだまだ頑張っていきたいと思います」
228	「理想は野球を知らない人でも、いいな、きれいだな、格好いいな、何か打ちそうだなと思うのがベストかと思います」
229	「1年1年が勝負の年だと思って。それくらい出しきる気持ちで毎年やることがまず大事だと思っています」
230	「選手として良いパフォーマンスを保てる時期は長くない。自分の能力を伸ばせる時間は多くはないので、時間を大事にしながらやりたい」
231	「これからも、ベストの状態で毎回登板できるとは限りません。半分くらいはベストじゃないと思ったほうがいいですね。それをどうするかが課題です」
232	「調子はいい、でも結果が出ないのは運がないからだと思うようにしていました」
233	「去年より数字は下がっていますけど、それが成長につながっていないということではなくて、むしろ良くなっていると思っているんです」
234	「ここまで2つやってきて、やらないなんてもったいないじゃないですか。やるべきだな、目指すべきだなと思っています」
235	「170キロを投げられたらそれは武器になりますから、いいなと思います。でも170キロを投げられても、ストライクが入らなければ意味がありません」

236	「本人（トラウト）にしてみれば、もっと上に行ける要素があるなら何かを変えて一時的に調子を落としたとしてもそれはいいんだって感覚なんですよね。それって重要なことなんです」
237	「絶対に（プロ野球選手）なるんだと言って、毎日、真剣に練習しているのであれば、それはもう、その時点で人生、勝ちだなって思うんです」
238	「しょうがないと思っています。うまくなる期間が長くなるとプラスに捉えています」
239	「焦らないようにはしていません。焦ることはいいことだと思ってますし、やらなすぎるよりは、やりすぎるくらいのほうがいいかなと思っているので」
240	「日頃、自分で左右できないことは考えないタイプなので、何事も自分の行動一つで変わっていく、ということを意識しています」
241	「メジャーは毎年、相手が変化していく難しさがあるんです」
242	「出し切ったうえで、できる限りの体調管理をしながら長く続けるというのが、僕のプロとして大事にしたいところです」
243	「（走られるという）プレッシャーがあるだけで、自分の打席を守れると思っています」
244	「認められたのか、認められていないのかは、まだわかりません。2つやっていたからユニークでいいよね、と思われていただけかもしれません」
245	「代わりにですか？うーん、何ですかね。25歳は、30盗塁にしましょう」
246	「取ってもらった点というのは大事にしたがることもあると思うんですけども、自分で取れるなら、よりアグレッシブにマウンドでも攻められるかなと思っています」
247	「伸びしろですか？伸びしろしかないと思ってます」
248	「やっぱり楽しいですよね。一番のドーピングじゃないかなと思っているので、声援があるかないかは」
249	「投げないと成長できない」
250	「（選手生活は）ファンの方々、球団の方々とつくっていくものだと思っています。皆さんの応援で僕を成長させてほしいなと。僕もそれに応えて頑張っていきたい」
251	「僕は、今年と同じことを来年以降も繰り返していける自信が結構あります」
252	「何と言っても、比べる相手がいないので。どう評価すべきなのか、難しいところです」
253	「去年がそこそこ良かったので、去年と同じような成績を残そうと思っていたら、その基準をクリアするのさえ難しい」
254	「僕の才能が何かと考えた時、それは伸び幅なのかなと思いました。だから投げることも打つことも、変えることは怖くないし、どんどん新しいこと、こうかなと思ったことをやってみることができる」
255	「150年近い歴史があるリーグの中で、新しいルールができちゃうんですよ。それって嬉しいじゃないですか」
256	「第三者から意見をもらうのは、邪魔にはならないですから」
257	「求められるものの幅が僕の場合は広い。投げて、打っていますから。だから、基礎は大事になってくると思いますし、それがわかっている分、毎日練習したくなる」

258	「最終的にそのレベルに行きたいなとは思っていましたけど、この段階でこういう経験をさせてもらえるというのはすごく新鮮でした」
259	「バッターは3割打ってすごいと言われますけど、やっぱり一度のミスもなく打率10割の時に100%と思えるんじゃないですかね」
260	「27球のピッチングと81球のピッチングのバランスを併せ持っているというのが理想ですね」
261	「野球でストレスを感じるって、いいところだと思うんですよ。毎日毎日、結果が出て、良かった悪かったと思える職業ってあんまりないでしょ。そこが楽しいところだし、キツイところでもある」
262	「任された試合は、勝つ勝たないというよりも、勝つ可能性を残してマウンドを降りられるかどうかが一番かなと思う」
263	「（トラウトは）僕が一番、目指すスタイルじゃないかと思っています」
264	「わかっていてできる人が天才なら、僕はわかっていてもできないのでたくさん練習しなきゃいけない」
265	「今まで、僕はさんざん疑り深い目と戦ってきました」
266	「『ドラゴンボール』はストーリーを知らないので、それを英語で読んだらどうなのかなと思ったんです。わからないところは調べながらですけど、面白いなと思って読んでますよ」
267	「願わくば次はこのチートシート（カンニングペーパー）が必要なければ」
268	「寝る時に、『今日の練習は良かったな、やりきった1日だったな』と思って目を瞑れるかどうか。そこが心の平穏を保てている一番の要因だと思いますし、今の僕にとってはそれが何よりも幸せなことなんです」
269	「横になったまま目を瞑るだけでもそれなりの睡眠効果はあるんですよ。寝られないと考えてストレスにしてしまうのではなく、それだけでいいんだと考える」
270	「一番は睡眠。いつ寝るかの準備を数日前からしっかり計画的にやる必要はある」
271	「僕、味二の次ですから」
272	「野球しようぜ！」
273	「自分がそれ（野球人気の回復）に貢献したい」
274	「自分の計算の中ではもうピークは始まっていると思っているので、これがいつまで続くのかな、いずれは終わってしまうんだよなという気持ちもあります」
275	「1回しかない現役ですしね。50代まではやりたいですね」
276	「野球をやめるその日まで強くなるという気持ちでやり続けると思います」
277	「選手として強い印象を残せるようになりたいんです。誰もやっていないことをやっているので、周りからいろいろ言われます。それでも、記憶に残る選手になりたいんです」
278	「最後まで諦めないのが大事ですから。最後のアウトを取られるまで」

第4章・番外編　大谷翔平のWBC

279	「自分のチームだったらいろいろと相談しながらできるかもしれませんけど、日の丸を背負っていますし、そういう軽い気持ちではいけない」
280	「ずっとお世話になった監督と、こういう舞台でできることが特別なこと。一緒に優勝できればこれ以上ない」

281	「野球を始めてから今日まで、1位以外を目指したことはない。負けていいと思ったこともないですし、目標の一つだった大会で勝ちたいと思うのは自然の流れです」
282	「僕が小学生とか中学生の時、イチローさんがWBCでプレイして成し遂げてくれたことというのは、僕だけじゃなく、日本の野球にとっても素晴らしいことだったと思うので、そういう体験を子どもたちにしてもらえるように、頑張りたい」
283	「僕たちもそこにしっかりフォーカスすることによって、10年後、20年後、30年後、もっともっといい大会になっていけばいい」
284	「期待されることと計算されることは違う」
285	「そんなの、多分全然、わかんないですね。僕、アメリカでも日本でも外へ出ないんで」
286	「日本の球団の2軍のピッチャーを相手に打席に立つと、今、自分がやっていることが例年と同じように正しいことなのかどうかが曖昧になってしまう」
287	「負けた時のことは想像しないので、実際に負けてみないと怖さはわからないし、勝ったら勝ったで楽しい」
288	「少し相手へのメッセージを込めている」
289	「こんなゲームをできるのは人生の中でもそんなにあることではない。本当に楽しかったなと思います。テレビゲームをしているような楽しさではなく、プレッシャーも込みで」
290	「自分の持てるものを100%、試合の中で出せることがチームにとって大事だと思うし、他の選手の安心材料になる」
291	「負けたら終わりの試合、負けてはいけなかったんです。だから、ダグアウトの仲間たちを煽りました」
292	「絶対に万が一が起きないよう、コントロールはアバウトでも、気持ちで負けないボールを投げようと思っていました」
293	「まだまだ（声援が） 足りないんで、明日もっともっと大きい声援で、よろしくお願いします」
294	「あの場面、日本代表の勝利より優先する自分のプライドはなかった」
295	「信頼してもらえているのが嬉しかったです。そういうふうに信頼して、全部を預けてもらえたことによって、自分にできることに集中できました」
296	「決勝に進めたことに大きな達成感はありますが、1位と2位では決定的に違うものなんです。何が何でも優勝するために、できることは何でもやります」
297	「僕からは一つだけ、憧れるのをやめましょう」
298	「誰よりも彼のすごさを近くで見てわかっているだけに、自分のベストを超えないと勝てないと思っていた」
299	「今日、勝ったからといって、その目標は達成された訳ではないので。一つの通過点として、もっと頑張っていきたい」
300	「ああいう一発勝負の試合を重ね、是非、僕は同じ経験をこのチームで味わいたいと強く感じました」
301	「出たいですね。僕自身が一定のレベルに居続けられるのが条件ですし、そうなるように最善の努力をしたいと思います」

第5章　大谷翔平のロサンゼルス・ドジャース時代　2024年～

302	「心に残っているのは『ドジャースが経験してきたこの10年間をまったく成功だとは思っていない』という言葉、それだけ勝ちたいという意志がみんな強いんだと思った」
303	「オーナーもフロントもスタッフも、みんな世界一になるために動いていると思います。チームが同じ方向を向いているかどうかは一番大事なのかなと思います」
304	「ロサンゼルス・ドジャースに入団すると同時に、メインのこのお二方と契約するという形ですし、そこがもし崩れるのであれば、この契約自体も崩れることになる」
305	「僕の中ではドジャースが変わったというより、僕のほうのフィーリングが2017年はエンゼルスと合った、今回はドジャースと合った、という感じです」
306	「僕はもっと挑戦したい。僕はこのドジャースでさらに新しくて大きな難題に直面するでしょうし、直面したいです。僕はもう覚悟しています」
307	「期待してもらってドジャースに入って、期待通りの結果を残せるか。それがプレーヤーとして信頼を得る唯一の方法ですから、僕に必要なのは10年後よりもまず、今年の結果で示していくことじゃないですかね」
308	「唯一求められる結果は、ワールドシリーズ優勝だということです」
309	「現役生活の最後の日まで、ドジャースのためだけでなく、野球界のために前向きに努力し続けたい」
310	「新しいチームなので。本当に1年目のつもりで」
311	「僕は初めての人と出会ったら、ちゃんと挨拶して自己紹介しますよ。そういうのは結構好きなんで」
312	「僕としては、是非君がドジャースと契約してほしいと思っている。そうすれば、僕は君とチームのためにできるだけたくさんホームランを打つから」
313	「結果的に行ける球団は一つ。声をかけてもらった球団というのは、もう感謝しかないです」
314	「（本塁打が）何本かというのは、もちろん知っていましたけど、それが目的にはならない。しっかりと勝つための手段としてやりたい」
315	「何が正解だったのか、何が失敗だったのかは、死ぬ間際にならないとわからないんじゃないかな」
316	「1度やってできたからといって、今年もできる保証はありませんからね。自分がもっと上に行ってやっと同じくらいの数字になると思っています」
317	「考えないで決める直感と、本当に考え抜いて最後に決める直感とは似て非なるものだと思っています」
318	「僕は30歳になっていないし、まだ自分のマックスを試してみたかった」
319	「僕は投げられなくても打つことで試合に出られますから、そこはラッキーだと思います」
320	「自分で理解することも大事なんですけど、記録を残しておくことで、これから同じ手術を受ける他の選手に対して、僕がわかったことを伝えることができます」
321	「僕は、今の段階で技術のことは教えたくないんです」

322	「敵の時は恐いけど、味方の時はとても心強い」
323	「僕も来た時、ビックリしたので。何か違うイベントがあるのかな？って」
324	「今まではやっている人が少ない中での記録が多かった。比較対象が多い中での新しい記録という意味では、違いがあるかな」
325	「僕があと何年、現役選手でいられるかはわかりませんが、だからこそ勝つことを最優先にしているのです」
326	「観客が入らないより入ったほうが面白いし、歓声が大きいほうがやりがいもあります」
327	「ファンのみなさんは数字にこだわると思いますが、プレーヤーとしては感覚にこだわっていかないと、長いスパンで見た時の数字が残らないんです」
328	「先が見える戦いかどうかがモチベーションにつながるんだ、ということは改めて思い知らされましたね」
329	「何人もの優れた打者と毎日打順に並び、刺激を受けつつ、いい集中力を維持できているのは大きいと思いますよ」
330	「もし僕が最大限に貢献できていたなら、チームの成績がもう少し上向いたのかなと思う時もあります」
331	「ああ、今年は投げられませんでした。すみません、ホームラン50本打っただけで」
332	「睡眠は、僕にとっての最優先事項ですから」
333	「打者としての僕自身を見ると、一段階どころか、まだ数段階は駆け上がる余地が残っていると思いますよ」
334	「打者として試合に出る時は、打つことだけに集中するようにしています」
335	「人生って必ずしも順調にいくわけではありませんし、そういう時でも楽しみがあったほうがいい」
336	「高い確率でセーフになる自信があれば行くべきですし、1個でも多くの塁を詰めるべきだと思います」
337	「戻れる自信が行ける自信につながった」
338	「最後に振り返ればいいかなと。チームが変わっているので、今年は自分の数字を気にする余裕はあまりない」
339	「スプリング・トレーニングで何百打席立っても、シーズンの実戦でしか養えないものがあります」
340	「バッターとピッチャーって完全に違う職業ですよね」
341	「『大谷、ピッチャーやめたほうがいいんじゃないかな』的な肴で一杯呑めるなら、そういう楽しみ方があってもいいんじゃないかなって」
342	「トップクラスの思い出になりました。もっとこれから勝って、その記録を塗り替えられるように頑張りたいと思います」
343	「確かなのは、僕が50—50に近づけば近づくほど、僕自身がチームの勝利に貢献していることになりますから」
344	「これだけ打てたことは人生でもない。自分が一番ビックリしている。自分のプレーしてきた球場の中で好きな球場の一つになった」
345	「米国に来て夢に見ていた舞台。勝って決まったのは、自分にとってもすごく大きい」

346	「ここから先は、積み上げた数字は意味がない」
347	「2連勝すればいい。2連勝すればオッケーっていうゲームだと思っています」
348	「大丈夫だし、プレーする」
349	「打つ、打たないとは別に、チームのコアとして出ている選手のそういう役割は短期決戦では特に大事ですからね。もし僕が出られれば、その役割は担えるのかなと思っていました」
350	「やった直後は、ああ、終わった、と思いましたよ。それは選手としてじゃなく、僕のワールドシリーズが、ですけどね」
351	「前回はベリンジャーが肩を脱臼して世界一になった。今度は僕が脱臼した、世界一へいいサインだ、プレーできるよう全力を尽くすからニューヨークで会おう」
352	「やっと僕はこの舞台に辿り着けました。あの契約にサインした瞬間から、この舞台にいる絵を思い浮かべていました」
353	「（WBCとワールドシリーズの優勝は）どちらも素晴らしい景色でしたが、全然、違いました」
354	「それ（次に目指すもの）は連覇じゃないですか。優勝すること以上に難しいでしょう」
355	「この賞（MVP）はチーム全体に与えられたものを代表として受け取るものであり、来年ももっと勝ちたいという思いが強まっています」
356	「僕にとって、それは重圧というより喜びですね」
357	「ここはビジネスの関係、友だちではないので割り切って付き合っています」
358	「メンタルを言い訳にはしたくはない。そこも含めて技術、実力なのかなと思っていた」
359	「そろそろこの話は終わりにして、次に進んで、後はただ試合に集中して勝つことだけを考えていきたいと思います」
360	「私はドジャースでキャリアの新しい1章を始めたのみならず、同じく日本出身の私にとって特別な存在にあたる方と新しい人生を歩み始めることになりました」
361	「ここ数週間いろいろあったので、隣に誰がいるかどうかはだいぶ違う。そういう意味ではいてくれて良かったなと思う時はあった」
362	「誰もいない球場での予行演習もやったんですよ。まあ、楽しい練習でしたけど」
363	「小さなルーキーがもうすぐ家族の一員になるのが待ちきれない」
364	「僕1人じゃ、絶対にしないでしょ。そういうことは増えました」
365	「（野球で）できるようになりたいことはいっぱいあるんですけど、技術的なことはプレゼントじゃなくて、自分で発見したいかな」

参考文献

『道ひらく、海わたる　大谷翔平の素顔』佐々木亨 著（扶桑社）
『大谷翔平　野球翔年 I　日本編 2013-2018』石田雄太 著（文藝春秋）
『野球翔年 II　MLB 編 2018-2024　大谷翔平ロングインタビュー』石田雄太 著（文藝春秋）
『大谷翔平を追いかけて　番記者 10 年魂のノート』柳原直之 著（ワニブックス）
『SHO-TIME　大谷翔平　メジャー 120 年の歴史を変えた男』ジェフ・フレッチャー 著、タカ大丸 訳（徳間書店）
『SHO-TIME2.0　大谷翔平　世界一への挑戦』ジェフ・フレッチャー 著、タカ大丸 訳（徳間書店）
『SHO-TIME3.0　大谷翔平　新天地でつかんだワールドシリーズ初制覇』ビル・プランケット 著、タカ大丸 訳（徳間書店）
『大谷翔平　二刀流メジャーリーガー誕生の軌跡』ジェイ・パリス 著、関麻衣子 訳（辰巳出版）
『ルポ 大谷翔平　日本メディアが知らない「リアル二刀流」の真実』志村朋哉 著（朝日新聞出版）
『もっと知りたい！大谷翔平　SHO-TIME 観戦ガイド』福島良一 著（小学館）
『少年 大谷翔平 「二刀流」物語』小林信也 著（笑がお書房）
『別冊カドカワ【総力特集】大谷翔平』（KADOKAWA）
『大谷翔平　挑戦』（岩手日報社）
『栗山ノート』栗山英樹 著（光文社）
『栗山ノート 2　世界一への軌跡』栗山英樹 著（光文社）
『Number』861 ／ 881 ／ 963 ／ 968・969 ／ 980 ／ 1040 ／ 1048 ／ 1069 ／ 1076 ／ 1078 ／ 1094・1095 ／ 1099 ／ 1105 ／ 1111（文藝春秋）
『Number 臨時増刊号　大谷翔平＆ドジャース世界一の記憶。』（文藝春秋）
『Number PLUS　WBC2023 完全保存版「侍ジャパン　頂点の記憶」』（文藝春秋）
『AERA 増刊　大谷翔平 2024 完全版　ワールドシリーズ頂点への軌跡』（朝日新聞出版）
『News week』2021.10.12

その他、朝日新聞、日刊スポーツ、スポーツニッポンなど各紙を参考にさせていただきました。

●著者プロフィール
桑原晃弥（くわばら・てるや）
1956年、広島県生まれ。経済・経営ジャーナリスト。慶應義塾大学卒。業界紙記者などを経てフリージャーナリストとして独立。トヨタ式の普及で有名な若松義人氏の会社の顧問として、トヨタ式の実践現場や、大野耐一氏直系のトヨタマンを幅広く取材、トヨタ式の書籍やテキストなどの制作を主導した。一方でスティーブ・ジョブズやジェフ・ベゾス、イーロン・マスクなどの起業家や、ウォーレン・バフェットなどの投資家、本田宗一郎や松下幸之助など成功した経営者の研究をライフワークとし、人材育成から成功法まで鋭い発信を続けている。著書に『スティーブ・ジョブズ名語録』（PHP研究所）、『トヨタ式「すぐやる人」になる8つのすごい仕事術』（笠倉出版社）、『ウォーレン・バフェット成功の名語録』（PHPビジネス新書）、『トヨタだけが知っている早く帰れる働き方』（文響社）、『トヨタ式5W1H思考』（KADOKAWA）、『1分間アドラー』（SBクリエイティブ）などがある。

大谷翔平 超一流の名言365

2025年4月4日　第1刷発行

著　者　桑原晃弥

発行者　岩尾悟志
発行所　株式会社かや書房
〒162-0805
東京都新宿区矢来町113　神楽坂升本ビル3F
電話　03-5225-3732（営業部）

装丁・本文デザイン　柿木貴光
編　集　飯嶋章浩
印刷・製本　中央精版印刷株式会社

Printed in Japan
ISBN978-4-910364-73-5